DAS GROSSE GLYX KOCHBUCH

DAS GROSSE GLYX KOCHBUCH

AUTORINNEN: GRILLPARZER | KITTLER | SCHMEDES
FOTOS: FOTOS MIT GESCHMACK

6

GLYX – so funktioniert's jeden Tag

32

Frühstück & Snacks

52

Salate & Vorspeisen

70

Gemüse

96

Fisch & Meeresfrüchte

112

Fleisch & Geflügel

136

Brot und Gebäck

154

Desserts & süßes Gebäck

184

Zum Nachschlagen

GLYXler genießen gesunde Zutaten – clever kombiniert und köstlich zubereitet – alleine, mit der Familie, mit Freunden.

Gemüse verdient, mit all unserer Wertschätzung überhäuft zu werden. Dazu eine Portion Fantasie und heraus kommen Rezepte, die den Gaumen freuen, die Seele fröhlich und das Herz dankbar stimmen.

Es gab eine Zeit, da lief eine 7-Korn-Gemüsepfanne unter ach so fader »Vollwertkost«. Ja, auch die GLYX-Diät ist eine Vollwertkost. Nur schmecken tut das keiner.

Wir brauchen keine künstlichen Aromen. Himmlischer Geschmack wächst auf Erden in der Natur: Kräuter, Gewürze, Kerne …

GLYX, WAS BEDEUTET DAS EIGENTLICH?

GLYX heißt in erster Linie: auf nichts verzichten. Gut Essen, sich superwohl fühlen – und automatisch leichter werden. Wie das geht? Ganz einfach, indem Sie Ihrem Körper all die wertvollen Dinge geben, die ihn vom kleinen Zeh bis zum Scheitel zufrieden machen. Ihn und die Seele. Das hängt nämlich alles zusammen. Die Gesundheit. Die Gedanken. Die Gefühle. Das Gewicht.

GLYX im Speziellen bedeutet: Kohlenhydrate clever genießen, so dass der Körper nicht ständig Insulin ausschüttet, das Hormon, das Heißhunger macht und den Fettabbau ausbremst. Und dazu noch die Fette minimieren, die der Gesundheit schaden. Das Schöne dabei: fehlen tut einem nichts. Weder die Pasta zur Sauce noch der Belag auf dem Brot noch die Antwort auf Süßhunger.

GLYX in diesem Buch bedeutet: Sie lesen das Wichtigste über die GLYX-Philosophie, Sie finden praktische Tabellen, die den GLYX-Alltag erleichtern – und für den Einstieg ins leichte Leben eine Powerwoche. Hauptsache sind natürlich unsere Rezepte. Sie sorgen von morgens bis abends für fröhlichen, leichten Genuss.

Ihre Marion Grillparzer

Die Schlankpille heißt Natur

Der Mensch wünscht sich einen Automaten, in den er zehn Euro schmeißt und es kommt eine kleine Pille raus für Gesundheit, gute Gefühle, weniger Gewicht. Gibt es so eine Pille? Nehmen wir zum Beispiel Vitamin C. Ohne Vitamin C arbeitet Ihr Immunsystem nicht. Es stellt aber auch Botenstoffe her, die Sie fröhlich machen. Ohne ausreichend Vitamin C sind Sie ein bisschen träger, trauriger, bewegen sich dementsprechend weniger – und Pfunde setzen leichter an. Nur ist es mit Vitamin C alleine nicht getan. Sonst würden Vitamin-C-Pillen auf den Bäumen wachsen. Tun sie nicht. Aber Äpfel, Nüsse … Im Apfel sind Wirkstoffe, die die Wirkung des Vitamin C vervielfachen. Aber für Gesundheit, gute Laune und einen reibungslos funktionierenden Fettverbrennungsstoffwechsel brauchen Sie nicht nur Vitamin C, sondern essenzielle Fettsäuren, Eiweiß, Mineralien, Spurenelemente, Ballaststoffe, Pflanzenstoffe …

Die einzige Pille, die schlank, gesund und gute Laune macht, ist groß und heißt: Natur-Genuss. Seit Millionen Jahren versorgt die Natur den Menschen mit wunderbarem Treibstoff von der Rübe bis zum Ei, der ihm Energie schenkt. Erst seit das nicht mehr die Natur tut, sondern die Fabrik, haben wir Übergewicht, Zivilisationskrankheiten – und Angst vor dem Essen.

Das haben Sie künftig nicht mehr. Denn Sie essen all die wunderbaren Dinge, die die Natur zu bieten hat. Und sie genießen! Blättern Sie einfach mal durch dieses Kochbuch und Sie ahnen, wie das schmeckt – auch Kindern, auch Gästen, auch Vegetariern, auch den Keine-Zeit-zum-Kochen-Menschen. Sie finden Rezepte aus aller Welt, Preiswertes, Blitzschnelles und ganz Einfaches – für zwei, vier oder sechs Personen. Dips, Brotaufstriche, Pasta-Saucen und andere Dinge, die Sie gut vorbereiten und aufbewahren können, sind auf mehrere Portionen ausgelegt. Natürlich ist unser Buch gespickt voll mit Tipps für Zutatentausch, Beilagen- und Menü-Vorschlägen. Dazu lesen Sie jede Menge Tipps für den GLYX-Alltag, für die schnelle und feine Küche.

Guten Appetit!

BEQUEMLICHKEITSESSEN MACHT DICK

Wissen Sie, woran man das Übergewicht der Deutschen am besten ablesen kann? An den Umsatzzahlen von »Convenience Food«. Die steigen und steigen und steigen. Genau wie unser Nationalgewicht. Übersetzt heißt das: Bequemlichkeitsessen. Klingt besser als Fertiggericht oder Fast Food, oder? Convenience Food steht in jedem zweiten Haushalt bis zu sieben Mal in der Woche auf dem Tisch. Dazu gesellen sich all die vielen Dinge, die man nebenher ganz bequem aus der Tüte, dem Becher, der Packung isst. Kennen Sie den Spruch: »Viereckiges Essen macht den Menschen kugelrund.« Convenience heißt also bequem, und wer bequem ist, wird dick. Ist leider so. Denn für viereckiges Essen haben wir kein genetisches Programm. Die Natur kennt viereckig nämlich nicht. Nur die Fabrik. Und auch in der GLYX-Küche findet viereckiges Essen nur dann seinen Platz, wenn der Hersteller sich Gedanken um die Gesundheit seines Produktes gemacht hat. Nicht indem er Vitamin C rein steckt, um das auf die Packung zu schreiben. Sondern, indem er natürliche, gute Produkte schonend verarbeitet. Zum Beispiel zu einer sonnengereiften Tomate aus der Dose, zu einem Rotbarschfilet aus dem Eis. Ein bisschen Bequemlichkeit, ein bisschen Convenience darf nämlich schon sein. Denn schon Paracelsus hat gesagt: Die Dosis macht's.

Küchen-Typologie

Wenn ich unterwegs bin, guck ich mir immer gern die Küchen und Kühlschränke an. Und dann wundert mich meist nichts mehr: Der Mensch ist, was er isst. Oft fertig. Ausgelaugt. Müde. Dick. Krank. Wie sieht es bei Ihnen aus?

Die Geister-Küche

Im Kühlschrank steht eine H-Milchtüte. Eine Margarine. Ein schimmeliger Frischkäseaufstrich. Eine Cola, ein Bier und eine Flasche Ketchup. Auf dem Regal stehen Cornflakes oder ein Fertigmüsli. Im TK-Fach liegt ein Huhn im Vier-Jahres-Frostmantel.

Bei dem Besitzer dieser Küche handelt es sich um einen viel beschäftigten Single, der außer dem Frühstück nichts daheim isst. In dieser Küche findet man sehr dünne Menschen. Und sehr dicke. Nur keine gesunden. Zeit, dass in diese Küche etwas GLYX-Leben einzieht. Ja, auch viel beschäftigte Singles sind GLYX-tauglich.

Die Convenience-Küche

Der Kühlschrank ist proppenvoll: Multivitamin-Nektar, verschiedene bunte Milchprodukte-Becher mit Fruchtzubereitung, Braun-Weiß-Schnitten, Schmelzkäse, Camembert. Dauerwürste. Man findet auch Gemüse: Essiggurken aus dem Glas, Tomaten (gezuckert) aus der Flasche, Mais aus der angebrochenen Dose. Und ab und an eine runzelige Zucchini im Gemüsefach. Auch das TK-Fach quillt über: verschiedene Fertigpizzen, Pizzabaguette, Pommes, gebackene Calamaris, Lasagne, Fleischbällchen mit Sauce, Familieneisbecher … Im Regal stehen: Ravioli aus der Dose, Frosties, Toastbrot, Linseneintopf, Instant-Tomatensauce, Eiernudeln, Obst aus der Dose.

Die Besitzer dieser Küche: Arbeitende Menschen, die schon öfters zu Hause essen – aber schnell muss es gehen. Oft sind auch Kinder da. In dieser Küche ist die ganze Familie dick. Und die Kinder leiden schon mit 10 unter Altersdiabetes. Hier muss man dringend ausmisten. Und Natur einziehen lassen. Wenigstens zu 70 Prozent. Mehr dazu in der Tabelle auf S. 10–11.

Wochenend-Feinschmecker-Küche

Im Kühlschrank: Frischmilch für die Tasse Kaffee am Morgen, Fruchtaufstrich fürs Marmeladebrot, Quark, Chutneys, Zitronengras, Gewürzpasten, grobkörniger Weißweinsenf, Bergkäse, alter Gouda, Pecorino, Salami, Parmaschinken, eine Flasche Weißwein, Olivenglas, Kapern – Haltbares für den kleinen Feinschmeckerhunger zwischendurch. Im Gemüsefach: Leere. Der geht nur am Wochenende einkaufen. Viel und frisch. Im Regal: Gutes Olivenöl, eingelegte getrocknete Tomaten, Balsamico-Essig, Basmati-Reis, Pasta, japanische Sojasauce, Gewürze. Ein frischer Lichtblick: Die Kräuter auf der Fensterbank.

Besitzer dieser Küche essen unter der Woche außer Haus, begnügen sich abends mit Brot, Oliven und einem Stück Käse. Sie kochen am Wochenende. Spätestens ab 40 zeigt sich ein kleines Bäuchlein. Aber da kann man mit ein paar kleinen GLYX-Tricks vorbeugen.

Die Abnehmer-Küche

Da sieht alles mager aus: Hier findet man Cola light. Mate-Tee. Knäckebrot. Essiggurken. Möhren. Cornflakes. Margarine. Eine ganze Batterie Tütensuppen. Tomaten. Magerquark. Magermilch. Joghurt mit Süßstoff. Kekse light. Und so Dosen mit Pulver, die eine Mahlzeit ersetzen sollen. Diese Küche zeichnet aus: viel Süßstoff, wenig Fett, kein Genuss. Die Bewohner dieser Küche erlebt man jedes Jahr ein bisschen dicker. Schuld ist der Jo-Jo-Effekt. Umdenken! GLYX heißt: Man muss essen, um abzunehmen. Funktioniert hervorragend. Einfach mal mit der Power-Woche auf S. 30 starten.

Die Öko-Küche

Dort hört man die Getreidemühle, die Flockenquetsche, den Mixer oder den Entsafter. In der Küche findet man 80 Prozent Natur. Räucherfisch, volle Milch, Naturjoghurt, ganzes Korn, buntes Gemüse und Obst der Saison. Auf Ketchup, Fruchtaufstrich und Co. steht »Bio«.

Hier findet man selten dicke Menschen. Weil jede Kalorie viele Vitalstoffe mit sich bringt. Und wenn der Körper kriegt, was er braucht, quält er nicht mit Appetit und Hunger, dann lässt er los von dem, was er nicht braucht: überflüssiges Fett. Ein bisschen Öko sollte auch die GLYX-Küche sein – vor allem, was die Lebensmittel betrifft, die Sie oft essen.

Die GLYX-Küche

»Frust statt Lust«, titelte der Spiegel. »Die Deutschen quälen sich mit Diäten und verschlingen Ratgeber über gesunde Ernährung. Doch die Tipps zum Schlankwerden sind voller Widersprüche. Und schlank machen sie keinen.«

Da möchte ich Widerspruch einlegen. GLYX ist ein Lebensprinzip. Keine kurzfristige Diät, mit der man sich quält. GLYX-Diät heißt: Essen mit Spaß. Ohne schlechtes Gewissen. Alles. Nur manches in Maßen und klug kombiniert. Das GLYX-Prinzip verbietet keinen Nährstoff, weder Kohlenhydrate noch Fett – sondern schlägt einfach die gesunde Alternative vor, die schlank macht. Und unser Energiekonto auffüllt. Und es gibt immer eine bessere Alternative – und die findet man auch im Supermarkt einen Handgriff entfernt. Werfen Sie einen Blick auf die Tabelle ab S. 10 – so statten Sie Ihre Küche mit Gesundheit aus, GLYX-niedrig, mit essenziellen Fettsäuren, genug Eiweiß und vielen Vitalstoffen. Dass GLYX auch genießen heißt, beweisen unsere Rezepte – und sogar, dass GLYX auch schnell gehen kann.

GLYX heißt essen und genießen

Nicht hungern und Kalorien zählen. Eine chemische Reaktion kann nämlich nur ablaufen, wenn alle Zutaten vorhanden sind. Unser Energie-Stoffwechsel ist eine chemische Reaktion. Sie läuft nur in Richtung schlank ab, wenn der Körper kriegt, was er braucht. Und dazu zählen essenzielle Fettsäuren, Eiweiß, und Vitalstoffe. All die wunderbaren Nährstoffe, die Lebensmittel mit sich führen. Die uns mit Energie und guter Laune versorgen. Und die finden Sie in der GLYX-Küche.

DIE GLYX-KÜCHE

Hoher GLYX, schlechtes Fett, wenig Vitalstoffe … Es gibt immer eine bessere Alternative – und die findet man auch im Supermarkt einen Handgriff entfernt.

Selten in der GLYX-Küche	Das taucht ab und zu auf	Das füllt die GLYX-Küche aus
Dosenobst	Bananen, Litschis, Papaya, Mango, Ananas, Kiwi, Kaki, Wassermelonen, Weintrauben (haben alle höheren GLYX!), Zuckermelonen	Obst aus der Region/Saison oder Bio-Obst, wie z. B. Äpfel, Birnen, alle Beeren, Pflaumen, Kirschen etc. Zitrusfrüchte, TK-Obst pur, ungesüßte Bio-Früchte aus dem Glas
Bananenchips, Datteln	getrocknete Feigen, Rosinen	getrocknete Pflaumen, Aprikosen oder Apfelringe, Birnen, Pfirsiche
Gemüse aus der Dose oder dem Glas, Gemüsesuppen und -gerichte mit Zusatzstoffen und Aromastoffen, Tütensuppen	TK-Gemüsezubereitung, Mischsalate aus der Tüte. Vorsicht, GLYX-hoch: Kürbis, Pastinaken, Rote Beete, Zuckermais, Möhren	frisches Gemüse aus der Region/Saison oder Bio-Gemüse, TK-Gemüse (ohne Zusätze), Bio-Gemüse aus dem Glas und Tomaten aus der Dose, wenn sie gerade keine Saison haben, Oliven, italienische Antipasti
Saubohnen	Kidneybohnen, Erbsen, Zuckermais	Sprossen, Linsen, weiße Bohnen, Kichererbsen, grüne Bohnen
Milch- und Sauermilcherzeugnisse mit Fruchtzusätzen, Aromastoffen und Zucker	Milch und Sauermilcherzeugnisse mit Fruchtstücken ohne lange Zusatzstoff-Liste	frische Früchte und dazu Naturjoghurt, Dickmilch, Quark, Kefir, Sauermilch oder Sojajoghurt, Buttermilch, Molke
Schmelzkäse, Kochkäse, Fonduekäse	Frischkäsezubereitungen, Käse mit mehr als 30 % Fett, Doppelrahm-Frischkäse	selbst gemachter Kräuterquark, Feta, Manouri, Ricotta, Mozzarella, Hütten-, Ziegenweichkäse, Hartkäse bis 30 % Fett
H-Milch, Kondensmilch	Magermilch, fettarme Milch, Reismilch	frische Vollmilch, Sojadrink
Fischstäbchen, Ölsardinen, Kaviarersatz, Fischkonserven in Fertigsaucen mit vielen E-Nummern	Fisch aus Glas oder Dose	Fisch und Meeresfrüchte, frisch oder tiefgefroren; Tunfisch, auch aus der Dose in Olivenöl oder im eigenen Saft
fette Teile von Schwein und Rind	magere Teile von Schwein, Rind, hochwertige Innereien	Wild, Kaninchen, Lamm, Geflügel, Kalb; Ersatz: Tofu, Tempeh
Wurst	roher Schinken ohne Fettrand, Corned Beef, Bierschinken	magere, hochwertige Geflügelwurst, vegetabile Aufstriche, Sojawurst, Bündner Fleisch und Lachsschinken, Wildschweinschinken
Billig-Margarine, Halb-Fett-Margarine, Kokosfett, Palmöl, Schmalz, Back- und Frittierfett	hochwertige Margarine, Butter, Mais- und Weizenkeimöl, Sonnenblumen-, Distel-, Soja- und Traubenkernöl	Oliven-, Lein-, Raps-, Avocado- und Hanföl, alle Nuss- und Kernöle (z. B. Mandel-, Haselnuss-, Walnuss-, Kürbiskern-, Sesamöl)
fein vermahlenes Weizenmehl Type 405, Hirsemehl	alle fertig gekauften Mehle und Flocken	Ideal wären GLYX-niedrige Getreidekörner (Amaranth, Buchweizen, Bulgur, Dinkel, Gerste, Quinoa, Roggen, Hafer, Weizen), die man frisch mahlt oder daraus frisch Flocken presst
Cornflakes, Honigpops, Frosties, Knusper- und Schokomüsli, Müsli mit Zuckerzusatz	Ballaststoff-Flakes, Buchweizen-Flakes	Früchtemüsli (ohne Zucker, ohne Schokolade), Mehrkornflocken mit Honig, Haferflocken

Selten in der GLYX-Küche	Das taucht ab und zu auf	Das füllt die GLYX-Küche aus
Baguette, Weizenbrötchen, weißer Toast, Milchbrötchen, Croissants, Knäckebrot, Bagels, Laugengebäck	Misch- und Graubrote, Vollkorntoast, -knäcke, -croissants, Weizenvollkornbrot, Hirsevollkornbrot, Fladenbrot	Pumpernickel, Schrotbrot, Roggen-Vollkornbrot mit Sauerteig, Mehrkornbrot (mit Vollkorn/Schrot)
Schnellkochreis, Instant-Reis	Basmatireis, polierter Langkornreis	Wildreis, Reis parboiled, Naturreis (gibt's auch parboiled)
Kartoffelfertigprodukte	Bio-Kartoffel-Fertigprodukte	Pellkartoffeln, als kleine Beilage zu Quark, Fisch etc.
Käsespätzle	Tortellini, Reisnudeln, Eiernudeln, Weizenkeimnudeln	Pasta (Hartweizengrieß, al dente gekocht), Vollkornnudeln, Buchweizennudeln, Glasnudeln
TK-Pizza Hawaii	TK-Pizza mit Meeresfrüchten, Tunfisch, Gemüse oder Geflügel	Vollkornpizza-Teig plus Gemüse und Mozzarella oder Tofu
Salzstangen, Kartoffelchips, Erdnussflips, Nachos	salziges Popcorn, Vollwert-Reiscracker, Studentenfutter	Nüsse und Samen, getrocknete Tomaten
Vollmilchschokolade, Schokoriegel, Weingummi, Bonbons, Pralinen	Haselnuss-Vollmilchschokolade, Vollkornkekse	Schokolade mit mind. 70 % Kakaoanteil, Trockenfrüchte, Fruchtgummis aus Fruchtmark ohne Zucker und Gelatine
süßes Gebäck und Sahne-Torten	Nuss-, Obstkuchen	Fruchtschnitte (ungesüßt), Nussmarkschnitten
Marmelade, Konfitüre	Fruchtaufstrich, gesüßt, Fruchtgelee	Fruchtaufstrich mit Honig
Nuss-Nougat-Creme, Erdnussbutter	Nuss-Nougat-Creme mit mindestens 50 % Nüssen	Nuss- und Erdnussmus (Bio-Ecke)
Haushaltszucker, Süßstoff, Traubenzucker	Vollrohrzucker unraffiniert, Fruchtzucker	Honig (GLYX-niedrig: Akazienhonig), Ahornsirup, Apfel- und Birnendicksaft, Apfel- und Rübenkraut
Mayonnaise 80 %, fertige Grillsaucen	Ketchup, Sahne-Meerrettich, süßer Senf, Sojasauce	Bio-Ketchup, Tomatenmark, -Passata, scharfer Senf, scharfer Meerrettich, Shoyu und Tamari (hochwertige Soja-Saucen)
Salz (raffiniert), Fertigwürzen, Instant-Fleischbrühe	Kräutersalz, Gewürzmischungen, Instant-Gemüsebrühe	Meer-, Stein-, Kristallsalz (auch mal Sesamsalz), frische Kräuter, Gewürze, gute Fonds aus dem Glas
Saucenbinder, Speisestärke	Mascarpone, Crème fraîche 30 %, Schlagsahne, Schmand	Saure Sahne 10 %, Crème légère
Fruchtsaftgetränke, -nektar (gesüßt)	hochwertige Obstsäfte (Direkt, 100 % Frucht, ungesüßt), Gemüsesäfte	Bio-Obst- und Gemüsesäfte, Obst und Gemüse zum Selberpressen
Limonaden, Cola, Energy Drinks, »light«-Getränke	Saft-Mineralwasser-Schorlen, ungesüßt	Wasser, zu Hause selbst aromatisiert mit Zitrone, Sanddornmark
aromatisierte Tees, Eistee, Eiskaffee, Instantpulver für Cappuccino, Café au lait und Kakao (gesüßt)	Instantpulver für Café au lait, ungesüßt	Kräuter- und Früchtetees, Kaffee, Getreidekaffee, Schwarztee, Grüner Tee, Kakaopulver (ungesüßt)
Bier, Schnaps, Liköre, Alkopops	Cidre, Most, trockener guter Wein	trockener guter Wein plus die Flasche Mineralwasser

DIE WICHTIGSTEN GLYX-REGELN

Ich wiederhole mich nicht gern, sie stehen ja schon in meinen anderen Büchern, aber für alle, die sie noch nicht kennen, ganz kurz zusammengefasst die wichtigsten GLYX-Regeln:

Trinken, Trinken, Trinken!

Also die Geschichte muss ich jetzt erzählen: Heut war ich bei meinem Pferd Moony in seinem neuen Stall und es hatte eine Zitrone in seinem Eimer. So gelacht habe ich schon lange nicht mehr. Für all die, die es noch nicht wissen, mein wichtigster Abnehm-Tipp: Trinken Sie jede Stunde ein Glas Wasser. Am besten mit dem Saft frisch gepresster Zitronen. Die liefern Vitamin C, und das trägt auf vielen Ebenen zur aktiveren Fettverbrennung bei. Das Glas Wasser stündlich regt den Stoffwechsel an: Das macht übrigens theoretisch 3 bis 4 Kilo Fett weniger im Jahr.

Die Basis ist Gemüse und Obst

Wer abnehmen will, wer gute Laune haben will, wer gesund sein will, braucht die Früchte, die uns die Natur schon seit Millionen Jahren auftischt. Gemüse, Obst, Nüsse, Samen … Essen Sie täglich drei große Portionen Gemüse und zwei Portionen Obst. Wenn Sie es nicht essen wollen, trinken Sie es eben. Ideal: frisch aus Entsafter, Presse oder Mixer. Achten Sie täglich auf 20 bis 30 Gramm Knabbereien: Nüsse und Kerne.

Zucker & Stärke minimieren

Alles, was schnelle Kohlenhydrate, sprich viel Zucker und Stärke enthält, hat einen hohen glykämischen Index (GLYX). Das heißt: Dieses Nahrungsmittel (es ist selten ein Lebensmittel) regt die Bauchspeicheldrüse dazu an, viel vom Blutzuckerhormon Insulin zu produzieren. Viel, also zu viel Insulin, bedeutet: Ständig Heißhunger, und der Körper baut kein Fett ab, solange Insulin im Blut schwimmt. Wer zu viel Zucker und Stärke isst, erkrankt mit der Zeit an Insulinresistenz mit noch stärkerer Gewichtszunahme und dann an Diabetes. Von Insulinresistenz ist bereits jeder vierte Deutsche betroffen. Werfen Sie doch gleich mal einen Blick auf die Tabellen ab Seite 18. Die »roten« Lebensmittel locken viel Insulin (sie haben einen GLYX von 70 bis 110). Die gelben haben einen mittleren GLYX von 55 bis 69 und provozieren weniger Insulin. Die grünen haben einen niedrigen GLYX (unter 55), halten schlank und gesund. Weil sie den Insulinspiegel nicht den ganzen Tag auf hohem Niveau halten. Auch was Kohlenhydrate betrifft: Die Kalorie soll möglichst viel Nährstoffe mit sich bringen, das Lebensmittel eine hohe Nährstoffdichte haben. Heißt: essen, wie es die Natur auf den Tisch bringt – kein raffiniertes Weißmehl, sondern Vollkorn.

Fett, aber das richtige

Fett sparend haben wir viele Fehler gemacht:

1. Zu wenig von den wertvollen pflanzlichen Ölen (Oliven-, Raps-, Lein- und Nussöle) aufgenommen. Die benötigen wir dringend für die Gesundheit und für junge funktionstüchtige Zellen.
2. Zu wenig fetten Fisch gegessen. Seine Omega-3-Säuren sind wichtig, wie ein Vitamin.
3. Zu wenig Eiweiß aufgenommen. Die Folgen: Der Körper baut Muskeln ab und das mündet im Jo-Jo-Effekt. An gesunden pflanzlichen Ölen sollten Sie künftig nicht sparen – die machen Sie nicht dick! Tierische Fette braucht der Körper nicht. (Steht auch nicht auf unserem genetischen Bauplan, damals lief das Wild frei rum – war mager!) Daran kann man getrost sparen – dort, wo es nicht weh tut. Mir tut weh, Magerjoghurt zu essen (da spart man eine stecknadelgroße Portion Fett ein). Mir tut nicht weh, Lachsschinken statt Salami zu essen. Statt 30 Gramm Salami könnte man 1 Kilo Lachsschinken essen. Da spart man eine Menge. Und wenn man auf fetten Käse Lust hat, dann hilft einem der Harzer nichts. Da isst man lieber ein kleines Stück. Werfen Sie einen Blick auf die Tabelle ab Seite 18. Dort finden Sie auch für Fett die grünen, gelben und roten Vertreter. Wer zählend abnehmen will: achtet auf nicht mehr als 30 Gramm tierische Fette pro Tag.

Genug Eiweiß

Wer abnehmen will, sollte auf 1 bis 2 Gramm Eiweiß pro Kilogramm Körpergewicht achten. Das brauchen Sie nicht nur für die Muskeln, sondern auch für Gesundheit, Energie und gute Laune. Kombinieren Sie Fisch, Geflügel, mageres Fleisch, Eier und Milchprodukte mit pflanzlichen Eiweißlieferanten: Hülsenfrüchte, Kohlgemüse, Vollkorn. Und bringen Sie mit Soja (in Form von Joghurt, Milch, Tofu) Abwechslung in Ihre Eiweißquellen.

Stecken Sie wieder mehr Zeit in Ihr Essen

Die ganzen Probleme mit Übergewicht und ernährungsabhängigen Krankheiten haben wir der Tatsache zu verdanken, dass auf dem Teller kein Leben liegt. Erkennen Sie übrigens am Mindesthaltbarkeitsdatum. Was lebt, verdirbt. Essen & Trinken ist etwas Wunderbares, es versorgt Sie mit Genuss, mit Gesundheit, mit Energie, mit Lebensfreude. Dann, wenn Sie dem Fabrikkoch und seinem Chemieassistenten die Arbeit abnehmen. Statt die Tütensuppe aufzubrühen, selbst ein paar Tomaten schnippeln. Es muss nicht viel Zeit sein. Und es muss nicht immer sein. Leben Sie künftig zu 70 Prozent vom Tischlein-deck-Dich der Natur, dann schaden auch die 30 Prozent Genussmittel von den Förderbändern der Nahrungsmittelindustrie nicht. Dass Sie nicht stundenlang in der Küche stehen müssen, zeigen viele unserer Rezepte.

Nicht ständig essen

Immer noch geistert der Diätratschlag in den Köpfen rum: Wer häufiger kleine Mahlzeiten aufnimmt, wird schlank. Stimmt für Sportler, für Genießer, für schlanke Menschen. Stimmt nicht für dicke Menschen. Wer ständig isst, lockt ständig Insulin – und hat ständig Riesenhunger. Wer abnehmen will, sollte auf lange Fastenphasen bauen, auf lange insulinfreie Zeit. Damit meine ich jetzt nicht eine oder vier Wochen. Nein. Täglich. Wer alle zwei, drei Stunden etwas isst, erhöht auch immer den Blutzuckerspiegel und damit den Insulinspiegel. Die Folge: Die Muskeln bauen Kohlenhydrate ab, kein Fett. Fett wird nur verbrannt, wenn der Körper nicht die Kohlenhydrate (Glukose) aus dem Blut holen muss. Das macht sich übrigens das Atkins-Prinzip zunutze. Nur: Wo bleibt bei der Wurst ohne Brot der Genuss? Wie kann man für lange insulinfreie Zeit, für lange Fettverbrennung sorgen, ohne Verzicht? Ganz einfach: Indem man bei einer Mahlzeit nur Eiweiß und Vitalstoffe isst. Nur Fisch und Gemüse. Nur Salat mit Ei. Indem man die Kohlenhydratbeilage streicht. Tut man das abends, hat der Körper von 13 Uhr mittags bis 8 Uhr zum nächsten Frühstück 17 Stunden Zeit, von seinen Fettvorräten zu zehren. Und dann darf man sich auch von den GLYX-niedrigen Kohlenhydrat-Lieferanten wie Vollkornbrot, Pasta, Naturreis & Co. bei der nächsten Mahlzeit eine Riesenportion erlauben. Zwischenmahlzeiten? Wenn Sie Hunger haben, ja! GLYX-niedrig. Gemüsestreifen mit Dip. Eine Paprika mit Hüttenkäse und Shrimps … Anregungen finden Sie z. B. auf Seite 50.

DIE PRAXIS: DAS BRAUCHT DER KÖRPER TÄGLICH

Das ist das, was Ihr Körper braucht, damit er von dem los lässt, was er nicht braucht: Fett. Das sollten Sie auch nicht weglassen.

- Bewegung: 30 Minuten Ausdauersport täglich
- 3 Liter Wasser und/oder ungesüßte Tees
- 1 Schüssel Salat
- 1 Glas Gemüsesaft
- 1 Portion gedünstetes Gemüse
- Gemüsestreifen, so viel man Lust hat
- 2 Esslöffel Olivenöl oder Rapsöl und/oder 1 Esslöffel Walnussöl
- 1 Teelöffel Leinöl (im Gemüsesaft)
- 20–30 Gramm Nüsse und/oder Kerne
- 1 bis 2 Portionen Fisch, Geflügel, Wild, ein Eier-, Tofu-, Hülsenfrüchte, oder Käsegericht
- 2 Portionen Milchprodukte (Quark, Joghurt, Buttermilch, Kefir, Hüttenkäse …) Alternativ ein Sojaprodukt: z. B. Sojadrink (ungesüßt), Sojajoghurt
- 2 Portionen Obst
- 1 Scheibe Vollkornbrot oder 3 Esslöffel Müsli ohne Zucker
- 1 Portion Vollkornnudeln, Naturreis oder 2 Kartöffelchen
- 1 Esslöffel Leinsamen (geschrotet)
- 1 Esslöffel Weizenkeime
- Wenn Sie wollen: ein Glas trockener Wein

Essen Sie wöchentlich 2 Portionen fetten Seefisch und drei bis vier Portionen Hülsenfrüchte.

GLYX für wen? Diät. Sollte doch nicht jeder machen. Oder vielleicht doch? GLYX ist keine herkömmliche Diät. Die man kurz macht, sondern ein Lebensprinzip. Ein gesundes. Eines mit Genuss. Eines für Kinder, Gäste …

GLYX für Vegetarier

Ja, auch Vegetarier können GLYX-niedrig leben. Die Hälfte der Rezepte in diesem Buch kommt ohne Fleisch aus. Achten Sie auf Ihren Eiweißbedarf: Essen Sie ausreichend Milchprodukte und Hülsenfrüchte, bauen Sie Sojamilch, Sojajoghurt, Tofu, Tempeh und Seitan in Ihren Speiseplan ein. Trinken Sie täglich einen unserer Fitness-Drinks von Seite 49.

GLYX FÜR BERUFSTÄTIGE

GLYX für Eilige

Tja, wer mit Wurstsemmel, Pizza und Chips am Computer glücklich ist, der ist hier sicher nicht richtig. Wem es nichts ausmacht, nach einem fetten Kantinenbraten am Schreibtisch mehr zu schlafen als zu leisten, der ärgert sich auch über die GLYX-Philosophie. Die heißt: Man muss einfach ein bisschen mehr Zeit in sein Essen stecken. Nur dann liefert es einem auch Energie und gute Laune. Aber halt nur ein bisschen mehr. Schön wäre, wenn Sie alle zwei Tage Obst und Gemüse frisch einkaufen. Wenn's mal nicht geht, dann greifen Sie zu Convenience. Bequemlichkeit steckt in manchem Produkt gemeinsam mit Gesundheit. Man findet es in der Tiefkühltruhe. All die Dinge der Natur, die ohne E-Nummern, ohne Panade, ohne Saucen in den Beutel wandern: geputztes Gemüse, gepflückte Beeren, filetierte Fische, gerupftes Geflügel. Auch Dosen passen in die GLYX-Küche: sonnengereifte Tomaten, vorgegarte Linsen, Bohnen, Sauerkraut, Tunfisch im eigenen Saft. Wenn ich im Schreibstress bin, mach ich mir Spaghetti mit Chili-scharfem Olivenöl und Garnelen. 10 Minuten. Parboiled Naturreis aus dem Beutel mit Gemüsemischung aus der Tiefkühltruhe. 20 Minuten. Großer Salat mit Tunfisch: 10 Minuten. Auch hier im Buch finden Sie viele Rezepte, die schnell zubereitet sind.

Ein Dutzend Blitz-Rezepte

1. Sommer-, Herbst- oder Wintermüsli (S. 37)
2. Frühstücksbrot mit Ei (S. 42)
3. Radieschen-Rohkost (S. 58)
4. Bohnensalat mit Rucola (S. 60)
5. Sugo al tofu (S. 75)
6. Tunfisch-Kapern-Sauce (S. 76)
7. Zucchini-Joghurt-Gemüse (S. 86)
8. Heilbutt mit Tomatengemüse (S. 100)
9. Tunfisch mit Avocado-Salsa (S. 104)
10. Puten-Saltimbocca mit Erbsenpüree (S. 118)
11. Rehmedaillons mit Apfelchutney (S. 119)
12. Fruchtsalat mit Kokos-Baiser (S. 166)

GLYX für auswärts

Überhaupt kein Problem. In der Kantine halten Sie sich an die Salatbar und essen eine Portion Eiweiß dazu: Mozzarella, Eier, Schinken, Käse, Lachs, ein Stück Geflügel, Fisch oder Fleisch. Fleisch und Gemüse – ganz einfach ohne Pommes, Knödel, Bratkartoffeln – stehen wahrscheinlich täglich auf dem Kantinenplan. Die Glutamat-Suppe in der Kantine bring ich nicht runter. Genauso wenig wie den Packerlpudding.
In welcher Kantine wird kein Obst angeboten? Wer dem Kantinenkoch gar nicht traut, der nimmt eine Thermoskanne mit Suppe mit (Rezepte S. 66/67). Oder eine Frischhaltebox mit einem unserer Rezepte, gezeichnet mit »gut zum Mitnehmen«.
Und GLYX im Restaurant? Hier gilt das Gleiche wie für die Kantine. Marinieren Sie Ihren Salat selbst mit Essig und Öl. Und knabbern Sie an einem kleinen Stück Brot. Der Brotkorb im Restaurant ist neben Pommes, weißem Reis und Kartoffeln die größte GLYX-Falle. Auch italienische Gemüse-Vorspeisen sind GLYX-tauglich, genauso wie klare Suppen. Bestellen Sie sich ein gegrilltes mageres Stück Fisch, Geflügel oder Fleisch – mit viel Gemüse und nur zwei kleinen Kartöffelchen. Wählen Sie Pasta (ohne Sahne, keine Bolognese) z. B. aglio e olio, Frutti di Mare oder mit Tomatensauce. Trinken Sie einen trockenen Wein (noch idealer: Schorle) statt Bier. Und Wasser statt Limo oder Cola.

Ein Dutzend Rezepte fürs Büro

1. Gurken-Kokos-Drink (S. 48)
2. Sommerlicher Gemüsesalat (S. 59)
3. Weißkohlsalat mit Trauben (S. 59)
4. Italienischer Nudelsalat (S. 60)
5. Tomatensülze mit Basilikum-Joghurt (S. 62)
6. Putenbrust-Carpaccio (S. 62)
7. Tomaten-Joghurt-Kaltschale (S. 66)
8. Reisbratlinge mit Tofu (S. 82)
9. Kräuterfrikadellen in Zitronensauce (S. 120)
10. Spinat-Schafkäse-Taschen (S. 152)
11. Pasteten mit Tofu-Sprossen-Füllung (S. 152)
12. Pflaumen-Muffins (S. 175)

GLYX FÜR DIE FAMILIE

Es gibt Leser, die fragen an: Kann ich denn da für meine Familie mitkochen, schadet das meinen Kindern nicht? Nein. Tut es nicht. Im Gegenteil. GLYX heißt auch vollwertig. Wenn Sie, weil Sie abnehmen wollen, für sich die Nudeln-, Brot- oder Reis-Portionen kleiner halten, muss das ja nicht für die Kinder gelten. Freilich, gegen Nussnougatcreme, Ketchup, Gummibärchen hat jeder schlechte Karten. Aber wenn Sie Ihre Kinder zu 70 Prozent mit den Regeln der GLYX-Küche bekochen, dann vertragen sie auch die Genussmittel aus der Fabrik besser. Übrigens hat heute schon jedes fünfte Kind starkes Übergewicht. Und häufig – das ist wirklich erschreckend – auch Alters-Diabetes. Die Prognose der Experten lautet: Diese Kinder werden wahrscheinlich vor ihren Eltern sterben. Neueste Studien zeigen: Das Risiko für Übergewicht und Diabetes wird schon in der Schwangerschaft angelegt. Durch Mast mit Industrie-Kohlenhydraten.

Sie finden in diesem Buch sicher auch Rezepte, die Ihre Kinder überzeugen. Meine Nichte Lina mag es morgens lieber süß: Ihr schmeckt der Limetten-Frischkäse mit Himbeeren von S. 38. Xaver liebt Paprika-Nuss-Paste (S. 40) auf dem Roggenschrotbrot. Und Martina Kittler hat alle Rezepte »markiert«, mit denen sie Erfolg bei ihren beiden Kleinen hat.

Und Ihr Partner? Versprochen: Der wird nicht mal merken, dass Sie »auf Diät« sind.

Ein Dutzend Ideen, die Kindern schmecken

1. Müsli-Mischung (Grundrezept S. 36)
2. Pancakes mit Birnenkompott (S. 46)
3. Kohlrabi-Creme-Suppe (S. 66)
4. Tomatensauce (Grundrezept S. 74)
5. Paprikasauce mit Erdnüssen (S. 76)
6. Tomaten-Weizen-Risotto (S. 85)
7. Grünkernpuffer mit Käse (S. 92)
8. Lachs auf Pfannengemüse (S. 105)
9. Hähnchen vom Blech (S. 134)
10. GLYX-Pizza (Grundrezept S. 150)
11. Beeren auf Quarkcreme (S. 162)
12. Zwetschgenknödel mit Nussbröseln (S. 168)

GLYX für Diabetiker

Ja, auch für Diabetiker – und für die Prävention von Diabetes – ist die GLYX-Diät ideal. Der glykämische Index kommt aus der Diabetes-Forschung. Denn wer ständig GLYX-hoch isst, rutscht in die Insulinresistenz: Die Zellen reagieren schwerhörig auf die Botschaft des Insulins. Das heißt: Man hat ständig zu viel Insulin im Blut, der ganze Körper wird schlapp, weil die Zellen zu wenig Energie-Nachschub bekommen. Die Folge Diabetes: Die Niere scheidet Zucker aus. Der Blutzuckerspiegel ist ständig erhöht, zerstört kleine und große Blutgefäße. Folgen: Diabetischer Fuß, Amputation, Nierenversagen, Erblindung, Herzinfarkt.

Die Probleme mit der anrollenden Typ-2-Diabetes-Epidemie haben wir nur, weil wir unglyxlich essen & trinken – und uns zu wenig bewegen. Sprechen Sie einfach mal mit Ihrem Arzt.

GLYX fürs Herz

Welche Ernährungsform ist die gesündeste fürs Herz? Forscher fanden heraus: die Mittelmeerküche. (Leider nur am Mittelmeer, weil dort die Produkte gesund sind!) Und diese fließt mit all ihren gesunden Botschaften von Olivenöl über Gemüse zu Fisch in die GLYX-Diät ein. Lebensmittel mit einem hohen GLYX treiben die Blutfette und das schlechte Cholesterin nach oben, der LDL-Cholesterinwert steigt. Das gute HDL-Cholesterin wird von Lebensmitteln mit einem hohen GLYX aus dem Blut verdrängt. Folgen: Arteriosklerose, Herzinfarkt, Schlaganfall. GLYX-hoch heißt: Es wird mehr vom Stresshormon Cortisol produziert. Das schadet dem Herzen. GLYX-hoch beschleunigt das Altern – und Alzheimer. Insulin kurbelt die Zellteilung an. Da jede Zelle sich aber nur begrenzt teilen darf, stirbt sie eher ab. Und mit der Zelle der ganze Mensch. Lebensmittel mit hohem GLYX stellen den ganzen Menschen auf schwach und krank: Denn es werden mehr von den schlechten Eicos (Gewebehormone) gebildet und weniger gute Eicos. Das fördert entzündliche Erkrankungen, Autoimmun-Erkrankungen, Rheuma, Multiple Sklerose, Krebs, Depression. Im Übrigen schwächen hohe GLYX-Werte die Abwehr. Denn Insulin unterdrückt immunaktive Stoffe wie Interferon und T-Zellen.

Ein Dutzend mediterrane Rezepte

1. Bohnensalat mit Rucola (S. 60)
2. Salbei-Aprikosen mit Feta (S. 64)
3. Tomaten-Fenchel-Sauce (S. 75)
4. Bohnen-Paprika-Penne (S. 78)
5. Quinoia-Tortilla (S. 85)
6. Ratatouille (S. 91)
7. Sommerlicher Gemüsetopf (S. 91)
8. Auberginen-Tomaten-Auflauf (S. 94)
9. Geschmorte Tintenfische (S. 108)
10. Lammgyros mit Joghurt (S. 120)
11. Gefüllte Paprikaschoten mit Schafkäse (S. 127)
12. Focaccia mit Oliven (S. 144)

GLYX FÜR GÄSTE

Stellen Sie sich vor, Sie sind eingeladen und dort serviert man Ihnen: »Salbei-Aprikosen mit Feta«, »Heilbutt mit Tomatengemüse« und »Schokoladenflammeri«. Denken Sie dann: »Himmel, welch dröge Diät?« Nie und nimmer. Im Kasten rechts finden Sie weitere Menü-Vorschläge, die Sie Ihren Gästen aus diesem Buch zusammenstellen können. Im Übrigen können Sie jedes Gericht aus diesem Buch auch Freunden servieren. Natürlich mit einem schönen Glas trockenen Wein. Den dürfen Sie sich GLYX-technisch auch gönnen. Und Sie brauchen das Wort »Diät« ja nicht zu erwähnen, wenn Sie GLYX auftischen. Vielleicht nach dem Essen. Dann, wenn es Komplimente gehagelt hat. Wenn keiner müde ist. Alle sich wohl fühlen. Jeder noch Bäume ausreißen könnte – und der Abend sicherlich lange dauert.

Italienisches Menü für zwei

Vorspeise

→ Feigen mit Ricotta-Kürbis-Creme (S. 62)

Hauptgericht

→ Vollkorn-Spaghetti mit GLYX-Basilikum-Pesto (S.76) oder Mangold-Spaghetti (S. 78)

Dessert

→ Orangen-Kaltschale mit Feigen (S. 159)

Mediterranes Menü für vier

Vorspeise

→ Tomatensülze mit Basilikum-Joghurt (S. 62) oder Salat mit GLYX-Vinaigrette (S. 56)

Hauptgericht

→ Mediterrane Doraden vom Blech (S. 111), Focaccia mit Oliven (S. 144) oder Kalbsmedaillons mit Artischocken (S. 118), Vollkorn-Baguette (S. 144)

Dessert

→ Latte-Macchiato-Eis (S. 161)

Prost Gesundheit!

Sie laden Gäste zum GLYX-Menü? Dann verwöhnen Sie sie mit einem Aperitif: Tomatensaft mit einem Schuss Tabasco, Salz und Pfeffer. Oder servieren Sie ein Gläschen Gemüse-Elixier aus dem Entsafter. Das bringt die Verdauung in Schwung und freut 70 Billionen Körperzellen. Natürlich steht eine große Karaffe mit Wasser und Zitronenscheiben auf dem Tisch. Dazu gibt es einen guten, trockenen Wein, egal, ob rot oder weiß – wunderbar, wenn direkt vom Winzer. Gegen ein bis zwei Gläser hat weder der Arzt was einzuwenden noch der Diät-Plan. Ein Espresso danach unterstützt die Fettverbrennung; ja, wer will, darf auch das kleine Löffelchen Zucker nehmen.

Asia-Menü für zwei

Vorspeise

→ Gemüsesuppe mit Glasnudeln (S. 67)

Hauptgericht

→ Putenschnitzel mit Erdnusskruste (S. 117) oder Saté-Spießchen vom Huhn (S. 120), Naturreis

Dessert

→ Avocadocreme (S. 162)

Asia-Menü für vier

Vorspeise

→ Reispapierröllchen (S. 50) oder Salat mit Asia-Marinade (S. 57)

Hauptgericht

→ Fischfilets in Kokoscreme (S. 100) oder 4 Portionen Gemüse-Curry (S. 90)

Dessert

→ Kokos-Limetten-Eis (S. 161)

Frühlingsmenü für zwei

Vorspeise
→ Kohlrabi-Creme-Suppe (S. 66)

Hauptgericht
→ Sesam-Hähnchenbrustfilets (S. 117) mit Frühlingsgemüse (S. 86) oder Spargel mit Bärlauch-Joghurt-Schaum (S. 88), Pellkartoffeln

Dessert
→ Obstsalat mit Mandel-Dickmilch (S. 159)

Frühlingsmenü für vier

Vorspeise
→ Spargel-Artischockensalat (S. 62)

Hauptgericht
→ Lachsforelle im Salzmantel (S. 111), Frühkartoffeln oder Ravioli mit Ricotta-Gemüse-Füllung (S. 81)

Dessert
→ Erdbeer-Tofu-Mousse (S. 162) oder Vanilleeis (S. 160) mit Erdbeeren

Herbstmenü für vier

Vorspeise
→ Lachstaler auf Pumpernickel (S. 62)

Hauptgericht
→ Kaninchen im Römertopf (S. 129), Vollkorn-Baguette (S. 144) oder Coq au vin (S. 124), Naturreis

Dessert
→ Quarkpudding mit Pflaumensauce (S. 164)

Herbstmenü für sechs

Vorspeise
→ Putenhäckerle auf Artischockenböden (S. 64)

Hauptgericht
→ Zwiebelkuchen (S. 151) oder Calzone mit Mangold (S. 151)

Dessert
→ 6 Portionen Kefirmousse mit Grapefruitkompott (S. 162)

Sommermenü für zwei

Vorspeise
→ Tomaten-Joghurt-Kaltschale (S. 66)

Hauptgericht
→ Gegrillte Sardinen (S. 106), Salat mit GLYX-Vinaigrette (S. 56), Vollkorn-Baguette (S. 144)

Dessert
→ Pfirsich nach Melba Art (S. 158)

Sommermenü für vier

Vorspeise
→ Sommerlicher Gemüsesalat für vier (S. 59) (Variante S. 62)

Hauptgericht
→ Italienischer Kalbsbraten (S. 133), Naturreis

Dessert
→ Blaue Grütze (S. 158), Vanillesauce (Tipp S. 158)

Wintermenü für zwei

Vorspeise
→ Grünkern-Spinat-Suppe (S. 67)

Hauptgericht
→ Rotbarsch mit Kürbiskernen (S. 107) oder Rinderfilet Stroganoff (S. 122), Naturreis

Dessert
→ Mohnflammeri mit Orangensauce (S. 164)

Wintermenü für vier

Vorspeise
→ Feldsalat mit Orangen-Nuss-Vinaigrette (S. 57)

Hauptgericht
→ Marinierter Kräuter-Rehrücken mit Selleriepüree (S.131)

Dessert
→ Bratäpfel mit Backpflaumen (S. 166)

DIE GLYX-TABELLE

Hier finden Sie portionsweise den Gehalt an Eiweiß, Fett und Kohlenhydraten (jeweils in Gramm angegeben), bewertet mit den Ampelfarben Rot, Gelb, Grün.

→ **Grün heißt:** gesundes und/oder wenig Fett, niedriger GLYX (unter 55).

→ **Gelb heißt:** Fett nicht optimal oder mittlerer Fettgehalt, mittlerer GLYX (55 bis 70).

→ **Rot heißt:** Fettnäpfchen. Hoher GLYX.

Smiley-Info auf einen Blick Von den Lebensmitteln mit grünem Smiley ☺ dürfen Sie essen, so viel Sie wollen. Der GLYX ist niedrig, das Fett wenig oder gesund. Gelbe Lebensmittel 😐 genießen Sie in Maßen. Und der rote Smiley ☹ lässt sich auf der Hüfte nieder. Nur in Mini-Portionen genießen.

Achten Sie auf Ihre Eiweißformel Sie brauchen 1,5 bis 2 Gramm pro Kilo Körpergewicht und Tag.

Für »Zähler« Wer »zählend« abnehmen will, kann sich auch an den Kohlenhydraten orientieren: nicht mehr als 50 Gramm pro Mahlzeit (sie sind extra in 5er-Schritten gerundet).

Natürlich »grün!« Und nicht mehr als 30 Gramm tierische Fette – zum Großteil Milchprodukte. Die grünen pflanzlichen Fette und Fischfette müssen Sie nicht zählen. Die machen schlank und gesund.

* Der Wert hinter dem Schrägstrich gibt die verzehrfertige Menge an.

** Keine Nährstoffangaben vorhanden.

Über 900 Lebensmittel finden Sie im GU-Kompass »Meine GLYX-Zahlen«.

	Lebensmittel	Eiweiß	Fit-Fett	Ballaststoffe	GLYX-KH
	Süße und saure Früchte				
😐	3 Scheiben Ananas (125 g)	0,6	0,3	2	15
☹	2 Scheiben Ananas (Dose), gezuckert (100 g)	0,4	0,1	1	20
☺	1 kleiner Apfel (100 g)	0,3	0,4	2	10
☺	5 Apfelringe, getrocknet (25 g)	0,4	0,4	3	15
😐	2 mittelgroße Aprikosen (50 g)	0,4	0,1	0,9	4
☺	3 Aprikosen, getrocknet (25 g)	1	0,4	3	10
😐	1 kleine Banane, etwas grün (100 g)	1	0,2	2	20
☹	10 Bananenchips, getrocknet (15 g)	0,5	0,3	1	10
☹	1 kleine Banane, reif (100 g)	1	0,2	2	20
☺	1 kleine Schale Beeren (125)	1	0,5	5	5
☺	1 kleine Birne (100 g)	0,7	0,4	3	10
☹	3 Datteln, getrocknet (25 g)	0,5	0,1	2	15
☺	2 mittelgroße Feigen (100 g)	1	0,5	2	15
😐	2 Feigen, getrocknet (40 g)	2	0,9	4	25
☺	1 kleine Grapefruit (250 g)	2	0,2	2	20
😐	2 Spalten Honigmelone (125 g)	1	0,1	1	15
☺	1 kleine Schale Kirschen, sauer (125 g)	1	0,6	1	10
😐	1 kleine Schale Kirschen, süß (125 g)	1	0,4	2	15
😐	1 große Kiwi (100 g)	1	0,6	4	10
😐	1 halbe Mango (125 g)	0,8	0,6	2	15
☺	1 mittelgroße Nektarine (125 g)	1	0,1	3	15
☺	1 mittelgroße Orange (150 g)	2	0,3	3	10
😐	1 halbe kleine Papaya (125 g)	0,7	0,1	3	3
☺	1 mittelgroßer Pfirsich (125 g)	1	0,1	2	10
☺	3 Pflaumen (100 g)	0,6	0,2	2	10
☺	4 Pflaumen, getrocknet (25 g)	0,8	0,3	2	15
😐	2 TL Rosinen (15 g)	0,4	0,1	0,5	10
😐	1 Spalte Wassermelone (125 g)	0,8	0,3	0,3	10
😐	1 kleine Rispe Weintrauben, blau (125 g)	0,9	0,4	2	20
☺	1 kleine Rispe Weintrauben, grün (125 g)	0,9	0,4	2	20
☺	1 halbe Zitrone (30 g)	0,2	0,2	1	1
	Gemüse und Hülsenfrüchte				
☺	1 große Artischocke (150 g)	4	0,2	16	4
☺	1 halbe mittelgroße Aubergine (150 g)	2	0,2	4	4
☺	1 mittelgroße Avocado (200 g)	4	47	13	1
☺	1 kleiner Teller gemischte Blattsalate (150 g)	2	0	3	2
☺	Bohnenkerne, weiß (1/2 kleine Dose) (125 g)	11	0,9	9	20
😐	6 Edelkastanien (Maronen), geröstet (60 g)	1	7	5	20
☺	1 große Knolle Fenchel (150 g)	4	0,5	6	4
☺	1 kleines Stück Ingwerwurzel (10 g)	0,2	0	0	1
☺	Kichererbsen (1/2 kleine Dose) (125 g)	9	3	6	20
☺	1 kleiner Teller Kohlgemüse (150 g)	3	0	5	5
☺	1 EL Küchenkräuter, frisch (10 g)	0	0	1	1

	Lebensmittel	Eiweiß	Fit-Fett	Ballast-stoffe	GLYX-KH
😐	1 Scheibe Kürbis (200 g)	3	0,4	2	10
😐	Linsen (1/2 kleine Dose) (125 g)	7	0,4	3	15
😐	2 mittelgroße Karotten, gegart (150 g)	0,9	0,4	4	10
🙂	2 mittelgroße Karotten, roh (150 g)	0,9	0,4	4	10
🙂	6 Oliven, grün, mariniert (30 g)	0,5	4	0,7	1
🙂	8 Oliven, schwarz, mariniert (30 g)	0,4	4	0,5	1
🙂	1 mittelgroße Paprika, grün (150 g)	2	0,7	5	5
🙂	1 mittelgroße Paprika, rot (150 g)	2	0,7	5	10
😐	4 Pastinaken (200 g)	3	0,7	8	5
🙂	1 Schale Pilze, frisch (250 g/200 g)*	4	1	10	2
😐	1 kleine Knolle Rote Bete (150 g)	2	0,1	4	10
😐	1 Portion Saubohnen, getrocknet (40 g/125 g)*	9	0,6	4	15
🙂	1 kleiner Teller Sauerkraut, abgetropft (150 g)	2	0,4	3	4
🙂	1 kleine Hand voll Sojasprossen (30 g)	2	0	1	2
🙂	1 Pfund Spargel, geputzt (350 g)	7	0,5	5	5
🙂	1 kleiner Beutel Spinat (150 g)	4	0,2	4	1
🙂	1 kleiner Teller grüne Bohnen, gegart (125 g)	3	0,3	4	4
😐	1 mittelgroße Süßkartoffel (150 g)	2	0,9	5	35
🙂	2 Tomaten (150 g)	1	0,4	1	4
🙂	1 kleine Zucchini (150 g)	2	0,6	2	3
😐	1 kleine Schale Zuckererbsen/-schoten (125 g)	5	0,3	6	15
🙂	1 kleine Zwiebel (50 g)	0,7	0,2	0,8	2
	Gemüse allerlei				
😐	2 mittelgroße Essiggurken aus dem Glas (50 g)	0,4	0,1	1	3
🙂	1 Brühwürfel Gemüsebrühe, Instant (10 g)	2	2	0,7	2
☹️	250 ml Gemüsecremesuppe (Instant)	2	2	**	10
🙂	1 großer Teller TK-Gemüsemischung (200 g)	6	0,6	**	10
🙂	1 kleiner Teller Italienische Vorspeisen (150 g)	1	11	**	10
☹️	3 EL Kürbis, süßsauer (40 g)	0,1	0	**	10
🙂	1 Schüssel Nizza-Salat mit Tunfisch (350 g)	16	19	7	15
🙂	1 EL Pesto, selbst gemacht (15 g)	0,9	4	**	1
😐	1/2 Packung TK-Rahmspinat (150 g)	5	6	**	5

	Lebensmittel	Eiweiß	Fit-Fett	Ballast-stoffe	GLYX-KH
	Eier, Milch- & Sojaprodukte				
😐	1 Ei, gekocht (60 g)	8	7	0	0
🙂	1 kleines Stück Feta (45 %) (30 g)	5	6	0	0
🙂	3 EL Körniger Frischkäse, Hüttenkäse (30 g)	4	1	0	1
🙂	30 g Hartkäse bis 30 % Fett i. Tr.	9	5	0	0
☹️	1 Scheibe Weißbrot, belegt mit Käse (70 g)	9	10	1	15
🙂	1 kleine Rolle Korbkäse, Handkäse (30 g)	9	0,2	0	0
🙂	1 Becher Joghurt (3,5 %) (150 g)	5	6	0	5
😐	1 Becher Fruchtjoghurt (3,5 %) (150 g)	4	5	1	20
🙂	1 TL Misopaste (10 g)	1	1	1	1
🙂	1/2 Kugel Mozzarella (60 g)	11	9	0	0
🙂	1/4 Becher Quarkcreme 0,2 % Fett (125 g)	9	0,3	0	4
😐	1 EL Sahne (30 %) (15 g)	0,5	5	0	1
🙂	1 Becher Sojajoghurt, natur (125 g)	6	3	0,3	4
😐	1 Becher Sojajoghurt, Früchte (125 g)	5	3	0,4	20
🙂	4 Scheiben Tempeh (100 g)	20	12	**	2
🙂	1/2 Stück Tofu natur (100 g)	16	9	0,6	1
🙂	1/2 St. Tofu mit Mandeln u. Nüssen (100 g)	15	15	**	2
😐	1 Glas Milch (3,5 %) nicht homogenisiert (200 ml)	7	7	0	10
☹️	1 Glas H-Milch (3,5 %) (200 ml)	7	7	0	10
😐	1 Ecke Weichkäse (70 %) (30 g)	4	12	0	0
	Fisch & Meeresfrüchte				
😐	1 Aalfilet geräuchert (100 g)	16	26	0	0
☹️	1 Fischmac (150 g)	15	21	0	40
🙂	1 Forellenfilet, geräuchert (75 g)	16	3	0	0
🙂	1 Portion Meeresfrüchte, ausgelöst 150 g	15	1	0	2
🙂	1 Schüssel Miesmuscheln (750 g/225 g)*	23	3	0	10
🙂	1 kleiner Teller Seefischfilet (150 g)	25	0,6–27	0	0
🙂	6 Sushi (Sashimi) ohne Reis, nur Fisch (150 g)	35	7	0	0
😐	8 Sushi mit Reis & Lachs (Maki-Sushi) (150 g)	13	4	0,9	30
🙂	1 kleiner Teller Süßwasserfischfilet (150 g)	25	2–25	0	0
🙂	Tunfisch im eigenen Saft (1 kleine Dose) (60 g)	12	9	0	0

Geflügel, Fleisch, Wurst & Wild

Lebensmittel	Eiweiß	Fit-Fett	Ballast-stoffe	GLYX-KH
30 g Bierschinken/Schinkenpastete	6	4	0	0
1 Paar Bratwürstchen (100 g)	17	29	0,1	0
4 Scheiben Bündner Fleisch/Rauchfleisch (30 g)	11	3	0	0
1 Cordon bleu, Schwein (240 g)	54	24	2	20
1/4 Ente (550 g/200 g)*	53	15	0	0
1/6 Gans (630 g/200 g)*	47	42	0	0
1 Geflügeldöner im Brot (350 g)	38	8	5	65
2 Scheiben Geflügelwurst, mager (30 g)	6	3	0	0
1 Hamburger (105 g)	13	9	1	30
2 Hirschmedaillons (150 g)	31	5	0	0
1/2 Huhn, Brathuhn (600 g/300 g)*	60	28	0	0
1 Hühnerbrustfilet ohne Haut (150 g)	35	1	0	0
1 Hühnerbrustfilet, paniert, gebraten (200 g)	39	27	0,9	15
1 Hühnerkeule mit Haut (250 g/180 g)*	33	20	0	0
2 Kalbsfiletmedaillons (180 g)	36	6	0	0
1 Kaninchenkeule (250 g/200 g)*	42	15	0	0
1 große Scheibe Kochschinken (30 g)	7	1	0	0
3 Scheiben Lachsschinken (30 g)	10	2	0	0
2 Lammfilets (180 g)	37	6	0	0
2 Scheiben Lammkeule (180 g)	32	32	0	0
1 Putenbrustschnitzel ohne Haut (150 g)	36	1	0	0
2 Scheiben Rehkeule (Schlegel) (150 g)	32	2	0	0
1 Tournedo vom Rinderfilet (120 g)	25	5	0	0
Rinderhackfleisch (150 g)	29	19	0	0
5 Scheiben Salami (30 g)	6	10	0	0
3 Scheiben Schinken, roh, mit Fettrand (30 g)	10	5	0	0
3 Scheiben Schinken, roh, ohne Fettrand (30 g)	7	1	0	0
3 Schweinefiletmedaillons (150 g)	33	3	0	0
1 Schweineschnitzel, paniert, gebraten (240 g)	44	29	1	20
1 Paar Wiener Würstchen (100 g)	13	26	0	0

Müslis, Flocken & Getreide

Lebensmittel	Eiweiß	Fit-Fett	Ballast-stoffe	GLYX-KH
1 El Buchweizen (15 g)	2	0,3	0,5	10
4 EL Bulgur (40 g)	5	0,6	**	30
5 EL Cornflakes (30 g)	2	0,6	1	25
1 EL Dinkelschrot (15 g)	2	0,5	1	10
3 EL Früchtemüsli, gezuckert (30 g)	3	1	**	20
1 EL Getreidemischung, Schrot (15 g)	2	0	2	10
2 EL Haferkleie mit Keim (20 g)	4	2	4	10
1 EL Hirsekörner (15 g)	1	2	4	10
1 EL Leinsamen (15 g)	4	6	5	0
3 EL Müsli ohne Zucker, mit Nüssen (30 g)	4	5	2	15
1 Müsliriegel, gezuckert (25 g)	2	5	1	10
1 gehäufter EL Roggenvollkornmehl (15 g)	2	0,3	2	10
1 gehäufter EL Weizenmehl, Type 405 (15 g)	2	0,2	0,6	10
1 gehäufter EL Weizenvollkornmehl (15 g)	2	0,4	2	10

Brot & Gebäck

Lebensmittel	Eiweiß	Fit-Fett	Ballast-stoffe	GLYX-KH
2 kleine Scheiben Baguette (40 g)	3	0,5	1	20
1 Croissant (70 g)	5	23	2	30
2 bis 3 Scheiben Knäckebrot, Vollkorn (30 g)	3	0,5	4	20
1 Laugenbrezel oder -brötchen (60 g)	6	1	2	35
1 Scheibe Mischbrot (Roggen/Weizen) (40 g)	2	0,4	2	20
1 Muffin mit Blaubeeren/Fast-Food) (110 g)	4	24	**	50
1 Scheibe Pumpernickel (40 g)	3	0,4	3	15
1 Scheibe Roggenbrot mit Sauerteig (40 g)	2	0,4	3	20
1 Roggenvollkornbrötchen (60 g)	4	0,6	4	30
1 Stück Sahnetorte (120 g)	5	25	1	30
1 Scheibe Toastbrot, Vollkorn (25 g)	1	0,7	1	10
1 Scheibe Vollkornbrot, wenig Schrot (40 g)	2	0,4	3	15
1 Scheibe Vollkornbrot mit Nüssen/Samen (40 g)	3	4	**	10
3 Vollkornkekse (30 g)	3	6	2	15
1 Weizenbrötchen (45 g)	3	0,6	1	25

Lebensmittel	Eiweiß	Fit-Fett	Ballast-stoffe	GLYX-KH
Beilagen				
1 mittelgroße Backkartoffel, ohne Fett (150 g)	2	0,2	2	25
3 Bratkartoffeln mit 15 g Fett (215 g)	5	16	4	40
Hartweizengrießnudeln, al dente, (40 g/120 g)*	8	0,6	1	35
Hartweizengrießnudeln, weich gek. (40 g/120 g)*	8	0,6	1	35
1 Teller Kartoffelpüree, selbst gemacht (200 g)	5	6	3	25
3 EL Langkornreis, weiß, poliert (40 g/120 g)*	3	0,5	0,6	30
3 EL Naturreis, parboiled, (40 g,/120 g)*	4	0,9	1	30
2 kleine Pell/-, Salzkartoffeln (80 g)	1	0,1	1	15
2 kleine Pell/-, Salzkartoffeln (Mikrowelle) (80 g)	1	0,1	1	15
1 kleine Tüte Pommes frites, ofenfertig (80 g)	14	17	2	35
3 EL Risotto, Rundkornreis, (40 g/120 g)*	3	0,5	0,6	30
Vollkornnudeln (40 g/120 g)*	7	1	6	30
3 EL Wildreis (40 g/80 g)*	5	0,2	**	30
Süßen & süße Aufstriche				
1 TL Agavendicksaft (Bio) (7 g)	0	0	0	5
1 TL Ahornsirup (7 g)	0	0	0	5
1 TL Akazienhonig (7 g)	0	0	0	5
1 TL Apfel-, Birnendicksaft (7 g)	0	0	0	5
1 geh. TL Erdnussmus (15 g)	4	7	1	5
1 geh. TL Fruchtaufstrich mit Honig o. Ä. (15 g)	0	0	0	5
1 TL Fruchtzucker (Fructose) (7 g)	0	0	0	5
2 TL Konfitüre (15 g)	0	0	0,2	10
1 gehäufter TL Nuss-Nougat-Creme (15 g)	1	5	**	10
1 Stück Süßstoff (1 g)	0	0	0	0
1 TL Traubenzucker (Glukose) (7 g)	0	0	0	5
1 TL Zucker, weiß (7 g)	0	0	0	5
Knabbern & Naschen				
20 g Bitterschokolade mind. 70 % Kakao (20 g)	2	9	1	5
1 große Kugel Eiscreme (75 g)	2	9	0	25

Lebensmittel	Eiweiß	Fit-Fett	Ballast-stoffe	GLYX-KH
12 Erdnüsse im Schokomantel (50 g)	8	22	4	15
1 große Kugel Fruchteis ohne Zucker (75 g)	3	2	1	15
1/3 Tüte Kartoffelchips (50 g)	3	19	1	20
1 Hand voll Nüsse, gemischt (30 g)	8	14	3	2
1/2 kl. Tüte Popcorn, salzig, wenig Fett (40 g)	4	2	6	25
2 Pralinen (24 g)	0,4	8	0,6	15
4 Reiswaffeln, süß (20 g)	2	1	0	15
1 Schoko-Karamell-Riegel (60 g)	2	11	**	40
1 Portion Studentenfutter mit Erdnüssen (30 g)	4	8	7	15
Getränke				
Apfelsaft, naturtrüb (200 ml)	0,4	0,5	**	20
Apfelsaftschorle (1 : 3) (200 ml)	0	0	0	5
1 Sektglas Champagner (100 ml)	0	0	0	1
Colamixgetränke (200 ml)	0	0	0	20
Direktsaft (Orange, Grapefruit) (200 ml)	1	0,3	0,3	15
1 Dose Energydrink (250 ml)	0	0	0	40
Fruchtsaft, frisch gepresst (200 ml)	0,4	0,6	0,1	15
Fruchtsaftgetränk, gezuckert (200 ml)	0	0	0	25
Grapefruitsaft, frisch gepresst (200 ml)	1	0,2	0,2	15
Kakaogetränk mit Wasser, ungezuckert (200 ml)	2	2	2	2
Karottensaft, frisch gepresst (200 ml)	1	0	**	10
Mineralwasser, Tee & Kaffee (200 ml)	0	0	0	0
Multi-Vitamin-Nektar mit Süßstoff (200 ml)	0	0	**	10
Rote-Bete-Saft (200 ml)	3	0	1	20
Rotwein, trocken (200 ml)	0,3	0	0	5
Sauerkrautsaft (200 ml)	2	0	0,7	1
Tomatensaft (Flasche) (200 ml)	2	0,3	1	4
Weißwein lieblich (200 ml)	0,2	0	0	10
Weißwein trocken (200 ml)	0,2	0	0	1
Weißweinschorle (200 ml)	0,2	0	0	0
1 Flasche Weizenvollbier (330 ml)	1	0	0	10

GLYX-FALLEN IM ALLTAG

Das Marmeladebrot

In diese GLYX-Falle tappen wir jeden Morgen. Ein Brötchen mit Marmelade oder einem anderen süßen Aufstrich schmiert man sich schnell zu Kaffee oder Tee. Dazu dann noch der Fruchtsaft aus der Flasche und das Insulinbad ist vollkommen. Blutzuckerspiegel steigt, Insulin kommt, schaufelt den Zucker aus dem Blut. Blutzuckerspiegel sinkt. Dem Gehirn geht der Zucker aus. Man wird nervös, zittrig, hungrig. Greift zur Cola, zum Riegel, zum Keks. Blutzucker steigt, Insulin, Blutzucker sinkt. Schon morgens steigt man in die Blutzuckerachterbahn – fährt den ganzen Tag darin. Und aus einer Achterbahn kann man nicht einfach aussteigen. Weitere morgendliche Achterbahn-Tickets: Cornflakes, Frosties & Co., Knäckebrot, Joghurt mit Fruchtzubereitung, Bananenmilch, Kuchen & süße Teilchen, Milch-Creme-Snacks, Fruchtnektar oder Fruchtsaftgetränke (oder andere süße Soft-Drinks), süße Molkedrinks, Fertigmüsli mit viel Zucker, Muffins, Donuts, Croissants, Wurstsemmel.

Also steigen Sie gar nicht erst ein. Starten Sie den Tag ganz einfach GLYX-niedrig. Unsere Frühstücks-Ideen finden Sie ab S. 36.

Der Beilagensalat

Er hat drei Fehler. Seine Größe. Seine Zutaten. Seine Sauce. Ein paar lasche Blätter grüner Salat, zwei Achtelchen Tomate, ein Esslöffel Maiskörner, geraspelte Möhren, Sellerie, Rote Beete kommen nicht frisch vom Beet, sondern aus dem Glas. Genauso wie die weiße Fertigsauce. Aus billigem Öl (aus Weizen, Sonnenblumenkernen, Soja oder Mais), verunglyxt mit Zucker und Stärke und mit einer ganz langen Zutatenliste … Der Beilagensalat liefert (so!) weder Gesundheit noch Genuss. Machen Sie Salat künftig zur Hauptsache. Mit frischen Ingredienzien, Kräutern und gesundem Öl. Dazu zählen: Olivenöl, Rapsöl, Nussöle. Rezepte für GLYX-Saucen finden Sie ab Seite 56. Und Abwechslung in das tägliche Salat-Einerlei bringen Rezepte wie Spinatsalat mit Sprossen, Weizensalat mit Pilzen … alles auf den Seiten 58–61.

Die Tomatencreme-Suppe

Die Deutschen lieben Suppe. Sie ist die typische Vorspeise – und dient auch oft als Hauptmahlzeit. Der Durchschnittsdeutsche isst 100 Teller pro Jahr. Frei nach dem Motto: In der Kürze liegt die Würze – drum am liebsten aus der Tüte. Einfach ins Wasser rühren, fünf Minuten kochen und fertig. Oder noch schneller: einfach mit heißem Wasser übergießen. Macht schnell satt. Mit gutem Gewissen. Hat ja kaum Kalorien. Was steckt denn dann drin? Also ich habe hier das Etikett einer guten Marken-Suppe. Man muss wissen: Auf jedem Etikett stehen die Zutaten je nach Menge drin. An erster Stelle, das was am meisten vorkommt. In meiner Markensuppe stecken noch 29 Prozent Tomatenpulver (finde ich viel. In den meisten anderen Suppen findet man die Tomate als Tomaten-Aroma). Also in meiner Suppe hier gibt es getrocknete, pulverisierte Tomaten (Schalen? Ernte-Abfälle?) – leider ohne Vitamine. Die gehen natürlich kaputt. Als zweite Zutat: Weizenmehl. Also das würde ich in meine Suppe nicht tun. Hat einen hohen GLYX – verdirbt das Lebensmittel. Als dritte Zutat: Zucker. Von der Menge ist Zucker also als drittstärkster Kandidat dabei. Gefolgt von Jodsalz und Stärke (ebenfalls GLYX-hoch). Dann kommt gleich der Geschmacksverstärker Mononatriumglutamat (sehr ehrlich vom Hersteller, das versteckt sich nicht selten unter »Würze« oder »Hefeextrakt«). Glutamat ist in der Tütensuppe wichtig, weil sonst die Tomaten nach der intensiven Verarbeitungsprozedur nicht schmecken. Für Allergiker ist das in jedem Fall wichtig zu wissen, denn Glutamat kann Asthma, Migräne auslösen. Für Abnehmer ist das wichtig zu wissen, denn Glutamat macht Appetit auf mehr.

An nächster Stelle steht: pflanzliches Öl (gehärtet). Auch das hat in der GLYX-Küche nichts verloren. Beim Härten entstehen Transfettsäuren, die stehen im Verdacht, Krebs zu erregen. Dann steckt drin: Zwiebelpulver und Speckfett. Und natürlich braucht das Ganze ein Verdickungsmittel, sonst wird's nicht cremig. Da nimmt man gerne Guarkernmehl, weil es so natürlich klingt. Und man drunter schreiben kann: »Wird aus den Samen der subtropischen Guarpflanze gewonnen«. Da vermutet kein Mensch, dass da Blausäure und Fluoressigsäure drin ist, und Empfindliche mit Magen-Darm-Erkrankungen, Asthma oder Kontaktekzemen reagieren.

Wunderbar: Die Suppe ist ein Jahr haltbar. Kein Wunder. Ist ja auch kein Leben mehr drin. Also: Wenn Sie die ab und zu genießen, dann tun Sie, wie der Hersteller empfiehlt, eine Zwiebel, frisches Gemüse, Öl und frische Kräuter hinein. Dann können Sie aber gleich selbst eine gesunde Suppe zubereiten …

Gucken Sie aufs Etikett! Wo taucht das Gemüse auf? In 50 Prozent der Fälle an dritter, vierter, fünfter Stelle. Vorher steht: Modifizierte Stärke – chemisch so verändert, dass sie stabil ist gegen Hitze, Kälte, Säuren. Sie macht die Suppe »cremig.« Gefolgt von gehärteten Ölen – Gift für den Körper. Stärke. Hefeextrakt (macht Geschmack), Glutamat … Machen Sie die Tütensuppe, das Fertigprodukt aus der Tüte zur absoluten Notausnahme – besser als Hunger schieben … Aber vergessen Sie nicht: Ihre Körperzellen, Ihre Nerven, Ihre Organe, Ihr Immunsystem, Ihre Laune haben davon nichts. Aber auch gar nichts.

Die GLYX-Tomatensuppe

Tomatensuppe ist etwas Herrliches. Schärft den Sehsinn – und schützt mit seinem Lycopin auch das Herz und vor Krebs. Hab neulich eine paradiesische Variante bei meinem Lieblingsitaliener genossen und den Koch Andre ums Rezepte gebeten. Siehe da, auch er nimmt Tomaten aus der Dose. Sonnengereifte, italienische, wenn sie hier keine Saison haben. Dauert eine Stunde. Aber man kann was anderes tun, während sie auf dem Herd vor sich hin köchelt.

Für vier Personen brauchen Sie: Zwei mittelgroße Zwiebeln, eine große Karotte, zwei Stangen Sellerie, ein Kilo geschälte Tomaten aus der Dose, zwei bis drei Lorbeerblätter, zwei Esslöffel Gin, ein bisschen flüssige Sahne, frischen Basilikum.

Und so geht's: Die Zwiebeln, die Karotte und den Sellerie klein hacken und in einem Topf mit Olivenöl anbraten. Dann die Dosentomaten zugeben. Das Ganze mit den Lorbeerblättern eine Stunde lang bei geringer Hitze köcheln lassen, bis das Olivenöl an die Oberfläche steigt (erkennen Sie an den Fettaugen). Die Lorbeerblätter herausnehmen und die Suppe mit einem Zauberstab pürieren und durch ein Spitzsieb durchlassen. Dann die Suppe mit Salz, Pfeffer und Gin abschmecken und mit etwas flüssiger Sahne und dem Basilikum garnieren.

Ade Marmeladenbrot! Willkommen → **Sommermüsli, Limetten-Frischkäse** oder **Paprika-Nuss-Paste** ab S. 36.

Beilagensalat nein danke! Viel besser: → **Spinatsalat mit Sprossen** oder **Sommerlicher Gemüsesalat** ab S. 58.

Tütensuppe ohne uns! Lieber: → **Tomaten-Joghurt-Kaltschale** oder **Kohlrabi-Creme-Suppe** ab S. 66.

Statt Doseneintopf gibt's bei uns ab S. 91 frisches → **Ratatouille** oder **Wirsingtopf mit Hackbällchen.**

Fischstäbchen lassen Sie kalt. Ihnen gehen → **Seelachs-Lauch-Gratin** oder **Tunfisch mit Avocado-Salsa** ab S. 104 ins Netz.

Statt dem Wiener Schnitzel → **Lammfilet mit Safranzwiebeln** oder **Rehmedaillons mit Apfelchutney,** ab S. 119.

Statt Pizza und Wurstbrot genießen Sie → **Focaccia mit Oliven, Power-Bagels** oder **Calzone mit Mangold** ab S. 144.

Schokoriegel-Ersatz finden Sie ab S. 171: → **Apfel-Karamell-Kuchen, Nussecken** oder **Fruchtbällchen** für den Süßhunger.

Statt Limo & Co. locken → **Erdbeer-Soja-Shake, Orangen-Joghurt-Drink** oder **Grüntee-Kiwi-Molke** auf S. 48.

Der Gemüse-Eintopf

In welcher Form verzehrt der Durchschnitts-Deutsche Gemüse am häufigsten? Im Eintopf. Auch hier hab ich ein gutes Markenprodukt aus dem Regal gezogen. Einen Hühner-Nudeltopf »mit frischen Möhren«. Da stellt sich mir die Frage: Wieso sind die Möhren frisch? Die kommen doch aus der Dose. Und: Ist das Huhn, der Lauch in der Dose nicht frisch? Immerhin kommt aus der Dose viel mehr Leben als aus der Tüte. Das sehen Sie, wenn Sie die Dose öffnen, das Gemüse in ein gut verschließbares Gefäß umfüllen, dann hält es maximal drei Tage. Steckt also noch Leben drin. Weil in der Dose keine Konservierungsstoffe drin sind. Dosen darf man laut Gesetz keine Konservierungsstoffe zufügen, weil das Erhitzen, das Eindosen selbst ja schon Konservierung ist. Aber warum steht dann auf der Dose »ohne Konservierungsstoffe, laut Gesetz«? Wahrscheinlich, weil der Hersteller den verunsicherten Verbraucher aufklären will. Vor Konservierungsstoffen hat er Angst. Das kauft er vielleicht nicht. Darum muss der Konservendosen-Hersteller draufschreiben »ohne K …«. Also im Hühner-Nudeltopf sind keine Konservierungsstoffe, aber auch kaum Huhn. Etwas weniger als Gemüse. Im Hühner-Nudeltopf stecken gerade mal 5 Prozent Hühnerfleisch. Dafür stehen die Muschelnudeln gleich an zweiter Stelle nach Wasser. Viel GLYX. Natürlich fehlen auch nicht Natriumglutamat, Aroma, Stabilisator Guarkernmehl, Farbstoff … In der Dose stecken 204 Kalorien, 10 g Eiweiß, 20 g Kohlenhydrate, 10 g Fett.

Das Fischstäbchen

Seelachs ist des Deutschen liebster Fisch. Aus dem einfachen Grund: Er kommt in Stäbchenform auf den Teller. Also ich war mal in einer guten Fabrik, in der Gefrierkost hergestellt wird – auch Fischstäbchen. Ich hab ganz schön gefroren, aber muss ehrlich sagen: Das fand ich richtig appetitlich. Der Fisch kommt dort ja schon in ganz große Eisblöcke gepresst an. Die werden klein geschnitten und im Panierautomaten mit Semmelbröseln & Co. versehen. Im Grunde sind Fischstäbchen eine hervorragende Erfindung, weil man so den Fisch auch an die Kinder bringt. Leider ummantelt mit der Kombination Fett plus Kohlenhydrate, die sich doppelt auf die Hüfte nieder schlägt. Also in 150 Gramm Fischstäbchen (fünf Stück) stecken 18,9 Gramm Eiweiß, 24,15 Gramm Kohlenhydrate und 11,25 Gramm Fett. Dazu gesellt sich das Fett, mit dem wir sie braten. Insgesamt 29 Gramm. Macht für fünf Fischstäbchen 435 kcal. 150 Gramm Fisch ohne Mantel hätte gerade mal 120 kcal. Und deckt mit 27 Gramm Eiweiß ein Drittel des Tagesbedarfs.

Seelachs können Sie auf S. 107 auch mal anders genießen. Und im gleichen Kapitel finden Sie noch viele andere Arten Fisch und Meeresfrüchte, gedünstet, gedämpft, aus der Pfanne, dem Ofen und im Salzmantel, um sie in den gesunden, schlanken Alltag zu integrieren. Denn in der GLYX-Küche ist Fisch ein wichtiger Bestandteil. Der beste Eiweißlieferant – und wenn er aus der See kommt, ein Jungbrunnen. Omega-3-Fettsäuren von Seefisch halten jede Zelle geschmeidig und gesund.

Das Schnitzel Wiener Art

Es heißt immer: Der Deutsche isst zu fett, zu süß, zu viel. Er macht also eine UnGLYX-Diät. Das tun übrigens auch die Gescheiten: Eine Umfrage an den größten Deutschen Unis ergab: Des Studiosus Lieblingsgericht in der Mensa ist paniert und frittiert. Läuft unter »Panzerplatten«. Das 500-Kalorien-Päckchen namens »Schnitzel Wiener Art« ist das Paradebeispiel für unglyxliche Ernährung. Ein Beispiel für Insulinmast. Das Schnitzel Wiener Art birgt ein Schwein (nur mit Kalb darf es sich »Wiener Schnitzel« nennen!). Und in dem steckt Arachidonsäure. Das lockt die schlechten Eicosanoide, Gewebehormone, die dick und krank machen. Wussten Sie schon, dass es im Jahr 1800 drei Jahre dauerte, um ein Schwein auf 50 Kilo zu mästen? Heute braucht man nur noch sechs Monate für 110 Kilo. Viel Gesundheit steckt da nicht mehr im Schnitzel. Drumherum ist Panade. Brotbrösel. Weißmehl (hat einen noch höheren GLYX als Zucker. Vollgesaugt mit Butterschmalz oder Schweinefett. Fett und Weißmehl – eine Kombination, die sich GLYX-technisch doppelt auf die Hüften niederschlägt. Weißmehl lockt Insulin, und das sperrt das Panaden-Fett in der Fettzelle ein. Experten sprechen von Insulinmast. Genau das Gleiche passiert mit den Pommes (150 Gramm, 561 kcal). Pommes bestehen aus Fett und Stärke. Sobald Sie auf den Pommes kauen, entstehen aus der Kartoffelstärke in ihrem Mund kleine Zuckermolekülchen. Und die locken Insulin. Fazit: Mit 1063 kcal in der für die Hüfte fatalen Kombination Fett und GLYX-hoch sollte man das Wiener Schnitzel nur auf Besuch in Wien genießen.

Und zu Hause probieren Sie einfach mal die Rezepte ab Seite 117 aus – mit Geflügel, Fleisch und Wild. Ja, auch dort finden Sie Paniertes: raffiniert paniert, GLYX-niedrig, mit Zucchiniraspeln, Sesam- oder Erdnusskruste. Fleisch ist ungesund? Ja. Wenn Sie es täglich essen. Und wenn Sie fette Wurst darunter verstehen. Nein, wenn Sie rotes Fleisch (Schwein, Rind) nur einmal die Woche essen. Fisch der Hauptfleischlieferant wird und Sie die anderen Arten Geflügel, Kalb, Wild abwechselnd genießen.

Welche weiteren Kombinationen Fett plus GLYX-hoch begleiten uns durch den Alltag? Marmeladebrot mit Butter, Baguette mit fettem Käse, Wurstbrot, Schokolade (birgt Zucker plus Fett), Torte (birgt Sahne plus Mehl plus Zucker), Cornflakes mit Milch, Pizza, Schweinebraten mit Knödel, Fischmac, Leberkässemmel, Butterbrezel, Pizzabaguette,

Erste, zweite oder dritte Wahl

Essen Sie täglich frisches Gemüse. Halten Sie sich an die Tiefkühltruhe – und greifen Sie ruhig ab und zu zur Dose. Zur Monokultur. Zur Tomate, zur Erbse, Bohnen, Möhre, Sauerkraut, Rotkraut, Linsen. Die sie dann selbst mit Nudeln & Co. mixen. In der Küche brauchen Sie für Ihren Eintopf, Ihr Gemüsegericht, Ihr Nudelgericht, keine Stabilisatoren, Geschmacksverstärker, Farbstoffe. Die braucht man nur in der Fabrik. Gemüse aus der Dose ist weniger schlecht als sein Ruf. Im Dosengemüse stecken oft noch mehr Vitamine als in einer weit gereisten importierten »frischen« Frucht, die unreif geerntet wurde, damit sie in gutem Zustand (allerdings vitaminarm, aber das kann man ja nicht sehen) ankommt. Der Grund: Ein guter Hersteller nimmt reife Ware, dost sie mit einem schonenden Verfahren sofort ein – ohne auslaugende Zusatzstoffe. »Die Dosenköche« vom Institut für Lebensmittelqualität in Willich führten eine Vitaminstudie durch. Und sie stellten fest: Auf dem Teller (nach dem Kochen) haben »frisches« und »Dosengemüse« einen vergleichbaren Gehalt an Vitamin B1, B2, B6 und Folsäure. Nur der Vitamin C-Gehalt von Dosengemüse ist etwa 33 Prozent niedriger.

Also: Erste Wahl ist immer »frisch«, weil alles drin steckt. Zweite Wahl: Tiefkühltruhe, weil viel drin steckt. Und dritte Wahl: Dose. Aber: Monokultur. Ohne Zusatzstoffe.

Wie vielseitig und mitunter auch schnell die Gemüseküche sein kann, sehen Sie ab S. 74.

Currywurst mit Pommes, Frikadellen mit Kartoffelsalat, Nudeln mit Sahnesauce, Kartoffeln mit Butter, Braten mit Bier, Fruchtnektar mit Keksen …

Belegtes: Pizza & Wurstbrot

Fangen wir mit der größten Unterlage an: 26 cm Weißmehlteig. Die Deutschen lieben Pizza. Am gesamten Tiefkühlmarkt des Lebensmittelhandels haben die Pizzen inzwischen einen Anteil von rund 11,8 Prozent. Im Jahr essen wir 177 163 Tonnen. Und die landen alle stante pede auf den Hüften der Nation. Eine Pizza hat rund 1000 kcal. In ihr stecken 53 Gramm Fett und 85 Gramm Kohlenhydrate – und ein bisschen Gemüse obendrauf. Sie hat einen mittleren GLYX kombiniert mit viel Fett. Fazit: Die Pizza springt sofort auf die Hüfte. Außer Sie kommt aus der GLYX-Küche. Ab S. 150 lesen Sie, wie man Pizzen mit niedrigem GLYX herstellt – mit Vollkornteig und viel, viel Gemüse belegt. Auch das schmeckt. Glauben Sie nicht? Probieren!

Das Wurstbrot. Der Pro-Kopf-Verbrauch an Wurst liegt bei 61 Kilo im Jahr. Und die isst man zum oder aufs Brot. Davon essen wir 86 Kilo pro Jahr. Leider auch eine fatale Kombination, da es sich selten um mageren Lachsschinken handelt, der auf köstlichem Roggenschrotbrot liegt. Die liebste Wurst ist die fette Wurst. Der Deutsche mag 1. Das Würstchen (Wiener und Co.), 2. Bratwürste, 3. Salami, 4. Leberwurst, 5. Fleischwurst. Und seine vier Scheiben Brot und das Brötchen pro Tag ist nur selten aus Vollkorn. Das bedeutet: Weißmehl lockt Insulin und das lässt die Salami so ins Gewicht fallen. Wussten Sie, dass man statt 100 Gramm Salami 1 Kilo Lachsschinken essen kann – und dabei die gleiche Menge Fett aufnimmt? Ich weiß: Wurstbrot geht schnell. Wurstbrot schmeckt. Wurstbrot gehört zu unserer Kultur. Dann feiern Sie es doch einfach ein Mal die Woche. Probieren Sie auch mal unsere GLYX-niedrigen Brote und Brötchen aus dem Kapitel ab S. 140. Und testen Sie zur Abwechslung mal die Brotbeläge S. 42, z. B. mit Tomaten und Ei und Brotaufstriche wie z. B. Avocado-Tofu-Creme oder Bärlauch-Feta-Aufstrich S. 40.

Der Schokoriegel

Die häufigste Antwort auf Süßhunger. Muss man nicht dafür arbeiten. Nur aufreißen, reinbeißen, genießen – und Stress und Hunger sind weg. Kurzfristig. Spätestens nach zwei Stunden sind beide wieder da. An erster Stelle auf der Zutatenliste tauchen Zucker und Kakaobutter auf, vor seltsamen Mittelchen wie Glycerin, Backtriebmittel, Salz, Hefe und Gerstenmalzextrakt, Aromastoffe … Ein Riegel macht Hunger auf mehr. Weil er schmeckt (herrlich, ich knuspere auch gerade einen …) – und weil er viel Insulin lockt. Das gleich das Fett vom Schokoriegel auf die Hüften packt. Schokoriegel sind Genussmittel. Keine Lebensmittel. Und die isst man am besten dann, wenn man keinen Hunger hat. Für den Hunger zwischendurch empfiehlt sich die Kombination: Eiweiß plus Vitalstoffe (GLYX-niedrig!). In Form von Paprika-Shrimps-Schiffchen, Harzer Käse-Taler, Birnen mit Camembert-Quarkcreme … Gucken Sie mal unsere Rezepte ab S. 50 an.

Und auch für die Lust auf Süßes hat die GLYX-Küche viele Rezepte parat. Schnuppern Sie mal in das Kapitel Desserts & Kuchen.

Softdrinks

Nehmen Sie ein einziges 0,2-Liter-Glas Fruchtnektar, Limonade oder Cola oder was immer Süßes da im Glas ist. Das entspricht 25 Gramm Zucker. Macht im Jahr 25 x 365 Tage x 4,1 kcal = 32 412,5 kcal. Da sagt mir mein Taschenrechner: 5,4 Kilo Fett. Ein einziges Glas pro Tag. Viele trinken eine Flasche. Lassen Sie das weg! Denn nur ein Glas Softdrink am Tag erhöht schon das Risiko für Diabetes und Herzinfarkt. Begeistern Sie sich für Wasser – das funktioniert! Binnen zwei Wochen mögen Sie Wasser. Mit ein bisschen Zitronensaft oder Acerola-Konzentrat oder Sanddorn-Muttersaft (alles wunderbare Vitamin-C-Lieferanten). Es schmeckt herrlich. Und dann mögen Sie das pappsüße Zeugs auch nicht mehr.

Warum nicht einfach die »light«-Version mit Süßstoff? Weil sich der Körper nicht austricksen lässt. Isst man Süßes ohne Kalorien, schaltet das den körpereigenen Kalorienzählmechanismus aus. Das macht Lust auf mehr. Süßstoff fördert Hungergefühle alleine über den süßen Geschmack. Eine Studie der Amerikanischen Krebsgesellschaft mit 80 000 Frauen ergab, dass die Frauen stärker zunahmen, die Süßstoff normalem Haushaltszucker vorziehen.

Klasse Wiener-Schnitzel-Ersatz! GLYX-clevere → **Panaden mit Nüssen und Gemüse** finden Sie auf S. 116.

Unsere → **Fischfilets im Kräuterdampf** (S. 103) liefern wertvolles Eiweiß und viele grüne Aromen.

Lust auf Pizza? Kein Problem: Ab Seite 150 finden Sie leckere → **Pizzavariationen im GLYX-Format.**

DAS PASST IN DEN GLYX-VORRAT

Zum Teil ist Kochen eine logistische Kunst. Planen entstresst. Bevor Sie einkaufen gehen, noch mal einen Blick auf die folgende Liste werfen und sich Fehlendes auf dem Einkaufszettel notieren. Die »Roten« gehören zum Basis-Vorrat. Das hat man am besten immer im Haus …

Von Fensterbank und Beet

- → Bärlauch
- → Basilikum
- → Bohnenkraut
- → Borretsch
- → Dill
- → Estragon
- → Kerbel
- → Koriandergrün
- → Kresse
- → Lavendelblüten
- → Majoran
- → Minze
- → Oregano
- → Petersilie
- → Pimpernelle
- → Rosmarin
- → Salbei
- → Sauerampfer
- → Schnittlauch
- → Thymian
- → Zitronenmelisse

Aus dem Supermarkt

Konserven

- → Artischockenböden/-herzen
- → Bambussprossen
- → Cornichons
- → Pfefferkörner, grüne
- → Tomaten, geschälte
- → Tomaten, getrocknete
- → Tomaten, passierte
- → Tomatenmark
- → Kapern
- → Kichererbsen
- → Kokosmilch, ungesüßte
- → Oliven, grün und schwarz
- → Paprikamark
- → Sardellen (Anchovis)
- → weiße Bohnen, klein und groß
- → Tunfisch im eigenen Saft
- → Fischfond
- → Fleischfond (Kalb, Lamm, Rind)
- → Hühnerfond

TK-Produkte

- → Beeren, gemischte
- → Blattspinat
- → Bohnen, grüne
- → China-Pfannengemüse
- → Erbsen
- → Gemüse, gemischtes
- → Fisch
- → Himbeeren
- → Schattenmorellen

Getränke

- → Gemüsesaft
- → Tomatensaft
- → Apfelsaft (ungesüßt)
- → Birnensaft (ungesüßt)
- → Pflaumensaft (ungesüßt)
- → Sauerkirschsaft (ungesüßt)
- → Johannisbeersaft (ungesüßt)
- → Traubensaft (ungesüßt)
- → Sherry Fino (trocken)
- → Weißwein (trocken)
- → Rotwein (trocken)
- → Kräuter- und Früchtetee
- → grüner Tee (Teeblätter)
- → Instant-Kaffee
- → Espresso
- → Mineralwasser

Milch und Milchprodukte

- → Butter
- → Buttermilch
- → Crème fraîche
- → Crème légère
- → Dickmilch
- → Frischkäse
- → Frischkäse, körniger (Hüttenkäse)
- → Milch
- → Kefir
- → Magerquark
- → Molke
- → Naturjoghurt
- → Quarkcreme
- → Ricotta
- → Sahnejoghurt
- → Sahne, saure
- → Sahne, süße
- → Schmand (Sauerrahm)

Käse und Eier

- → Bergkäse
- → Camembert
- → Emmentaler
- → Feta
- → Gorgonzola
- → Gouda, mittelalt
- → Harzer Rolle
- → Parmesan
- → Pecorino
- → Roquefort

- → Mozzarella
- → Ziegen-Frischkäse
- → Ziegen-Gouda
- → Eier

Getreideprodukte

- → Buchweizen, ganze Körner
- → Bulgur
- → Couscous
- → Dinkel, ganze Körner
- → Dinkel-Vollkornmehl
- → Dinkel, geschrotet
- → Dinkelmehl (Type 1050)
- → Fünfkorn-Flockenmischung
- → Gerste, ganze Körner
- → Gerstenflocken
- → Grünkern, ganze Körner
- → Grünkern, geschrotet
- → Hafer, ganze Körner
- → Haferkleie
- → Haferflocken, kernig
- → Haferflocken, zart
- → Hartweizen (parboiled)
- → Roggen, ganze Körner
- → Roggen-Vollkornmehl
- → Roggen, geschrotet
- → Roggenmehl (Type 1370)
- → Roggenflocken
- → Weizenkörner/-Vollkornmehl
- → Weizenmehl (Type 1050)
- → Weizenkeime
- → Weizenkleie
- → Weizenflocken
- → Sechskorn-Getreide-Mischung
- → Sieben-Korn-Getreide (parboiled)
- → Pasta aus Vollkorn
- → Spaghetti aus Hartweizen
- → Spätzle aus Vollkorn
- → Tagliatelle, grüne
- → Weizenkeim-Spaghetti
- → Basmati-Naturreis
- → Parboiled Naturreis
- → Naturreis
- → Wildreis
- → Müslimischung (ungesüßt)
- → Vollkorn-Semmelbrösel
- → Vollkorn-Kekse

Getrocknete Hülsenfrüchte

- → braune Linsen
- → grüne Linsen
- → rote Linsen

Kerne und Nüsse

- → Cashewkerne
- → Erdnüsse
- → Haselnüsse
- → Kokosraspel
- → Kürbiskerne
- → Leinsamen
- → Mandeln, ganz
- → Mandeln, gehackt/gehobelt
- → Mohn
- → Paranüsse
- → Pecannüsse
- → Pinienkerne
- → Pistazienkerne
- → Sesam
- → Sonnenblumenkerne
- → Walnüsse

Gewürze und Würzen

- → Anissamen
- → Bourbon-Vanilleschote
- → Cayennepfeffer
- → Chiliflocken
- → Currypulver
- → Fenchelsamen
- → Gewürznelken
- → Ingwer, gemahlen
- → Kardamom
- → Koriander
- → Kreuzkümmel
- → Kümmel
- → Kurkuma (Gelbwurz)
- → Muskatnuss
- → Paprikapulver, edelsüß
- → Paprikapulver, rosenscharf
- → Pfefferkörner, schwarze
- → Piment
- → rote Chilis, getrocknet
- → Safran (Fäden, gemahlen)
- → Salz/Meersalz
- → Senfpulver
- → Sternanis
- → Wacholderbeeren
- → Zimt (Stange, gemahlen)
- → Brotgewürz
- → Lebkuchengewürz
- → italienische Kräuter
- → Kräuter der Provence
- → Lorbeerblätter
- → Majoran, getrocknet
- → Oregano, getrocknet
- → Rosmarin, getrocknet
- → Thymian, getrocknet
- → Pesto (Basilikumpaste)
- → Senf, scharf/körnig
- → Sambal oelek
- → Tabasco
- → Worcestersauce

Öle und Essige

- → Erdnussöl
- → Leinöl
- → Olivenöl
- → Rapsöl

- Sesamöl
- Walnussöl
- Aceto balsamico
- Apfelessig
- Reisessig
- Rotweinessig
- Weißweinessig

Dörrobst, Süß- & Backmittel

- Korinthen
- Rosinen
- Softpflaumen, getrocknet
- Trockenfrüchte (Aprikosen, Äpfel, Backpflaumen, Birnen, Feigen)
- Ahornsirup
- Akazienhonig, flüssig
- Fruchtzucker
- Rapshonig, fest
- Vollrohrzucker, unraffiniert
- Bitterschokolade (mindestens 70 % Kakaoanteil)
- Blatt-Gelatine
- Kakao, stark entölt
- Trockenhefe
- Weinstein-Backpulver

Vom Bäcker

- Pumpernickel/-taler
- Roggen-Sauerteigbrot
- Roggen-Vollkornbrot
- Roggen-Vollkornbrötchen
- Vollkornschrotbrot

Von der Fischtheke

- Dorade (Meerbrasse)
- Forelle
- Garnelen, roh geschält
- Heilbuttkoteletts
- Heringe
- Kabeljaufilet
- Lachsfilet
- Lachsforelle
- Matjesfilet
- Meeresfrüchte, gemischt
- Miesmuscheln
- Rotbarschfilet
- Sardinen
- Schollenfilets
- Shrimps
- Tunfisch
- Tilapiafilet
- Tintenfische
- Schellfisch
- Steinbeißerfilet
- Viktoriabarschfilet
- Zanderfilet
- Räucherforelle
- Räucherlachs
- Räuchermakrele

Vom Metzger

Fleisch, Geflügel, Wild

- Brathähnchen
- Hirschkeule/-schulter
- Hirschmedaillons
- Kalbsfilet
- Kalbsmedaillons
- Kalbsschnitzel
- Kalbsschulter
- Kaninchenkeulen
- Lammlende
- Lammfilet
- Tatar
- Hähnchenbrustfilet
- Putenbrustfilet
- Putenschnitzel
- Putenunterkeule
- Rehmedaillons
- Rehrücken
- Rinderfilet
- Rinderrouladen
- Rinderlende

Aufschnitt

- Bündner Fleisch
- Hähnchenbrust, gegart
- Lachsschinken
- Parmaschinken
- Putenbrust, gegart
- Roastbeef

Aus dem Naturkostladen

- Apfeldicksaft
- Birnendicksaft
- Frutilose (flüssige Obstsüße)
- Sanddorn-Vollfrucht mit Honig
- Fruchtaufstriche
- Hagebuttenmus
- Johannisbeergelee
- Amaranth
- Hefeflocken
- Kamut, ganze Körner
- Quinoa
- Agar-Agar
- Apfelpektin
- Johannisbrotkernmehl
- Seidentofu
- Sojabohnen, getrocknet
- Sojadrink, ungesüßt
- Sojaflocken
- Sojajoghurt, natur
- Sojamehl
- Tofu, fest
- Räuchertofu
- Bio-Ketchup
- Vanille, gemahlen
- Erdnussmus

- → Haselnussmus
- → Mandelmus
- → Sesammus
- → Sojasauce (Shoyu)
- → Instant-Gemüsebrühe (ohne Glutamat)
- → Instant-Hühnerbrühe
- → Gemüsefond (ohne Glutamat)

Aus dem Asienladen/-regal

- → Currypaste, gelb
- → Fischsauce
- → Glasnudeln
- → Reispapierblätter
- → Sojasauce, hell
- → Zitronengras

Aus dem Gemüseladen

- → Auberginen
- → Avocados
- → Babyartischocken
- → Blattspinat
- → Blumenkohl
- → Bohnen, grüne
- → Brokkoli
- → Chicorée
- → Chilischoten, rot und grün
- → Chinakohl
- → Cipollini
- → Eiertomaten
- → Erbsen
- → Fenchel
- → Fleischtomaten
- → Frühlingszwiebeln
- → Gemüsezwiebel
- → Haushaltszwiebeln
- → Ingwer
- → Kartoffeln (festkochend, mehlig)
- → Kirschtomaten
- → Knoblauch
- → Knollensellerie
- → Kohlrabi
- → Lauch
- → Mangold
- → Meerrettich
- → Möhren (Wurzel-, Bundmöhren)
- → Mungobohnensprossen
- → Paprikaschoten, rot, gelb und grün
- → Peperoni, rot und grün
- → Petersilienwurzel
- → Radieschen
- → Rettich
- → Rhabarber
- → Rosenkohl
- → Rotkohl
- → Salatgurke/Minigurken
- → Schalotten
- → Schmorgurken
- → Spargel (grün und weiß)
- → Spitzkohl
- → Spitzpaprika, gelb
- → Sprossen (Alfalfa-, Linsen-, Rettich-, Radieschensprossen)
- → Staudensellerie
- → Tomaten
- → Weißkohl
- → Wirsing
- → Zucchini
- → Zuckerschoten
- → Zwiebeln (rot, weiß)

Pilze

- → Austernpilze
- → Champignons
- → Egerlinge
- → Pfifferlinge
- → Shiitakepilze
- → Steinpilze

Salate

- → Eisbergsalat
- → Friséesalat
- → Kopfsalat
- → Mini-Romanasalat
- → Rucola
- → Radicchio

Obst

- → Ananas
- → Äpfel
- → Aprikosen
- → Bananen
- → Birnen
- → Brombeeren
- → Erdbeeren
- → Feigen
- → Grapefruits
- → Heidelbeeren
- → Himbeeren
- → Honigmelone
- → Johannisbeeren, rot und schwarz
- → Kiwis
- → Limetten
- → Mango
- → Nektarinen
- → Orangen
- → Papaya
- → Pfirsiche
- → Pflaumen
- → Sauerkirschen
- → Stachelbeeren, grün
- → Weintrauben, grün und blau
- → Zitronen (unbehandelt)
- → Zwetschgen

DIE GLYX-POWERWOCHE

Diese Woche holt Sie raus aus der Insulin-Heißhungerfalle. Starten Sie morgens GLYX-niedrig mit unseren Frühstücks-Vorschlägen, nehmen Sie eine schnelle Mittagsmahlzeit mit ins Büro und kochen Sie abends ein leichtes GLYX-Essen – so dass nachts das Wachstumshormon Fett wegschmelzen kann. Essen Sie vorneweg eine Schüssel Salat. Kommt tagsüber Hunger auf, dann genießen Sie den vorgeschlagenen Snack, den können Sie aber auch als Vorspeise einsetzen – wie Sie wollen. Wichtig: Trinken Sie jede Stunde ein Glas Wasser – warum nicht mit dem Saft einer Zitrone? Trinken Sie ein großes Glas Gemüsesaft (warum nicht als zweiten Snack?). Bewegen Sie sich. Täglich 30 Minuten. Ideale Sportarten für Abnehmer: Nordic-Walken, Power-Walken, Joggen, Tanzen – oder Wippen auf dem Minitrampolin. Ihre Familie isst mit – und möchte nicht abnehmen? Kein Problem: Einfach die Beilagenportion erhöhen. Sie werden nicht satt? Dann essen Sie vorher eine Suppe, einen Salat, stocken Sie die Gemüseportion auf – und/oder essen Sie danach einen Joghurt und einen Apfel.

1. Tag

morgens

→ Obstsalat mit Mandel-Dickmilch (S. 159) oder Obstspalten mit Zimtjoghurt (S. 38)

mittags

→ Ricotta-Matjes auf Gurken (S. 64), 1 Scheibe Pumpernickel

abends

→ Salat mit 2 Portionen GLYX-Vinaigrette (S. 56), Kräuterfrikadellen mit Zitronensauce (S. 120)

Snack

→ 2 Reispapierröllchen (S. 50)

Tipp Gucken Sie auf die »Das-braucht-der-Körper-Liste« von Seite 13. Geben Sie Leinöl, Leinsamen, Weizenkeime etc. selbstständig dazu. Zum Beispiel das Leinöl in den Gemüsesaft, Leinsamen und Weizenkeime übers Morgenmüsli, den Salat …

4. Tag

morgens

→ Obstsalat oder Rührei mit Tomaten (S. 47)

mittags

→ Radieschen-Rohkost (S. 58) oder Spinatsalat mit Sprossen (S. 58)

abends

→ Salat mit 2 Portionen Asia-Marinade (S. 57), Hähnchen-Wok mit Brokkoli (S. 123)

Snack

→ Räucherforelle mit Kerbeljoghurt (S. 50)

Tipp Forscher haben festgestellt: Wer Bewegung in den Alltag bringt, nimmt effektiver ab. Hüpfen Sie auf und ab beim Zähneputzen: 3 Minuten. Radeln Sie zum Bäcker, Aufzüge und Rolltreppen hat man für andere erfunden, nicht für Sie …

5. Tag

morgens

→ Obstsalat oder Sommer-, Herbst- oder Winter-müsli (S. 37)

mittags

→ Tomaten-Joghurt-Kaltschale (S. 66) oder Tomatensülze mit Basilikum-Joghurt (S. 62)

abends

→ Salat mit 2 Portionen GLYX-Vinaigrette (S. 56), Seelachs-Lauch-Gratin (S. 107)

Snack

→ Salbei-Aprikosen mit Feta (S. 64)

Tipp Sie essen auswärts? Greifen Sie zu bei Gemüse plus Fisch, Geflügel, bestellen Sie sich einen Salat Nizza, Mozzarella mit Tomaten, Spaghetti mit Tomatensauce …
Sie möchten nicht frühstücken? Dann nehmen Sie sich einen Drink von Seite 48 in der Thermoskanne mit ins Büro.

2. Tag

morgens

→ Orangen-Joghurt-Drink (S. 48) oder Erdbeer-Soja-Shake (S. 48)

mittags

→ Putenbrust-Carpaccio (S. 62)

abends

→ Salat mit 2 Portionen GLYX-Vinaigrette (S. 56), Gurken mit Wild-Reisfüllung (S. 82)

Snack

→ Birne mit Camembert-Quark-Creme (S. 50)

Tipp Kennen Sie Voluminizing? Der neue Abnehm-Trick: Viel Füllstoff, viele Nährstoffe, wenig Kalorien. Wie geht das? Mit Gemüse. Essen Sie eine Schüssel Salat oder eine Suppe vor dem Essen. Knabbern Sie Gemüsestreifen …

3. Tag

morgens

→ Obstsalat oder Limetten-Frischkäse mit Himbeeren (S. 38)

mittags

→ Salat mit 2 Portionen GLYX-Vinaigrette (S. 56), Heilbutt mit Tomatengemüse (S. 100)

abends

→ Weizensalat mit Pilzen (S. 60) oder Italienischer Nudelsalat (S. 60)

Snack

→ Papaya mit Hähnchenbrust (S. 50)

Tipp Seien sie nicht der Sklave Ihrer Diät. Sie können Mittagessen gegen Abendessen austauschen. Sie können, was Sie nicht mögen, einfach weglassen und durch einen anderen Rezept-Vorschlag aus diesem Buch ersetzen.

6. Tag

morgens

→ Obstsalat, Radieschenquark (S. 42) oder Erdbeer-Soja-Shake (S. 48)

mittags

→ Ei im Glas mit Zucchini-Vinaigrette (S. 47) oder Auberginen-Frittata (S. 64)

abends

→ Salat mit 2 Portionen GLYX-Vinaigrette (S. 56), Spaghetti mit Tomaten-Fenchelsauce (S. 75)

Snack

→ Paprika-Shrimps-Schiffchen (S. 50)

Tipp War ein Croissant mal stärker als Ihr Wille? Kein Problem. Lassen Sie bei der nächsten Mahlzeit einfach die Kohlenhydrate weg (Beilage, süße Früchte) – und schon ist das wieder ausgeglichen. Sie haben Lust auf eine riesige Portion Spaghetti? Nur zu. In der Tomaten-Fenchelsauce ist kein Fett, dann schlägt sich das auch nicht auf die Hüften nieder.

7. Tag

morgens

→ Obstsalat oder Räucherlachsbrot (S. 42)

mittags

→ Roastbeef- oder Kalbsbraten-Aufschnitt, Tomatenrelish (S. 69) oder 2 Portionen Meerrettich-Apfel-Dip (S. 69)

abends

→ Ein GLYX-Menü: Salat mit 2 Portionen GLYX-Vinaigette (S. 56) oder Gemüsesuppe mit Glasnudeln (S. 67), Gemüsecurry (S. 90) und Erdbeer-Tofu-Mousse (S. 162)

Snack

→ Harzer-Käse-Taler (S. 50)

Tipp Heute dürfen Sie auf die Waage steigen. Am besten auf die gute Körperanalyse-Waage (Bio-Impedanzanalyse). Die zeigt wenigstens die Wahrheit an: Ob Sie schon Fett verloren haben, wie es um Ihre Muskeln steht, ob Sie genug trinken …

Frühstück & Snacks

Sie wollen **fit** in den Tag starten? Sich **fröhlich** über Leistungstiefs hinwegsnacken? Und zugleich noch so richtig genießen? Dann werden Sie sich bestimmt über unser reichhaltiges **GLYX-Ideen-Büfett** freuen: Mit knusprigem Müsli, herrlichen Brötchen, erfrischenden

Beeren, frischem Käse oder deftiger mit Eiern oder Fisch... **Für jede Laune,** für jeden Geschmack ist etwas dabei – natürlich GLYX-niedrig und voller Vitalstoffe. Starten Sie mit den leicht verdaulichen Infos unseres Frühstücks-Magazins auf der nächsten Seite...

Schon gewusst? Früher ging der Bauer morgens um vier aufs Feld. Kam um zehn zurück. Hungrig und mit regem Stoffwechsel. Darum konnte er es sich leisten, wie ein Kaiser zu frühstücken. Wenn Sie morgens keinen Hunger haben, zwingen Sie sich nicht zum Essen – Ihr Stoffwechsel ist einfach noch nicht so weit. Füllen Sie einen Powerdrink (S. 48) in eine Thermoskanne und genießen Sie ihn im Büro, wenn sich der Hunger meldet.

Fitness-Schüssel Ein wunderbarer Start in den Tag sind Früchte plus Eiweiß. Schneiden Sie Früchte der Saison klein, oder nehmen Sie, wenn's schnell gehen soll, tiefgekühlte Beeren. Geben Sie Joghurt, Dickmilch oder Kefir dazu. Mit Akazienhonig süßen. Wer will, kann zusätzlich 3 Esslöffel GLYX-Müsli untermischen.

Gesund mit Ei

Das Ei ist ein wunderbares Produkt der Natur: Der beste natürliche Eiweißlieferant. Wer sich gesund ernährt, muss das Cholesterin im Ei nicht fürchten. Wer wissen will, woher sein Frühstücksei stammt, kann sich am Erzeugercode orientieren, der auf das Ei gestempelt ist: **0 steht für ökologische Erzeugnisse, 1 für Freiland, 2 für Bodenhaltung, 3 für Käfig.** Man kann aber auch die Stempeldaten im Internet unter **www.was-steht-auf-dem-ei.de** eingeben und erhält Informationen zum Erzeuger und seinen Haltungsbedingungen.

GLYX AM MORGEN – UND GLYX ZWISCHENDURCH

Wer morgens ein Marmeladebrot isst, seine Schale Cornflakes oder Fertigmüsli mit viel Zucker, hat den ganzen Tag Hunger. Lockt den ganzen Tag Insulin. Das sperrt die Fettmoleküle auf der Hüfte ein. Sie wollen nicht gleich in die Heißhunger und Fettspeicher-Falle tappen? Dann starten Sie GLYX-niedrig in den Tag. Der Müsli-Typ mit Kernigem und Fruchtigem ab S. 36, der Milchprodukte-Typ mit den Früchte-Cocktails ab S. 48. Und der (Vollkorn-)Brot-Typ mit unseren süßen oder herzhaften Brotaufstrichen. Wer Lust auf Ei hat, findet auf S. 47 Rezepte, z. B. für Eiertöpfchen oder Rührei mit Tomaten.

Die wichtigsten GLYX-Regeln

→ **Kombinieren Sie** immer Eiweiß mit Obst oder Gemüse. Also: Pfirsich mit Quark, Blaubeeren mit Dickmilch (als Shake), Rührei oder Käse mit Tomaten.
→ **Sparen Sie mit Brot** und halten Sie sich an GLYX-niedrige Vollkorn-Sorten. Und wenn Sie Getreide am liebsten aus der Schüssel löffeln, dann wählen Sie Müsli-Fertigmischungen ohne Zucker – oder noch besser: kreieren Sie Ihren eigenen Müsli-Mix, Anleitung auf S. 36.
→ **Vorsicht: Falle Fertigprodukt** Marmelade, Fruchtsaftgetränke, Fruchtjoghurt und Molkedrinks enthalten viel Zucker. Süßen Sie wohl dosiert und verwenden Sie GLYX-niedrige Alternativen: z. B. Trockenfrüchte, Apfel- oder Birnendicksaft, Rübenkraut oder Akazienhonig (siehe auch S. 157).
→ **Drei Mahlzeiten pro Tag** sind eigentlich genug. Aber nicht für jeden, manche Menschen brauchen fünf. Dann snacken Sie GLYX-niedrig. Anleitung ab S. 50 von Paprika-Schiffchen über Räucherforelle bis zur Birne mit Camembert-Quark-Creme. Oder lieben Sie Snacks aus der Metzgerei? Schön. Aber muss es immer Mortadella, Leberwurst oder Salami sein? Greifen Sie besser zu Schinken, Roastbeef, Geflügel oder Fisch.

Das ideale Frühstück

→ **Die richtige Auflage** Am liebsten mögen wir Nussnougatcreme. Wissen Sie, was da drinsteckt? Haselnüsse und Milch? Ja, ein bisschen. Der Löwenanteil besteht aus Zucker – ganze 50 Prozent. Erkennen Sie übrigens daran, dass »Zucker« an erster Stelle auf dem Etikett steht. Weiterer wesentlicher Bestandteil ist Fett. Zucker und Fett schlägt sich doppelt auf die Hüfte nieder. Funktioniert auch mit Butter und Konfitüre. Oder mit Wurst. Ab S. 42 finden Sie gesunde Auflagen, süß & herzhaft.

→ **Die gute Unterlage** Alle Weißmehl-Produkte haben einen hohen GLYX. Also: Weißbrot, Baguette, Weizenbrötchen, Bagels, Knäckebrot und weißer Toast. Das Weißmehl ist für unseren Hüftspeckaufbau wirkungsvoller als Zucker: Es hat einen höheren GLYX. Besser: Brot und Brötchen aus Vollkorn (ideal: Schrot). Am besten: Roggensauerteigschrotbrot. Abnehmer halten sich an 50-Gramm-Scheiben. Gesund-Esser dürfen ruhig mehr. Leckere GLYX-Brote gibt's ab S. 140.

→ **Kaffee oder Tee?** Trinken Sie, was Sie mögen. Probieren Sie, ob Ihnen Kaffee nicht auch ohne Zucker schmeckt: Geben Sie einfach viel Milch dazu. Deren leichte Süße schwächt das bittere Aroma ab. Abgesehen davon versorgt Sie jeder Milchkaffee mit einer Extraportion Eiweiß und Kalzium. Tee (egal, ob grün, schwarz oder aus Kräutern) verleiht die Stiftung GLYX-Test ein »sehr gut« mit Stern. Vieltrinker probieren ihn mal drei Wochen ungesüßt zu trinken, wetten, dass er Ihnen dann gar nicht mehr anders schmeckt.

→ **Selber saften** Nur Wein wird mit der Zeit besser. Frucht- und Gemüsesäfte dagegen verlieren an lebenswichtigen Vitalstoffe. Eine wahre Freude machen Sie Ihrem Körper, wenn Sie selber pressen oder saften. Ein Glas Gemüse- oder Obstsaft am Tag ist wie eine Zellschutz-Lebensversicherung, schützt vor vorzeitigem Altern, Krebs und Herzinfarkt.

Starke Helfer & morgendliche GLYX-Fallen

→ **Der Power-Mixer** Er püriert und mischt in einem. Ein »must« für jeden Shake-Fan. Seinen Bauch füllen Sie mit den Rezept-Zutaten ab S. 48. Wenn ich morgens noch nicht aus den Augen gucken kann, füll ich einfach eine Packung Tiefkühlbeeren (über Nacht aufgetaut) rein, einen großen Becher Joghurt und etwas Akazienhonig. Köstlich!

→ **Die Flocken-Quetsche** Mögen Sie Hafer- oder Dinkelflocken? Dann quetschen Sie Ihre Körner doch frisch. Funktioniert mit allen Getreidearten, manchmal auch mit Ölsaaten. Das Ergebnis: Gesunde Flocken, biologisch hochwertig. Sie fördern die Verdauung und erhalten noch den nussigen Geschmack des Korns. Kann man für Müsli verwenden, aber auch für Brot, Kuchen und Kleingebäck.

→ **Bitte Bio-Körner** Vollkorn enthält zwar etwas mehr Schadstoffe als Weißmehl, weil sich diese in den Randschichten ansammeln. Trotzdem gilt: Vollkorn ist viel gesünder. Und: Bio-Getreide ist weder gebeizt, gespritzt noch begast.

→ **Vorsicht Süßlis** Schoko-, Knusper- oder Crunchy-Müsli sind lecker. Aber leider nicht gesund. In einer 100-Gramm-Portion stecken 20 Gramm Zucker – meist versteckt in Zutaten wie Glukosesirup, Maltodextrin, Dextrose, Ursüße oder Malz. Das ist die Hälfte der Menge, die ein kleines Kind maximal zu sich nehmen sollte. Also viel zu viel. Auch was den Fettgehalt betrifft, schneiden viele Knuspermüslis nicht unbedingt »schlank« ab – und Ballaststoffe sind nicht selten eher Mangelware. Wer selbst mischt, weiß, was drinsteckt. Ein Grundrezept finden Sie auf S. 36.

Kleine Obstkunde

Zwei Portionen Obst gehören täglich in den Bauch. Wer abnehmen will, achtet auf den GLYX (siehe Tabelle S. 18-21). Der ist z. B. hoch bei Melonen und Bananen. Wer Pestizide fürchtet, sollte Bio kaufen. Oder Pestizide abwaschen. So geht's: Robustes Obst mit heißem Wasser gründlich abspülen und dabei gut abreiben, dann abtrocknen. Empfindliches Obst wie Himbeeren in einem Sieb unter lauwarmem Wasser kurz abbrausen, anschließend vorsichtig trockentupfen. Generell gilt: Lieber waschen statt schälen. Denn in der Schale stecken besonders viele Vitalstoffe. Tipp: Auch die Zitronen und Limetten waschen. Das »unbehandelt« bezieht sich nur auf die Konservierungsstoffe. Gegen Schädlinge werden sie leider gespritzt. Obst kann ruhig auch aus der Tiefkühltruhe kommen. Es wird direkt nach der Ernte gefrostet und enthält weit gehend alle Vitalstoffe. Auch gut: Trockenobst. Verzichten Sie auf Ware, die mit Schwefel behandelt wurde. Verursacht bei empfindlichen Menschen Kopfschmerzen und Reizungen der Bronchien. Nicht so gut: Obst aus der Dose. Das wird bei über 100 Grad sterilisiert. Dabei gehen Inhaltstoffe verloren. Bevorzugen Sie heimische Saisonware. Wie Gemüse wird es reifer geerntet als Importware. Dadurch stecken mehr Inhaltstoffe drin. Und es schmeckt auch besser.

GLYX für Genießer: Zwei mal GLYX-Marmelade

→ **Kaltgerührte Beerenmarmelade** Für 1 Glas Marmelade (ca. 300 g) 300 g gemischte tiefgefrorene Beeren (z. B. Waldbeerenmischung) antauen lassen. Mit 2 EL Fruchtzucker, 2 TL Zitronensaft und 3 Messlöffel Johannisbrotkernmehl im Mixer auf höchster Stufe 5 Min. pürieren. Fruchtmasse sofort in ein sauberes Glas füllen, verschließen und in den Kühlschrank stellen. Hält sich ca. 1 Woche. Einmal angebrochen, rasch verbrauchen.

→ **Variante** Neben Beeren aller Art eignen sich andere frische oder tiefgefrorene Früchte für roh gerührte Marmeladen, z. B. Pfirsiche, Nektarinen, Kiwis und Kirschen. Rechnen Sie pro 100 g Fruchtpüree 1 Messlöffel Johannisbrotkernmehl.

→ **Birnen-Orangen-Marmelade** Für 4 Gläser (à ca. 200 g) 750 g reife Birnen vierteln, schälen, entkernen und in kleine Stücke schneiden. 2 Orangen samt der weißen Haut schälen, das Fruchtfleisch klein schneiden, zu den Birnen geben und die Hälfte davon im Mixer pürieren. 1 Stück frischen Ingwer (ca. 2 cm) schälen und fein reiben, mit 4 EL Zitronensaft, 60 g Vollrohrzucker und übrigen Fruchtstücken unter das Fruchtpüree mischen. Aufkochen und 3 Min. kochen lassen. 3 TL Apfelpektin mit 40 g Vollrohrzucker mischen und unter das übrige Mus rühren. Das Mus erneut zum Kochen bringen, 1 Min. durchkochen lassen. Marmelade sofort in saubere Gläser füllen, mit Twist-Off-Deckel verschließen und umgedreht auf einem Tuch auskühlen lassen.

→ **Varianten** Erdbeeren passen zu Rhabarber und Orangen, Himbeeren zu Sauerkirschen. Rote Johannisbeeren vertragen sich mit Heidelbeeren, Brombeeren mit Pfirsichen oder Mangos. Außer Ingwer sind als Gewürze besonders geeignet: Zimt, Vanille, Zitronenschale und Gewürznelken.

Sommermüsli mit Beeren

Grundrezept Müsli-Mischung

ZUTATEN FÜR 15 PORTIONEN (ca. 600 g)

300 g Flockenmischung (z. B. Weizen, Roggen, Dinkel, Gerste, Hafer; oder je 100 g Hafer-, Weizen- und Gerstenflocken) · 50 g Haselnusskerne · 50 g Haferkleie · 50 g Weizenkeime 50 g geschroteter Leinsamen · je 25 g Kürbiskerne, Sonnenblumenkerne, Sesamsamen und Mandelblättchen

blitzschnell
20 Min.

pro Portion à 40 g ca. 150 kcal
6 g Eiweiß · 7 g Fett · 15 g Kohlenhydrate

ZUBEREITUNG

1. Die Flockenmischung in eine Schüssel geben. Die Nüsse fein hacken und mit Haferkleie, Weizenkeimen und Leinsamen untermischen.

2. Die Kürbiskerne grob hacken, mit den Sonnenblumenkernen, Sesamsamen und Mandelblättchen in einer Pfanne ohne Fett leicht rösten, bis sie duften. Die Pfanne vom Herd nehmen und die Samenmischung etwas abkühlen lassen.

3. Die gerösteten Samen unter das Müsli mischen. Die Mischung in eine gut verschließbare Dose oder in einen Gefrierbeutel füllen.

Vorrats-Tipp Das Müsli an einem kühlen dunklen Ort aufbewahren – so bleiben die Nährstoffe weitgehend erhalten und die Nüsse und Samen werden nicht so schnell ranzig.

Austausch-Tipp Haselnusskerne durch Cashewkerne oder Walnusskerne ersetzen und statt Mandelblättchen Kokosraspel verwenden. Die Schale von 2 Limetten fein abreiben und dazugeben – fertig ist das Muntermacher-Müsli!

Sommermüsli mit Beeren

schmeckt auch Kinder
15 Min.
pro Portion ca. 360 kcal
13 g Eiweiß · 13 g Fett · 44 g Kohlenhydrate

ZUTATEN FÜR 2 PORTIONEN

6 EL Müsli-Mischung (Grundrezept S. 36)
100 ml Milch
1 reife Nektarine
300 g gemischte Beeren (z. B. Erdbeeren, Himbeeren, Brombeeren, Johannisbeeren)
200 g Naturjoghurt
2 TL flüssiger Akazienhonig
etwas Zitronenmelisse zum Garnieren

ZUBEREITUNG

1. Die Müsli-Mischung in eine Schüssel geben, mit der Milch übergießen und kurz quellen lassen.

2. Inzwischen die Nektarine waschen, vierteln, entsteinen und quer in dünne Scheibchen schneiden. Die Beeren kurz abbrausen, trockentupfen, verlesen und eventuell putzen. Erdbeeren halbieren oder vierteln. Einige Früchte zum Garnieren beiseite legen. Das Müsli auf zwei Teller verteilen, die Früchte obendrauf geben.

3. Joghurt mit Honig glatt rühren und auf dem Müsli verteilen. Mit den übrigen Früchten belegen und mit etwas Zitronenmelisse garnieren.

Vorrats-Tipp Keine Zeit, im Garten frische Beeren zu pflücken? Dann einfach tiefgekühltes Beerenobst aus der Tüte oder Packung nehmen und über Nacht im Kühlschrank auftauen lassen.

Schwungvoller Start in den Tag

Der zeitlose Müsli-Fan greift morgens in seine Vorratsdose. Verschiedene Getreideflocken sind drin, auch Haselnusskerne, Sesamsamen und Sonnenblumen- oder Cashewkerne, Para-, Pecan- oder Erdnüsse. Rasch ein paar Esslöffel davon auf einen Teller häufen, dazu kommen Milch und Joghurt, Dickmilch, Kefir, Soja- oder Buttermilch. Und natürlich Früchte, frisch und GLYX-niedrig, manchmal auch getrocknet, heimisch oder exotisch. Frische Früchte erst kurz vor dem Servieren klein schneiden, das schont die Vitamine.

Frische Flocken fürs Morgenmüsli

Super gesund sind Vollkornflocken, wenn man sie kurz vor dem Frühstück in einer kleinen kurbelbetriebenen Flockenquetsche aus Getreide presst. Im Handumdrehen gequetscht sind Hafer-, Weizen-, Dinkel-, Roggen- oder Gerstenkörner. Ideale Ergänzung dazu: eine Nuss-Samen-Mischung. Diese auf Vorrat mahlen, hobeln oder hacken und rösten. Alles mischen und in einer Dose trocken und dunkel lagern.

Herbstmüsli mit Buttermilch

ganz einfach
20 Min.
pro Portion ca. 340 kcal
11 g Eiweiß · 12 g Fett · 46 g Kohlenhydrate

ZUTATEN FÜR 2 PORTIONEN

6 EL Müsli-Mischung (Grundrezept S. 36)
200 g Buttermilch
1 kleiner Apfel
1 kleine Birne
6–8 kleine Pflaumen (ca. 150 g; oder Zwetschgen)
1/4 TL Zimtpulver
2 EL Schmand (oder saure Sahne)
2 TL Ahornsirup

ZUBEREITUNG

1. Die Müsli-Mischung mit der Buttermilch übergießen. Apfel und Birne waschen, abtrocknen, vierteln, entkernen und in dünne Scheiben schneiden. Die Pflaumen waschen, vierteln und entsteinen.

2. Die Früchte mit dem Zimtpulver unter das Müsli mischen. Das Müsli auf zwei Schalen oder Teller verteilen. Je 1 Klecks Schmand obendrauf geben und mit Ahornsirup beträufeln.

Austausch-Tipp Mit Weintrauben statt Pflaumen oder Zwetschgen kann man das Müsli auch rund ums Jahr genießen.

Winter-Vitamin-Müsli

lohnt sich
15 Min.
pro Portion ca. 300cal
11 g Eiweiß · 10 g Fett · 36 g Kohlenhydrate

ZUTATEN FÜR 2 PORTIONEN

6 EL Müsli-Mischung (Grundrezept S. 36)
2–3 ungeschwefelte getrocknete Aprikosen
250 g Kefir · 1 Apfel
1 Orange (oder 1 kleine rosa Grapefruit)
4 TL Sanddorn-Vollfrucht mit Honig

ZUBEREITUNG

1. Die Müsli-Mischung in eine Schüssel geben. Aprikosen klein würfeln und untermischen. Mit dem Kefir übergießen.

2. Apfel waschen und samt Schale rund um das Kerngehäuse ins Müsli raspeln. Orange schälen, zuerst in Spalten teilen, dann würfeln. 2 EL Orangenwürfel beiseite legen, das übrige Obst unter das Müsli mischen. Mit je 2 TL Sanddorn-Vollfrucht abschmecken. Übrige Orangenstücke obendrauf streuen.

Austausch-Tipp Statt Apfel schmeckt auch eine kleine Banane in Scheiben. Wegen ihres mittleren GLYX sollte sie fest, fast grün sein.

Frischkornmüsli mit Früchten

braucht etwas Zeit
25 Min. + 12 Std. Quellen

pro Portion ca. 375 kcal
12 g Eiweiß · 12 g Fett · 52 g Kohlenhydrate

ZUTATEN FÜR 2 PORTIONEN

60 g gemischtes Getreide (z. B. Hafer und Weizen)
4 ungeschwefelte getrocknete Aprikosen
200 g Naturjoghurt
200 g gemischte Beeren (frische oder tiefgekühlte)
100 g Sauerkirschen (frische oder tiefgekühlte)
1 reifer Pfirsich (oder 1 Birne)
2 TL flüssiger Akazienhonig
1 EL Sonnenblumenkerne

ZUBEREITUNG

1. Am Vorabend das Getreide in der Getreidemühle grob schroten. Die Aprikosen in kleine Würfel schneiden. Getreideschrot und Aprikosen mit 8 EL Wasser und 1 EL Joghurt verrühren. Die Mischung zugedeckt im Kühlschrank 12 Std., am besten über Nacht, quellen lassen.

2. Am nächsten Morgen die Beeren behutsam waschen und verlesen, größere Beeren halbieren. Die Sauerkirschen waschen, abtropfen lassen und entsteinen. (TK-Kirschen und -Beeren über Nacht im Kühlschrank auftauen lassen). Den Pfirsich waschen, abtrocknen, halbieren und entsteinen. Die Hälften in dünne Spalten schneiden.

3. Übrigen Joghurt und den Honig unter das eingeweichte Getreide mischen. Ein Drittel der Früchte zum Garnieren aufheben, die übrigen zwei Drittel vorsichtig unter den Getreidebrei mischen. Das Frischkornmüsli auf zwei tiefe Teller oder Schalen verteilen, die Sonnenblumenkerne darüber streuen und das Müsli mit den restlichen Früchten garnieren.

Tuning-Tipp Für **Amaranth-Krokant** 2 EL Amaranth in 1 TL Rapsöl in einer beschichteten Pfanne mit Deckel langsam erhitzen. Wenn er zu springen beginnt, 1 TL Honig zufügen und 3 Min. unter Rühren erhitzen. Auf einem Teller abkühlen lassen. Den Krokant zum Schluss auf das Müsli streuen.

Austausch-Tipp Je nach Jahreszeit das Müsli mit anderen Obstsorten variieren, z. B. Apfel, Birne, Erdbeeren oder Orange.

GLYX-Tipp Statt in Wasser und Joghurt können Sie das geschrotete Getreide auch nur in Joghurt, Kefir oder einem anderen Sauermilchprodukt einweichen. Die darin enthaltene Milchsäure verhindert die Bildung von Bakterien.
Wichtig: Getreide niemals in Milch oder Fruchtsaft quellen lassen, denn sonst fängt es an zu gären und kann Blähungen verursachen. Eingeweichtes, geschrotetes Getreide sollte ruhig öfters auf dem Speiseplan stehen – es hat mehr B-Vitamine als Vollkornflocken, dazu lebenswichtige Fettsäuren.

Limetten-Frischkäse mit Himbeeren

fruchtig-frisch
10 Min.
pro Portion ca. 160 kcal
15 g Eiweiß · 3 g Fett · 14 g Kohlenhydrate

ZUTATEN FÜR 2 PORTIONEN

250 g Himbeeren (frische oder tiefgekühlte und aufgetaut)
200 g körniger Frischkäse
1 EL flüssiger Akazienhonig
1 EL Limettensaft
Minzeblättchen (nach Belieben)

ZUBEREITUNG

1. Die Himbeeren verlesen, nur wenn nötig, kurz abbrausen und trockentupfen. Aufgetaute Beeren abtropfen lassen. Die Hälfte der Himbeeren pürieren.

2. Frischkäse mit Honig und Limettensaft verrühren, das Himbeerpüree unterrühren. Den Frischkäse auf zwei kleine Schälchen verteilen und mit den restlichen Beeren belegen. Nach Belieben mit Minzeblättchen garnieren.

Austausch-Tipp Auch fein und fast ein Dessert – statt Himbeeren Heidelbeeren nehmen und den körnigen Frischkäse durch Ricotta ersetzen.

Obstspalten mit Zimtjoghurt

fein im Herbst
15 Min.
pro Portion ca. 170 kcal
5 g Eiweiß · 6 g Fett · 23 g Kohlenhydrate

ZUTATEN FÜR 2 PORTIONEN

1 mittelgroßer säuerlicher Apfel
2 rote Pflaumen (oder 4 Zwetschgen)
1 EL Zitronensaft
300 g Naturjoghurt
1 EL Apfeldicksaft
Zimtpulver zum Bestäuben

ZUBEREITUNG

1. Den Apfel waschen, vierteln, entkernen und in Spalten schneiden. Die Pflaumen waschen, halbieren, entsteinen und ebenfalls in Spalten schneiden.

2. Apfelspalten auf zwei Tellern fächerartig anrichten, sofort mit Zitronensaft beträufeln. Pflaumenspalten dazwischen legen.

3. Joghurt mit Apfeldicksaft glatt rühren, teilweise über das Obst ziehen und mit Zimtpulver bestäuben.

Austausch-Tipp Dickmilch oder Quarkcreme und Birne statt Apfel bringen Abwechslung auf den Frühstückstisch.

Limetten-Frischkäse mit Himbeeren

Obstspalten mit Zimtjoghurt

Bärlauch-Feta-Aufstrich

saisonal
15 Min. + 10 Min. Kühlen
pro Portion ca. 50 kcal
1 g Eiweiß · 3 g Fett · 1 g Kohlenhydrate

ZUTATEN FÜR 8 PORTIONEN (ca. 250 g)

150 g Magerquark
75 g Schafkäse (Feta)
2 TL Zitronensaft
2 TL Olivenöl
Salz · schwarzer Pfeffer
30 g Bärlauch

ZUBEREITUNG

1. Quark und Schafkäse mit einer Gabel fein zerdrücken, mit Zitronensaft und Olivenöl vermischen. Mit wenig Salz und Pfeffer abschmecken.

2. Den Bärlauch waschen, trockenschütteln und die Stiele abschneiden. Die Blätter fein hacken und unter die Käsemasse mengen, 10 Min. ziehen lassen. Hält sich im Kühlschrank 3–4 Tage.

Speed-Tipp Alle Zutaten im Mixer fein pürieren.

Austausch-Tipp Bärlauch-Saison verpasst? Macht nichts, stattdessen Schnittknoblauch aus dem Asienladen verwenden. Oder Schnittlauch nehmen und den Aufstrich mit 1 Knoblauchzehe würzen.

Paprika-Nuss-Paste

schmeckt auch Kindern
20 Min.
pro Portion ca. 40 kcal
1 g Eiweiß · 1 g Fett · 2 g Kohlenhydrate

ZUTATEN FÜR 8 PORTIONEN (ca. 200 g)

1 rote Paprikaschote
20 g Cashewkerne
1 Schalotte
1 EL Rapsöl
1 kleine Pellkartoffel (ca. 50 g)
Salz · Pfeffer
1 TL Aceto balsamico

ZUBEREITUNG

1. Den Backofengrill vorheizen. Die Paprikaschote waschen, halbieren und putzen. Mit der gewölbten Seite nach oben auf den Rost legen und 8 Min. grillen, bis die Haut schwarz wird. Paprikahälften kurz abkühlen lassen, enthäuten und klein würfeln.

2. Inzwischen die Cashewkerne fein hacken. Die Schalotte schälen und klein würfeln. Das Rapsöl erhitzen und die Schalotte darin glasig dünsten. Cashewkerne kurz mitrösten.

3. Die Kartoffel pellen und würfeln. Mit Paprikawürfeln und der Schalotten-Nuss-Mischung im Mixer oder mit dem Pürierstab fein pürieren. Mit Salz, Pfeffer und Essig pikant abschmecken. Die Paste hält sich im Kühlschrank etwa 1 Woche.

Das schmeckt dazu Der milde Brotaufstrich schmeckt gut mit Roggen-Sauerteigbrot (Rezept S. 140) und Tomatenscheiben obendrauf.

Kichererbsen-Curry-Aufstrich

blitzschnell
15 Min.
pro Portion ca. 50 kcal
1 g Eiweiß · 3 g Fett · 4 g Kohlenhydrate

ZUTATEN FÜR 8 PORTIONEN (ca. 200 g)

100 g Kichererbsen (Dose)
1/2 kleiner Apfel
1 EL Erdnussmus (Reformhaus)
2 EL Zitronensaft
1 EL Olivenöl
Salz · Pfeffer
1/4 TL Currypulver

ZUBEREITUNG

1. Die Kichererbsen in einem Sieb abbrausen und abtropfen lassen. Den Apfel schälen, entkernen und in kleine Würfel schneiden.

2. Kichererbsen, Apfelwürfel, Erdnussmus, Zitronensaft und Öl im Blitzhacker oder Mixer zu einer glatten, cremigen Masse verarbeiten. Mit Salz, Pfeffer und Curry pikant abschmecken. Die Paste hält sich im Kühlschrank 2–3 Tage.

Tuning-Tipp 2 EL klein gewürfelte Gurke, Tomate oder Stangensellerie unterheben. Oder Gemüsewürfel mischen und zugeben.

Austausch-Tipp So wird daraus **Hummus,** die pikant-scharfe Kichererbsenpaste: Erdnussmus durch Tahin (Sesammus) ersetzen. Statt mit Currypulver mit 1 EL gehackter Petersilie, etwas Knoblauch und Cayennepfeffer würzen.

Avocado-Tofu-Creme

ganz einfach
15 Min.
pro Portion ca. 85 kcal
2 g Eiweiß · 8 g Fett · 1 g Kohlenhydrate

ZUTATEN FÜR 6 PORTIONEN (ca. 300 g)

1 kleine reife Avocado
2 EL Limettensaft
1 kleine Knoblauchzehe (nach Belieben)
100 g Seidentofu (Reformhaus)
Salz · Pfeffer
2 Msp. rosenscharfes Paprikapulver
1/2 Bund Petersilie

ZUBEREITUNG

1. Die Avocado halbieren und entsteinen. Das Fruchtfleisch mit einem Löffel aus der Schale lösen und mit einer Gabel fein zerdrücken. Sofort mit Limettensaft vermischen.

2. Nach Belieben den Knoblauch schälen und dazudrücken. Mit dem Seidentofu unter das Avocadopüree rühren. Mit Salz, Pfeffer und Paprikapulver würzen.

3. Petersilie waschen und trockenschütteln, die Blättchen hacken und unterheben. Der Aufstrich hält sich im Kühlschrank 2–3 Tage.

Tuning-Tipp Ein wenig Schärfe gefällig? Dann die Creme mit etwas Chilisauce oder Tabasco scharf abschmecken.

Austausch-Tipp Die Avocado-Tofu-Creme passt prima als Dip zu Gemüsestreifen.

Kichererbsen-Curry-Aufstrich (vorne), Bärlauch-Feta-Aufstrich (links), Paprika-Nuss-Paste (Mitte rechts), Avocado-Tofu-Creme (hinten)

Räucherlachsbrot

ganz einfach
10 Min.
pro Portion ca. 140 kcal
10 g Eiweiß · 6 g Fett · 11 gKohlenhydrate

ZUTATEN FÜR 2 PORTIONEN

1 EL saure Sahne
1/4 TL Senf
2 Scheiben Pumpernickel
1/2 Kästchen Kresse
2 Scheiben Räucherlachs (50 g)

ZUBEREITUNG

1. Die saure Sahne mit dem Senf verrühren. Die Pumpernickelscheiben mit der Senfmischung bestreichen.

2. Die Kresseblättchen abschneiden und auf die Brote streuen. Mit den Räucherlachs-Scheiben belegen.

Rettichbrot mit Bündner Fleisch

blitzschnell
10 Min.
pro Portion ca. 140 kcal
12 g Eiweiß · 1 g Fett · 19 g Kohlenhydrate

ZUTATEN FÜR 2 PORTIONEN

100 g Rettich · Salz
1/4 Bund Schnittlauch
2 Scheiben Roggenbrot
6 Scheiben Bündner Fleisch

ZUBEREITUNG

1. Rettich schälen und in hauchdünne Scheiben hobeln. Mit Salz würzen und 5 Min. ziehen lassen. Schnittlauch waschen, trockenschütteln, in Röllchen schneiden. Die Brote mit den Rettichscheiben belegen, Schnittlauch darüber streuen. Jeweils 3 Scheiben Bündner Fleisch auf die Brote legen.

Käse-Pumpernickel mit Trauben

blitzschnell
10 Min.
pro Portion ca. 200 kcal
13 g Eiweiß · 9 g Fett · 17 g Kohlenhydrate

ZUTATEN FÜR 2 PORTIONEN

2 TL gemahlene Walnüsse
2 EL Frischkäse
Salz · Cayennepfeffer
2 Scheiben Pumpernickel
2 Scheiben Gouda (40 % Fett i. Tr.)
75 g blaue oder grüne Trauben

ZUBEREITUNG

1. Walnüsse mit Frischkäse verrühren und mit Salz und Cayennepfeffer würzen. Die Pumpernickelscheiben damit bestreichen.

2. Je 1 Scheibe Gouda darauf legen. Die Trauben waschen, halbieren, die Brote mit den Traubenhälften garnieren.

Austausch-Tipp Goudascheiben weglassen. Die Brote mit1 EL Parmesanspänen bestreuen und mit Trauben belegen.

Frühstücksbrot mit Ei

ganz einfach
5 Min.
pro Portion ca. 220 kcal
12 g Eiweiß · 1 g Fett · 19 g Kohlenhydrate

ZUTATEN FÜR 2 PORTIONEN

2 hart gekochte Eier
2 kleine feste Tomaten
1 EL Schmand
1 TL Bio-Tomatenketchup (Reformhaus)
2 Scheiben Vollkornbrot
30 g Kressesprossen

ZUBEREITUNG

1. Eier pellen und in Scheiben schneiden. Die Tomaten waschen und ohne die Stielansätze in Scheiben schneiden. Schmand mit Tomatenketchup verrühren, die Brotscheiben damit bestreichen.

2. Tomaten- und Eierscheiben dachziegelartig auf die Brotscheiben legen. Kressesprossen waschen und abtropfen lassen und die Eierbrote damit garnieren.

Möhren-Apfel-Aufstrich

blitzschnell
10 Min.
pro Portion ca. 130 kcal
4 g Eiweiß · 6 g Fett · 14 g Kohlenhydrate

ZUTATEN FÜR 2 PERSONEN

2 EL Mandelblättchen
150 g Naturjoghurt
120 g Möhre
100 g Apfel
1 Orange

ZUBEREITUNG

1. Mandelblättchen in einer Pfanne ohne Fett goldbraun rösten, abkühlen lassen. Joghurt in einem Sieb abtropfen lassen.

2. Möhre und Apfel schälen, beides fein raspeln. Den Saft der Orange auspressen. Mit Möhren-Apfel-Raspeln und Joghurt vermischen. Mandelblättchen unterheben.

Das schmeckt dazu Gerolltes Nussbrot

Radieschenquark

blitzschnell
10 Min.
pro Portion ca. 110 kcal
11 g Eiweiß · 8 g Fett · 23 g Kohlenhydrate

ZUTATEN FÜR 2 PORTIONEN

1/2 Bund Radieschen
1/2 Bund Schnittlauch
100 g Magerquark
1–2 EL Mineralwasser
1 EL Walnussöl
1 EL fein gehackte Walnüsse · Salz

ZUBEREITUNG

1. Die Radieschen putzen, waschen und fein hacken. Den Schnittlauch waschen und in feine Röllchen schneiden. Den Quark mit Mineralwasser und Walnussöl glatt rühren. Nüsse, Radieschen und Schnittlauchröllchen unterheben. Mit Salz abschmecken.

Das schmeckt dazu Roggen-Sauerteigbrot (Grundrezept S. 144)

Räucherlachsbrot (vorne), Käse-Pumpernickel mit Trauben (Mitte), Frühstücksbrot mit Ei (hinten)

Pfirsichmus mit Weizenkeimen

blitzschnell
10 Min.
pro Portion ca. 40 kcal
1 g Eiweiß · 1 g Fett · 8 g Kohlenhydrate

ZUTATEN FÜR 4 PORTIONEN (ca. 160 g)

- 1 großer reifer Pfirsich (ca. 120 g)
- 1 EL frisch gepresster Orangensaft
- 1 TL Zitronensaft
- 2 TL fester Rapshonig
- 2 Messlöffel Johannisbrotkernmehl (pflanzliches Bindemittel; Reformhaus)
- 1 EL Weizenkeime

ZUBEREITUNG

1. Den Pfirsich waschen, abtrocknen, halbieren, vom Stein befreien und grob zerkleinern.

2. Den Orangen- und Zitronensaft sowie den Honig dazugeben. Alles mit dem Pürierstab fein pürieren, dabei das Johannisbrotkernmehl einstreuen. Die Weizenkeime unterrühren. Das Mus in ein kleines Schraubglas füllen und kühl stellen. Es hält sich 2–3 Tage.

Austausch-Tipp 100 g getrocknete Pfirsiche im Blitzhacker grob zerkleinern. In 1/8 l Orangensaft und dem Zitronensaft zugedeckt 2 Std. quellen lassen, dann pürieren.

Tuning-Tipp Als Sauce zu Vanilleeis (Rezept S. 160) das Pfirsichmus mit mehr Orangensaft oder Wasser verdünnen.

Schoko-Nuss-Creme

vorratstauglich
15 Min.
pro Portion ca. 80 kcal
1 g Eiweiß · 7 g Fett · 3 g Kohlenhydrate

ZUTATEN FÜR 12 PORTIONEN (ca. 180 g)

- 2 EL Erdnussöl
- 3 TL stark entöltes Kakaopulver
- 1 EL flüssiger Akazienhonig
- 100 g fein gemahlene Haselnüsse (oder Mandeln)
- 1/4 TL gemahlene Vanille (Reformhaus)

ZUBEREITUNG

1. Öl mit Kakaopulver, Honig und 3 EL lauwarmes Wasser mit den Quirlen des Handrührgerätes cremig verrühren. Die Nüsse nach und nach untermischen, bis eine homogene Masse entstanden ist.

2. Die Vanille und eventuell noch 2–3 EL Wasser unterrühren. Die Creme in ein Schraubglas füllen und kalt stellen. Sie hält sich 1 Woche.

Austausch-Tipp Für eine **Nuss-Nougat-Creme** das Wasser durch 3–4 EL lauwarmen Bohnenkaffee ersetzen. Die Schoko- und die Nougatcreme eignen sich prima zum Füllen von Weihnachtsplätzchen!

Tuning-Tipp Wer eine Creme mit »Crunchies« mag, mischt noch 1 EL grob zerstoßene Sojaflocken (Reformhaus) unter.

Trockenfrüchte-Aufstrich

lohnt sich
40 Min.
pro Portion ca. 110 kcal
2 g Eiweiß · 1 g Fett · 23 g Kohlenhydrate

ZUTATEN FÜR 8 PORTIONEN (ca. 360 g)

- 300 g Trockenfrüchte (z. B. Aprikosen, Äpfel, Birnen)
- 200 ml ungesüßter Apfelsaft
- 1/4 TL Ingwerpulver
- 1/4 TL Piment
- 1/2 Stange Zimt
- 2 TL Akazienhonig

ZUBEREITUNG

1. Die Trockenfrüchte grob würfeln. Mit lauwarmem Wasser bedecken und 20 Min. einweichen.

2. Die Früchte mit Einweichwasser, Apfelsaft, Ingwer, Piment und Zimt in einem Topf aufkochen und 30 Min. köcheln lassen, bis die Flüssigkeit verdampft ist. Etwas abkühlen lassen und den Zimt entfernen.

3. Mit Honig im Mixer pürieren. Den Aufstrich in ein Schraubglas füllen und kühl stellen. Er hält sich 6 Tage.

Das schmeckt dazu Frischkäse und GLYX-Brot (Rezepte ab S. 140)

Pflaumen-Feigen-Aufstrich

gut vorzubereiten
30 Min.
pro Portion ca. 140 kcal
2 g Eiweiß · 3 g Fett · 26 g Kohlenhydrate

ZUTATEN FÜR 8 PORTIONEN (ca. 320 g)

- 50 g gehackte Mandeln
- 200 g getrocknete Pflaumen
- 100 g getrocknete Feigen
- 2 EL Zitronensaft
- 2 EL Akazienhonig
- Zimtpulver

ZUBEREITUNG

1. Die Mandeln in einer Pfanne ohne Fett leicht rösten. Pflaumen und Feigen in kleine Würfel schneiden.

2. Den Zitronensaft mit dem Honig leicht erwärmen, Pflaumen und Feigen untermischen und 10 Min. ziehen lassen.

3. Die Mischung im Mixer pürieren. Die Mandeln unterheben und mit Zimtpulver würzen. Den Aufstrich in ein Schraubglas füllen und kühl stellen. Er hält sich 4 Tage.

Das schmeckt dazu Frischkäse und Vollkornbrot oder Roggenbrötchen (Rezept S. 146)

Austausch-Tipp Mandelstifte durch 50 g gehackte Haselnüsse ersetzen.

Pfirsichmus mit Weizenkeimen (rechts), Schoko-Nuss-Creme (links), Trockenfrüchte-Aufstrich (hinten), Pflaumen-Feigen-Aufstrich (vorne)

Pancakes mit Birnenkompott

schmeckt auch Kindern
12 Min.
pro Portion ca. 500 kcal
12 g Eiweiß · 23 g Fett · 61 g Kohlenhydrate

ZUTATEN FÜR 2 PERSONEN (8 STÜCK)

100 g Dinkelmehl (Type 1050)
1 TL Weinstein-Backpulver
1 Prise Salz
75 g Buttermilch
1 Ei · 1 EL Rapsöl
1 EL Vollrohrzucker

Für das Birnenkompott:
250 g weiche Birnen
1 EL Ahornsirup
2–3 EL Orangensaft
1 Stück Zimtstange
1 Sternanis
Öl zum Braten

ZUBEREITUNG

1. Mehl mit Backpulver und Salz in einer Schüssel mischen. Buttermilch mit Ei, Rapsöl und Rohrzucker kräftig aufschlagen. Die Mehlmischung nach und nach einrühren. Den Teig 20 Min. stehen lassen.

2. Inzwischen die Birnen schälen, achteln und entkernen. Ahornsirup, Orangensaft, Zimtstange und Sternanis aufkochen lassen. Die Birnen dazugeben und bei schwacher Hitze 6–8 Min. dünsten.

3. Den Backofen auf 50° vorheizen. Das Öl in eine große beschichtete Pfanne geben und warm werden lassen. Von dem Teig mit einem Esslöffel kleine Plätzchen in die Pfanne setzen. Diese von jeder Seite in 2–3 Min. goldbraun backen. Im Ofen warm halten. Aus dem übrigen Teig insgesamt 8 Pancakes backen. Mit Birnenkompott servieren.

Austausch-Tipp Statt Birnenkompott einfach nur Ahornsirup dazureichen.

Das schmeckt dazu 150 g Naturjoghurt mit je 1 EL Ahornsirup und gerösteten Sesamsamen verrühren. Zu den Pancakes servieren.

Erdnuss-Pancakes

100 g Dinkelmehl, 1 TL Weinstein-Backpulver, 1 Prise Salz mischen. 100 ml Milch erwärmen, mit 1 EL Erdnusscreme glatt rühren. 1 Ei, 1 EL Rapsöl, 1 EL Ahornsirup unterrühren. Mehl, 1 EL gehackte, ungesalzne Erdnüsse unterrühren. Teig quellen lassen.

Frühstücksklassiker

Pancakes – der Frühstücksklassiker aus den USA sind auch bei uns sehr beliebt. Sie schmecken pur mit Ahornsirup oder kombiniert mit mit frischem Obst oder Beeren.

Eiertöpfchen

blitzschnell
15 Min.
pro Portion ca. 125 kcal
7 g Eiweiß · 10 g Fett · 1 g Kohlenhydrate

ZUTATEN FÜR 2 PERSONEN

2 TL Rapsöl
1 Frühlingszwiebel
2 Kirschtomaten
1 TL gehackte Petersilie
Salz · Pfeffer · 2 Eier
1 TL frisch geriebener Parmesan
2 Auflaufförmchen oder Tassen

ZUBEREITUNG

1. Die Förmchen oder Tassen mit 1 TL Öl einfetten. Die Frühlingszwiebel putzen, halbieren und waschen. Die Hälften klein schneiden. Kirschtomaten waschen, halbieren, entkernen und klein würfeln. Frühlingszwiebel, Kirschtomaten und Petersilie mit dem übrigen Öl vermischen. Mit Salz und Pfeffer würzen.

2. Jeweils 1 Ei aufschlagen und in die Förmchen oder Tassen gleiten lassen. Die Frühlingszwiebelmischung und Parmesan auf den Eiern verteilen.

3. In einem Topf oder einer tiefen Pfanne Wasser zum Kochen bringen. Förmchen oder Tassen ins Wasserbad stellen. Die Eier zugedeckt bei schwacher Hitze in 6–8 Min. stocken lassen. Herausnehmen und sofort servieren.

Ei im Glas mit Zucchini-Vinaigrette

für Gäste
20 Min.
pro Portion ca. 140 kcal
7 g Eiweiß · 12 g Fett · 2 g Kohlenhydrate

ZUTATEN FÜR 2 PERSONEN

1 kleine Schalotte
50 g Zucchino
2 Radieschen
1 Stängel Zitronenmelisse
1 EL Apfelessig
1 EL Olivenöl
Salz · Pfeffer
2 Eier

ZUBEREITUNG

1. Die Schalotte schälen und fein würfeln. Zucchino und Radieschen waschen, putzen und fein raspeln. Zitronenmelisse waschen und trockenschütteln, die Blättchen fein hacken.

2. Schalottenwürfel mit Apfelessig und Olivenöl verrühren. Zucchino- und Radieschenraspel mit Zitronenmelisse unterrühren. Mit Salz und Pfeffer würzen.

3. Die Eier in 4–5 Min. wachsweich kochen, kalt abschrecken und pellen. Je 1 Ei in ein Glas geben. Die Vinaigrette über den Eiern verteilen.

Austausch-Tipp Für **Ei im Glas mit Kräutervinaigrette** 1 Msp. Senf mit 1 EL Weißweinessig, etwas Salz und Pfeffer verrühren. 2 EL Olivenöl unterschlagen. 1 EL gehackte Kräuter und 1 TL Kapern unterrühren. Die Vinaigrette, wie oben beschrieben, über den Eiern verteilen.

Rührei mit Tomaten

blitzschnell
15 Min.
pro Portion ca. 140 kcal
6 g Eiweiß · 11 g Fett · 2 g Kohlenhydrate

ZUTATEN FÜR 2 PERSONEN

3 Frühlingszwiebeln
1 feste Tomate
1/2 Bund Schnittlauch
2 kleine Eier (Größe S)
2 EL Milch
Salz · 1 EL Olivenöl
Pfeffer

ZUBEREITUNG

1. Die Frühlingszwiebeln putzen, waschen und in feine Ringe schneiden. Die Tomate waschen, vierteln, entkernen und die Viertel klein würfeln. Den Schnittlauch waschen, trockenschütteln und in feine Röllchen schneiden. Die Eier mit Milch und 1 Prise Salz verquirlen.

2. Olivenöl in einer Pfanne erwärmen. Frühlingszwiebeln und Tomate darin bei mittlerer Hitze andünsten. Mit Salz und Pfeffer würzen.

3. Die Eier darüber gießen, sobald sie zu stocken beginnen, die Eiermasse mit einem Holzlöffel zusammenschieben und weitere 1–2 Min. stocken lassen.

4. Die Pfanne vom Herd nehmen, die Eier nachziehen lassen. Mit Schnittlauch bestreuen und mit Vollkornbrot servieren.

Austausch-Tipp Für **Rührei mit Pilzen** 50 g Austernpilze putzen und abreiben. Harte Stiele entfernen. Pilze in Streifen schneiden. 1/2 Bund Petersilie waschen und trockenschütteln, die Blättchen fein hacken. Pilze in 1 EL Olivenöl scharf anbraten. Mit 1 Spritzer Sojasauce, Salz und Pfeffer würzen. Petersilie unterrühren. Die Eiermasse dazugeben und wie oben beschrieben stocken lassen.

Ei im Glas mit Zucchini-Vinaigrette

Erdbeer-Soja-Shake

blitzschnell
10 Min.
pro Portion ca. 140 kcal
4 g Eiweiß · 3 g Fett · 23 g Kohlenhydrate

ZUTATEN FÜR 2 DRINKS

150 g Erdbeeren
1/4 l ungesüßter Sojadrink (Reformhaus)
2 TL flüssiger Akazienhonig
2–3 TL Zitronensaft
150 ml ungesüßter Apfelsaft

ZUBEREITUNG

1. Erdbeeren waschen, putzen und klein schneiden. Mit Sojadrink, Honig, Zitronen- und Apfelsaft im Mixer pürieren. Drink in zwei hohe Gläser füllen.

Austausch-Tipps Den Drink mit Himbeeren, Brombeeren oder Heidelbeeren variieren. Oder eine Beerenmischung nehmen. Den Sojadrink durch Seidentofu ersetzen.

Orangen-Joghurt-Drink

erfrischend
20 Min.
pro Portion ca. 105 kcal
4 g Eiweiß · 4 g Fett · 13 g Kohlenhydrate

ZUTATEN FÜR 2 DRINKS

2 Saftorangen
1/2 TL gemahlener Ingwer
1 EL Zitronensaft
200 g Naturjoghurt
2 EL Sanddorn-Vollfrucht mit Honig (Reformhaus)
4 Eiswürfel

ZUBEREITUNG

1. 1 Orange schälen und das Fruchtfleisch grob klein schneiden. Den Saft der übrigen Orange auspressen. Orangenstücke und -saft mit Ingwer, Zitronensaft und Joghurt im Mixer fein pürieren.

2. Je 2 Eiswürfel und 1 EL Sanddorn-Vollfrucht mit Honig in ein hohes Glas geben, den Drink vorsichtig darüber gießen.

Grüntee-Kiwi-Molke

lohnt sich
25 Min.
pro Portion ca. 60 kcal
1 g Eiweiß · 1 g Fett · 13 g Kohlenhydrate

ZUTATEN FÜR 2 DRINKS

2 TL grüner Tee (Teeblätter)
2 Kiwis
1 EL Limettensaft
3 TL Fruchtzucker
1/8 l Molke

ZUBEREITUNG

1. 200 ml Wasser aufkochen und 10 Min. stehen lassen. Teeblätter damit übergießen, 2 Min. ziehen lassen, den Tee abgießen.

2. Kiwis schälen und grob klein schneiden. Mit Tee, Limettensaft, Zucker und Molke pürieren. In zwei große Gläser füllen.

Austausch-Tipp 1 kleinen Apfel, z. B. Granny Smith, schälen, fein reiben und statt der Kiwi pürieren.

Rosaroter Kefir-Mix

ganz einfach
15 Min.
pro Portion ca. 145 kcal
4 g Eiweiß · 4 g Fett · 13 g Kohlenhydrate

ZUTATEN FÜR 2 DRINKS

150 g Himbeeren
Saft von 1/2 rosa Grapefruit
gemahlene Vanille (Reformhaus)
1 EL Ahornsirup
200 g Kefir
2 EL feine Vollkorn-Haferflocken

ZUBEREITUNG

1. Die Himbeeren verlesen und mit dem Grapefruitsaft, 1 Prise Vanille und Ahornsirup im Mixer oder mit dem Pürierstab pürieren.

2. Kefir und Haferflocken untermixen. Den Mix in zwei Gläser füllen.

Austausch-Tipp Fruchtige Alternativen sind Brombeeren und Orangen.

Kaffee-Schoko-Drink

blitzschnell
15 Min.
pro Portion ca. 235 kcal
8 g Eiweiß · 12 g Fett · 25 g Kohlenhydrate

ZUTATEN FÜR 2 DRINKS

30 g Bitterschokolade (mindestens 70 % Kakaoanteil)
400 ml Milch
4 TL Instant-Kaffee
2 TL Vollrohrzucker
1 Prise gemahlene Nelken

ZUBEREITUNG

1. Schokolade hacken, mit Milch und Kaffee erhitzen, aber nicht kochen lassen, bis die Schokolade aufgelöst ist. Mit Zucker und Nelkenpulver abschmecken. In zwei Gläser füllen.

Tuning-Tipp Den Drink eiskalt mit 1 Kugel Vanilleeis (Rezept S. 160) servieren. Pro Portion 1 EL Schlagsahne obendrauf geben.

Gurken-Kokos-Drink

zum Mitnehmen
15 Min.
pro Portion ca. 145 kcal
5 g Eiweiß · 9 g Fett · 7 g Kohlenhydrate

ZUTATEN FÜR 2 DRINKS

1 Minigurke (ca. 200 g)
2 EL gehackter Dill
100 ml ungesüßte Kokosmilch (Dose)
200 g Kefir
1–2 TL Zitronensaft
Salz · Pfeffer
1/2 TL Currypulver

ZUBEREITUNG

1. Gurke schälen und klein schneiden. Mit Dill, Kokosmilch und Kefir im Mixer pürieren. Mit Zitronensaft, Salz, Pfeffer und Curry abschmecken. In zwei Gläser füllen.

GLYX-Tipp Den Drink mit 1/4 l Mineralwasser verdünnen und eiskalt als erfrischende Gurkenkaltschale servieren.

Erdbeer-Soja-Shake (vorne), Orangen-Joghurt-Drink (Mitte), Grüntee-Kiwi-Molke (hinten)

Reispapierröllchen

bürotauglich
30 Min.
pro Stück ca. 50 kcal
2 g Eiweiß · 1 g Fett · 10 g Kohlenhydrate

ZUTATEN FÜR 8 STÜCK

400 g TK-Chinesisches Pfannengemüse
8 Blätter Reispapier (16 cm; etwa 80 g; Asienregal im Supermarkt)
1 EL Sojasauce
2 EL Zitronensaft

ZUBEREITUNG

1. Eine Pfanne stark erhitzen, Gemüse ohne Gewürzblock 4–5 Min. anbraten, bei mittlerer Hitze unter Rühren 5 Min. weiterbraten. Vom Herd nehmen und abkühlen lassen.

2. Reispapier in Wasser 1–2 Min. einweichen. Nebeneinander auf einem feuchten Tuch abtropfen lassen. Reispapier übereinander schlagen, so dass ein Halbkreis entsteht. Füllung in die Mitte geben, Ränder knapp über die Füllung schlagen, Reispapier aufrollen.

3. Sojasauce, Zitronensaft und 2 EL Wasser verrühren und zum Dippen extra servieren.

Birne mit Camembert-Quark-Creme

lohnt sich
15 Min.
pro Portion ca. 109 kcal
15 k Eiweiß · 8 g Fett · 14 g Kohlenhydrate

ZUTATEN FÜR 2 PORTIONEN

1 Birne (ca. 200 g)
2 EL Zitronensaft
50 g reifer Camembert
150 g Quarkcreme
2 EL Milch
1 kleine Schalotte
Salz · Cayennepfeffer
3 Stängel Petersilie

ZUBEREITUNG

1. Die Birne waschen, vierteln, entkernen und in Spalten schneiden. Auf zwei Tellern anrichten, sofort mit dem Zitronensaft beträufeln.

2. Den Käse entrinden, klein schneiden, mit Quarkcreme und Milch fein pürieren. Schalotte schälen, fein würfeln und untermischen. Mit Salz und Cayennepfeffer würzen. Die Käsecreme auf den Birnen verteilen. Petersilie waschen und trockenschütteln, die Blättchen hacken und darüber streuen.

Harzer-Käse-Taler

auch fürs Büfett
15 Min.
pro Portion ca. 90 kcal
8 g Eiweiß · 5 g Fett · 2 g Kohlenhydrate

ZUTATEN FÜR 2 PORTIONEN

2 Harzer Käse (je ca. 50 g)
1 mittelgroße Tomate
1 Frühlingszwiebel
1 EL Weißweinessig
Salz · Pfeffer
1/2 TL Kümmel
2 TL Rapsöl

ZUBEREITUNG

1. Die Harzer Käse in je 3 runde Scheiben schneiden. Tomate waschen und in 6 Scheiben schneiden. Jede Käsescheibe mit 1 Tomatenscheibe belegen.

2. Die Frühlingszwiebel putzen, waschen und in sehr kleine Würfel schneiden. Mit Essig, Salz, Pfeffer, Kümmel und Öl verrühren. Die Mischung auf den Käsetalern verteilen.

Paprika-Shrimps-Schiffchen

zum Mitnehmen
15 Min.
pro Portion ca. 95 kcal
15 g Eiweiß · 2 g Fett · 4 g Kohlenhydrate

ZUTATEN FÜR 2 PORTIONEN

1 gelbe Paprikaschote
100 g körniger Frischkäse
2 TL Zitronensaft
Salz · Pfeffer
60 g Shrimps
6 Stängel Dill

ZUBEREITUNG

1. Die Paprikaschote waschen, vierteln und putzen.

2. Frischkäse mit Zitronensaft, Salz und Pfeffer verrühren. Shrimps abbrausen und abtropfen lassen, 4 zum Garnieren beiseite legen. Dill waschen, trockenschütteln, Blättchen bis auf ein paar Zweige fein hacken. Beides unter den Frischkäse heben. In die Paprikaviertel füllen, mit übrigen Shrimps und Dill garnieren.

Räucherforelle mit Kerbeljoghurt

blitzschnell
15 Min.
pro Portion ca. 140 kcal
14 g Eiweiß · 4 g Fett · 5 g Kohlenhydrate

ZUTATEN FÜR 2 PORTIONEN

150 g Salatgurke
Salz · Pfeffer
2 geräucherte Forellenfilets (je ca. 50 g)
100 g Naturjoghurt
1 TL Zitronensaft
1 Hand voll Kerbel (oder 1/2 Bund Dill)

ZUBEREITUNG

1. Gurke schälen, in dünne Scheiben schneiden, salzen. Mit Forellenfilets anrichten.

2. Joghurt mit Zitronensaft, Salz und Pfeffer verrühren. Kerbel waschen, trockenschütteln, verlesen, bis auf ein paar Stängel fein hacken und unter den Joghurt mischen. Kerbeljoghurt über die Gurken ziehen, mit Pfeffer übermahlen und mit übrigem Kerbel garnieren.

Papaya mit Hähnchenbrust

blitzschnell
10 Min.
pro Portion ca. 110 kcal
11 g Eiweiß · 2 g Fett · 11 g Kohlenhydrate

ZUTATEN FÜR 2 PORTIONEN

300 g Papaya
1/2 rote Zwiebel · 80 g gegarte Hähnchenbrust
1 EL Zitronensaft
100 g Naturjoghurt
1 EL Orangensaft · Salz
Pfeffer aus der Mühle
3–4 Spritzer Tabasco

ZUBEREITUNG

1. Die Papaya schälen, halbieren, entkernen und in dünne Scheiben schneiden. Zwiebel schälen, halbieren und in feine Streifen schneiden. Papaya, Zwiebel und Hähnchenbrust, anrichten. Mit Zitronensaft beträufeln.

2. Den Joghurt mit Orangensaft, Salz, Pfeffer und Tabasco verrühren. Auf der Hähnchenbrustmischung verteilen, pfeffern.

Paprika-Shrimps-Schiffchen (links), Räucherforelle mit Kerbeljoghurt (rechts), Papaya mit Hähnchenbrust (hinten)

Salate & Vorspeisen

Haben Sie Lust auf eine bunte **Wunderschüssel** voll mit knackigen Blättern, kernigen Zutaten und köstlichen Draufgaben – die auch noch schlank machen beim Genießen? Lust auf ein **Zaubersüppchen,** das nicht aus der Tüte kommt, aber ähnlich schnell geht und

unvergleichlich viel besser schmeckt? Lust auf ungezügelten Spaß am Genuss? Oder Fingerfood, das Sie entführt auf eine **kulinarische Traumreise?** Dann sind Sie hier richtig am Start zum großen GLYX-Menü: »1. Gang für Genießer«. Starten Sie mit dem Magazin ...

ZUM GLÜCK GIBT'S SALATE & VORSPEISEN

Schlank und gesund lebt, wer Vorspeisen isst. Aus drei Gründen: Sie liefern Gemüse (oder Eiweiß). Sie stillen den ersten Hunger. Sie zeichnen den Genießer aus.

→ **Bitte Salat** Es gibt immer noch viele Menschen, für die ist er nur Beilage. Zum Braten gibt's ein kleines Tellerchen mit vielen bunten Teilchen aus Dose und Glas, ertränkt in gezuckerter Sahnesauce. In der GLYX-Küche wächst er zur Hauptsache. Zur Wunderschüssel. Bunt und gesund. Salat gehört täglich auf den Plan. Als Vorspeise macht er satt und dimmt gleichzeitig den GLYX vom Hauptgericht runter. Und mit Eiweiß, das heißt mit Bohnen, Pilzen, Tunfisch oder Garnelen, Ei oder Putenstreifen wird er selbst schnell zum GLYX-Hauptgericht.

→ **Suppenkasper?** Löffeln Sie auch 100 Teller Suppe pro Jahr? Dann liegen Sie im deutschen Durchschnitt. Wir lieben Suppen. Leider hauptsächlich solche, die schnell auf den Tisch kommen – aus den Töpfen der Suppen-Industrie. Unsere Topp-Lieblinge: die Tomatensuppe aus der Tüte, die Gulaschsuppe aus der Dose. Die sind in etwa so gesund wie Schuhcreme. Sie essen also 100 Teller Schuhcreme. Das würd ich künftig ändern: Unsere Suppen von Kohlrabi-Creme-Suppe bis Tomaten-Joghurt-Kaltschale sind blitzschnell gemacht – und 70 Billionen Körperzellen freuen sich. Nur eine rümpft die Nase: die Fettzelle.

→ **Im Trend: Fingerfood** Verfall der Esskultur? Nee, essen hautnah! Ein Vergnügen, von der Hand in den Mund. Fingerfood weckt die Entdeckerlust – und macht die Party zum kulinarischen Abenteuer. Für einen langen Abend rechnet man 12 Häppchen pro Gast, für eine kurze Cocktailparty reichen sechs. Als Appetitanreger vor dem Essen reicht man drei verschiedene Häppchen. Anregungen ab Seite 62.

Aber bitte mit Kernen Sonnenblumenkerne, Sesamsamen, Kürbiskerne, Leinsamen, Pinienkerne würzen mit Eiweiß, Vitaminen und Mineralien. Und sie schmecken lecker in Salaten und Suppen. Für mehr Aroma einfach ohne Fett in eine Pfanne geben und unter ständigem Wenden bei schwacher Hitze goldbraun rösten. Fertig!

Heute schon gedippt? Eine wunderbare Art und Weise, sein tägliches Gemüsekonto aufzustocken heißt: Gemüsestreifen schneiden und dippen. In Linsencreme, in Meerrettich-Apfel-Dip, Tomatenrelish … Da freut sich der Gaumen – und die Linie. (Rezepte ab S. 69).

Ab in die Schüssel!

→ **Fitness-Runde** Wer gerne Salat isst, braucht eine Salatschleuder. Sie holt das Wasser raus – was dem Aroma der Marinade gut bekommt (sie wird nicht verdünnt). Bitte keine Profi-Fitnessrunde draus machen – das zerstört die Blätter.

→ **Abends Rohkost** Feine Gemüsestreifen (= Julienne) oder geraspeltes Gemüse lässt sich leichter verdauen – kann also auch abends genossen werden.

→ **Haltbarer Salat** Die so genannten Lattich-Sorten (Kopfsalat, Novita, Eichblattsalat) halten sich im Gemüsefach des Kühlschranks höchstens einen Tag. Außer man hat den Super-Kühlschrank mit Frischkühlfächern. Bei 0 Grad und 9 Prozent Luftfeuchtigkeit bleiben auch empfindliche Salate 10–14 Tage frisch. Radicchio, Chicorée, Eisberg, kleine Salatherzen, Chinakohl, Endivien- und Romanasalat halten am längsten.

→ **Einkaufstipp** Achten Sie beim Einkauf auf die Schnittfläche des Salates. Ist sie hell, heißt das: Der Salat ist frisch. Ist sie dunkel verfärbt, können Sie gleich Papiertaschentücher kaufen. Salat verliert pro Stunde 4 Prozent seines Vitamin-C-Gehalts.

→ **Salat länger lagern** Äußere Blätter entfernen. Leicht mit Wasser besprühen. In Küchenkrepp wickeln. In eine große Plastiktüte stecken. Mit viel Luft zubinden. So hält er im Gemüsefach drei bis vier Tage.

→ **Reifekraftwerk Tomate** Legen Sie die Tomaten nicht mit anderem Gemüse oder Obst zusammen. Sie strömen Ethylen aus, das andere Früchte schneller reifen (verderben!) lässt.

Gesundheit selber ziehen

Keime & Sprossen Sie gehören in die GLYX-Küche wie das Meersalz in die Suppe. Bevor der Samen zur Pflanze wird, entwickelt er sich zum Keim, etwas später zur Sprosse. Keime und Sprossen schmecken lecker, z. B. in Salaten, Vorspeisen, Suppen, Saucen oder Omeletts. Sie sind kleine Power-Pakete, die hochwertige Enzyme, Spurenelemente, Proteine und Vitamine enthalten. Wo man sie kriegt? In der Bio-Ecke im Kühlfach eines gut sortierten Supermarktes, z. B. Linsen-, Mungobohnen-, zarte Alfalfa-, scharfe Rettich- und Radieschensprossen, sogar Spargelsprossen, solo oder gemischt wie z. B. Asia-Sprossen. Oder besser und billiger: aus eigener Produktion. Sie brauchen nur die Samen und ein Keimgerät. Das ist ein spezieller Behälter mit Siebeinsatz. Kriegt man im Handel schon ab sechs Euro.

Kräuter konservieren

→ **Kräuter-Paste** Kräuter, z. B. Basilikum, Bärlauch, Minze, Kerbel, Petersilie, Thymian und Rosmarin waschen, trockentupfen, fein hacken oder pürieren. In ein verschließbares Glas füllen und mit kaltgepresstem Oliven- oder Rapsöl bedecken. Im Kühlschrank halten sich Kräuterpasten verschlossen ca. 10 Tage.

→ **Kräuter in Essig ansetzen** Geht genauso wie mit Öl. Allerdings dürfen die Kräuter im Essig unbegrenzt schwimmen, weil sie keinen Schimmel ansetzen können.

→ **Kräuter trocknen** Kräuter ernten, am besten solange sie noch jung sind. Dann haben sie das beste Aroma. In kleinen Sträußen kopfüber in einem schattigen, luftigen Raum aufhängen. Oder im Backofen bei maximal 40° dörren. Sobald die Blätter beim Berühren leicht rascheln, in Gläser abfüllen.

→ **Kräuter einfrieren** Einfach klein schneiden und portionsweise in Gefrierbeutel verpacken. Alternative: Kräuter in einen Eiswürfelbehälter geben und mit Wasser bedeckt einfrieren. Bei Bedarf die Würfel direkt in Suppe oder Sauce geben.

→ **Kräuter einsalzen** Kräuter fein schneiden und lagenweise mit Meersalz in Gläser oder Töpfe einschichten. Mischungsverhältnis: 20 Gramm Meersalz auf 100 g Kräuter. Dann geschlossen und kühl aufbewahren. Wie Salz verwenden, aber wie jedes Salz sparsam!

Essig selbst machen

Essig kann man ganz leicht selbst machen. Aus Weinresten mit Essigbakterien. Es gibt 3 Möglichkeiten, die Essigsäurebakterien in den Wein zu locken:

→ **1. »Starterkultur«,** also einen fertig gezüchteten Bakterienstamm besorgen, z. B. beim Bio-Versand bestellen.

→ **2. Brot** Eine Scheibe frisches Roggen-Sauerteigbrot (Rezept S. 140) oder

→ **3. Eine Hand voll Sauerteig** (Rezept S. 141) mit dem Wein ansetzen. Sauerteig enthält neben Milchsäurebakterien immer auch Essigsäure-Bakterien. So geht's: Sauerteig im offenen Topf über Nacht bei Zimmertemperatur stehen lassen – er soll trocken und fest werden. Dann mit einem einfachen Wein bedecken. Gefäß offen in der Nähe der Heizung stehen lassen. Der Wein fängt nach wenigen Stunden an zu gären, Bakterien wandeln Alkohol mit Hilfe von Sauerstoff in Essigsäure um. Wenn die Bläschenbildung versiegt, liegt eine »Essigmutter« vor. Das ist wieder die Starterkultur für neuen Essig. Diese in ein dickbauchiges Gefäß geben, dazu 8- bis 10-mal so viel Wein wie beim Ansatz. Offen stehen lassen, ab und zu schütteln, nach 1–2 Wochen ist der Essig fertig. Bakterien zeigen sich auf der Oberfläche als »weißer Kahm«. Essig durch ein mit einem Kaffeefilter ausgelegtes Sieb oder ein Mulltuch abfiltern, in Flaschen füllen und verkorken. Kühl und lichtgeschützt aufbewahren. Faustregel: Jeweils 10 Teile Wein auf 1 Teil Grundessig nehmen.

→ **Schon gewusst?** Essig dimmt den GLYX runter. Essen Sie einen Salat vor dem Essen – und Sie locken weniger Insulin. Vinaigrette-Variationen finden Sie ab Seite 56.

Öl selber ansetzen

Je besser das Öl, desto runder läuft der Motor. Gutes Öl ist der ideale Begleiter für Salate und Vorspeisen. Die gesunden Fettsäuren stecken reichlich in nativem Olivenöl, Erdnussöl, Rapsöl, Sesamöl, Haselnussöl, Hanföl, Mandelöl, Leinöl, Kürbiskernöl, Walnussöl. Andere Öle wie z. B. Distel-, Mais- oder Weizenkeimöl nur ab und zu und wenig einsetzen.

→ **Kräuter-Öl** Je einen Stiel Thymian, Salbei, Rosmarin, Basilikum waschen und trockentupfen. 1 Knoblauchzehe schälen und in Scheiben schneiden. 1 Lorbeerblatt, Kräuter, Knoblauch und 1 TL bunte Pfefferkörner in eine Flasche füllen und mit 1 l Olivenöl aufgießen. Flasche schließen und ca. zwei Wochen an einem kühlen, dunklen Ort (nicht im Kühlschrank) ziehen lassen. Das fertige Öl durch ein feines Sieb abgießen, um die Kräuter zurückzuhalten, in eine saubere Flasche füllen, gut verschließen. Ca. 6–8 Wochen haltbar.

→ **Chili-Öl** Lust auf scharfe Würze? Dann 6 große scharfe rote Chilischoten waschen, trockentupfen, längs halbieren und in 1 cm große Stücke schneiden. Mit den Kernen in 300 ml Erdnuss- oder Olivenöl in einer Pfanne schwach erhitzen. Herdplatte ausschalten und Chilis im Öl ziehen lassen, bis es abgekühlt ist. Wer will, kann nun das Öl durch ein Sieb gießen oder die Chilis darin lassen. In eine heiß ausgespülte Flasche abfüllen.

→ **Knoblauch-Öl** Schälen und halbieren Sie 10 Knoblauchzehen. Mit 2 getrockneten Thymianzweigen in eine Flasche geben. Mit 1 Liter Olivenöl aufgießen. Drei Wochen ziehen lassen. Dann das Öl durch ein Sieb abgießen – der Knoblauch muss heraus, sonst schimmelt er – und in eine saubere Flasche füllen, verschließen. Gekühlt ist es drei Monate haltbar.

Grundrezept GLYX-Vinaigrette

blitzschnell
10 Min.

pro Portion ca. 140 kcal
0 g Eiweiß · 15 g Fett · 1 g Kohlenhydrate

ZUTATEN FÜR 4 PORTIONEN
3 EL Weißweinessig
Salz · schwarzer Pfeffer aus der Mühle
1/2 TL Dijon-Senf
2 EL Olivenöl
2 EL Rapsöl
1 EL Leinöl (oder Walnussöl) · 2 EL frisch gehackte Kräuter (z. B. Petersilie, Schnittlauch, Dill, Estragon)

ZUBEREITUNG

1. Den Weinessig mit Salz, Pfeffer und Senf mit einem Schneebesen so lange verrühren, bis sich das Salz aufgelöst hat.

2. Unter weiterem Rühren nach und nach das Oliven-, Raps- und Leinöl sowie 2 EL Wasser dazugießen und so lange rühren, bis die Sauce cremig ist. Die Kräuter unterrühren.

Das schmeckt dazu Die Salatsauce harmoniert mit allen Blattsalaten, passt zu Salaten aus rohem Gemüse (z. B. Tomaten, Gurken, Spinat), auch zu Hülsenfrüchten, Kartoffeln, Reis, Getreide und Nudeln.

Tuning-Tipps Die Vinaigrette ist die Basis verschiedener Salatsaucen. Hier ein paar Variationen:
→ 1 EL Schalottenwürfel dazugeben.
→ 1 TL flüssigen Honig und 1 TL Aceto balsamico unterrühren.
→ Statt Weißweinessig Rotweinessig und statt Wasser Weiß- oder Rotwein verwenden.
→ Anstatt Kräuter gehackte schwarze Oliven und Kapern untermischen.

Speed-Tipp Die Salatsauce ist fix angerührt und wunderbar cremig, wenn Sie zum Rühren den Pürierstab nehmen.

Orangen-Nuss-Vinaigrette

lohnt sich
15 Min.
pro Portion ca. 150 kcal
0 g Eiweiß · 16 g Fett · 1 g Kohlenhydrate

ZUTATEN FÜR 4 PORTIONEN

3 EL Weißweinessig
Salz · Pfeffer
1/2 TL Dijon-Senf
2 EL Rapsöl
3 EL Walnussöl
2 EL Orangensaft
4 Walnusskerne (oder 8 Haselnusskerne)

ZUBEREITUNG

1. Essig mit Salz, Pfeffer, Senf verrühren (siehe Grundrezept S. 56). Nach und nach die Öle und Orangensaft unterrühren, bis die Sauce cremig ist.

2. Die Nüsse hacken, in einer trockenen Pfanne ohne Fett rösten. Etwas abkühlen lassen und unter die Vinaigrette rühren.

Das schmeckt dazu Die milde Salatsauce passt zu Salaten aus rohem Gemüse wie Möhren, Sellerie, Fenchel und Kohl, zu robusten Blattsalaten wie Eisbergsalat, Endivie, Chicorée und Radicchio.

Tuning-Tipps
→ Zusätzlich 1 EL Schmand oder Crème légère unterrühren.
→ Statt Weißwein- Sherryessig verwenden.
→ 1 EL grob gehackte, grüne Pfefferkörner untermischen.

Asia-Marinade

ganz einfach
10 Min.
pro Portion ca. 150 kcal
0 g Eiweiß · 15 g Fett · 4 g Kohlenhydrate

ZUTATEN FÜR 4 PORTIONEN

3 EL Reisessig (oder Apfelessig)
1 TL flüssiger Honig
2 EL Sojasauce
schwarzer Pfeffer aus der Mühle
4 EL Rapsöl
1 EL Sesamöl
1/2–1 TL fein geriebener frischer Ingwer

ZUBEREITUNG

1. Den Essig, Honig, Sojasauce und Pfeffer mit dem Schneebesen verquirlen.

2. Nach und nach unter Rühren das Raps- und Sesamöl unterschlagen. Den Ingwer dazugeben.

Das schmeckt dazu Die Salatsauce harmoniert mit allen Zutaten, die einen exotischen Touch vertragen – Salate aus rohem Gemüse wie Sprossen, Gurken, China- und Weißkohl, auch Rindfleisch, Hähnchenfleisch, Fisch und Meeresfrüchte, asiatische Nudeln, Reis und Eier.

Tuning-Tipps
→ 1 EL Sojasauce durch Fischsauce (Asienladen) ersetzen.
→ 2 EL Limetten- oder Zitronensaft untermixen.
→ Zusätzlich 1 TL Currypulver untermischen.
→ Statt Sesamöl 2 TL Tomatenmark, 2 EL Orangensaft und einige Spritzer Tabasco unterrühren.

»Glyxlich«, wer davon einen Vorrat hat

Wenn die Salatsauce schon fix und fertig im Kühlschrank steht, ist viel Zeit gewonnen. Sie können damit im Handumdrehen eine aromatische Rohkost zubereiten. Also die GLYX-Vinaigrette (Rezept S. 56) gleich in einer größeren Menge anrühren. Diese in Flaschen oder in ein Schraubglas füllen und im Kühlschrank aufbewahren – mit haltbaren Zutaten wochenlang, mit frischen Zutaten wie Zwiebeln, Knoblauch oder Kräutern 2–3 Tage. Praktisch: Die Aufbewahrungsgefäße sind gleichzeitig Mixbecher. Das Vorrats-Dressing vor Gebrauch kräftig schütteln, damit sich getrennte Bestandteile wieder perfekt miteinander verbinden.

Partyfeine Blattsalate

Ob krauser Friséesalat, robuster Radicchio oder Eisbergsalat, knackig-frischer Chicorée, zarter Löwenzahn oder Rucola – welcher Salat harmoniert am besten mit welchem Dressing? Auf der Basis der GLYX-Vinaigrette finden Sie hier einige Vorschläge. Doch auch andere verlockende Genüsse sind erlaubt. Am besten also Dressings und Blattsalate getrennt vorbereiten und anbieten – jeder stellt dann seinen Salat nach Wunsch zusammen.

Joghurt-Dressing mit Kräutern

kalorienarm
15 Min.
pro Portion ca. 90 kcal
1 g Eiweiß · 8 g Fett · 2 g Kohlenhydrate

ZUTATEN FÜR 4 PORTIONEN

150 g Naturjoghurt
2 EL Zitronensaft
1/2 TL mittelscharfer Senf · Salz
schwarzer Pfeffer aus der Mühle
1 EL Olivenöl
1 EL Rapsöl
1 TL Leinöl
2 EL frisch gehackte Kräuter (z. B. Schnittlauch, Petersilie, Basilikum, Kerbel)

ZUBEREITUNG

1. Joghurt mit Zitronensaft, Senf, Salz und Pfeffer verrühren. Mit Oliven-, Raps- und Leinöl zu einer glatten, cremigen Sauce verschlagen. Die Kräuter untermischen. Die Sauce 10 Min. ziehen lassen.

Das schmeckt dazu Die Sauce eignet sich für stabile Blattsalate wie Eisberg-, Romana- und Endiviensalat, auch für Kopfsalate. Sie harmoniert mit Rohkost und Hülsenfrüchten, Gemüsesalaten und Früchten.

Tuning-Tipps
→ Kräuter durch 2 TL Currypulver ersetzen.
→ Zusätzlich 1 EL fein gehackte Kapern untermischen.
→ Das Dressing mit abgeriebener Zitronenschale (unbehandelt) aromatisieren.

Spinatsalat mit Sprossen

ganz einfach
20 Min.
pro Portion ca. 140 kcal
4 g Eiweiß · 10 g Fett · 9 g Kohlenhydrate

ZUTATEN FÜR 2 PORTIONEN

125 g junger Blattspinat
1 kleiner Apfel
1 kleine rote Zwiebel
2 EL Zitronensaft
1 EL Apfelessig
1 TL Haselnussmus (oder Mandelmus; Reformhaus)
2 EL Naturjoghurt
Salz · Pfeffer
1 EL Rapsöl
50 g frische Sprossen (z. B. Linsen, Rettich oder Radieschen; aus dem Kühlregal oder selber gezogen)

ZUBEREITUNG

1. Den Spinat waschen, verlesen und abtropfen lassen. Apfel waschen, abtrocknen, achteln und in feine Scheiben schneiden. Zwiebel schälen, halbieren und in feine Streifen schneiden.

2. Spinat, Apfel und Zwiebel auf zwei großen Tellern verteilen und mit Zitronensaft beträufeln.

3. Essig mit Haselnussmus, Joghurt, Salz, Pfeffer und Öl verquirlen und über den Salat träufeln. Sprossen waschen, abtropfen lassen und darüber streuen.

Tuning-Tipps Joghurt durch 2 EL Sahne ersetzen und statt Linsensprossen 75 g kleine grüne Puy-Linsen verwenden. Diese ohne Einweichen in 1/4 l Wasser in 20–25 Min. bissfest garen.

Radieschen-Rohkost

eiweißreich
20 Min.
pro Portion ca. 130 kcal
9 g Eiweiß · 6 g Fett · 9 g Kohlenhydrate

ZUTATEN FÜR 2 PORTIONEN

2 TL Sesamsamen
1 Bund Radieschen (ca. 200 g) · Salz
1 kleiner Radicchio
100 g Seidentofu (Reformhaus)
125 g Sojajoghurt
2 EL Limettensaft
1/2 TL flüssiger Honig
1 TL scharfer Senf
Pfeffer
1/2 Bund Schnittlauch

ZUBEREITUNG

1. Sesamsamen in einer trockenen Pfanne ohne Fett goldbraun rösten, beiseite stellen und abkühlen lassen.

2. Radieschen waschen, putzen und je nach Größe achteln oder sechsteln. Mit etwas Salz bestreuen und zugedeckt ziehen lassen. Radicchio putzen, waschen, trockenschleudern und in mundgerechte Stücke teilen. Für das Dressing Tofu mit Joghurt, Limettensaft, Honig, Senf, Salz und Pfeffer verquirlen.

3. Radieschen und Radicchio auf zwei Tellern anrichten, Salat mit dem Tofu-Dressing beträufeln. Schnittlauch waschen, trockenschütteln und in Röllchen schneiden. Schnittlauchröllchen und Sesam darüber streuen.

Austausch-Tipp Die Hälfte der Radieschen durch Rettich ersetzen, in Scheiben hobeln.

Sommerlicher Gemüsesalat

zum Mitnehmen
25 Min.
pro Portion ca. 140 kcal
4 g Eiweiß · 11 g Fett · 6 g Kohlenhydrate

ZUTATEN FÜR 2 PORTIONEN

- 1 EL Kürbiskerne
- 1 Stange Staudensellerie
- 1 kleine gelbe Paprikaschote
- 1 Minigurke (ca. 100 g)
- 8 Kirschtomaten
- 1 Mini-Romanasalat
- 1 EL Weißweinessig
- 2 TL Aceto balsamico
- Salz · Pfeffer
- 3 EL Gemüsebrühe
- 1 EL Olivenöl

ZUBEREITUNG

1. Die Kürbiskerne grob hacken und in einer trockenen Pfanne ohne Fett goldbraun rösten, beiseite stellen und abkühlen lassen.

2. Gemüse waschen, putzen oder schälen. Sellerie in dünne Scheiben schneiden. Paprikaschote in kleine Stücke schneiden, Gurke längs halbieren und in Scheiben schneiden. Tomaten halbieren oder vierteln. Alles mischen. Salat waschen, putzen, in Streifen schneiden und dazugeben.

3. Beide Essigsorten mit Salz, Pfeffer, Brühe und Olivenöl verquirlen. Den Salat damit beträufeln, mit Kürbiskernen bestreuen.

Austausch-Tipp Mit etwas Glück finden Sie auf dem Wochenmarkt Brunnenkresse. Nehmen Sie 100 g anstelle von Romanasalat und genießen Sie das fein-säuerliche Aroma!

Weißkohlsalat mit Trauben

ganz einfach
25 Min. + 15 Min. Marinieren
pro Portion ca. 185 kcal
3 g Eiweiß · 11 g Fett · 6 g Kohlenhydrate

ZUTATEN FÜR 2 PORTIONEN

- 250 g zarter Weiß- oder Spitzkohl
- 100 g Knollensellerie
- 100 g grüne oder blaue Weintrauben
- 3 EL heller ungesüßter Traubensaft
- 2 EL Zitronensaft
- Salz · Pfeffer
- 1 EL Walnussöl
- 3 EL Gemüsebrühe
- 5–6 Walnusskerne (ca. 15 g)

ZUBEREITUNG

1. Den Kohl putzen, vom Strunk befreien und in feine Streifen schneiden. Den Sellerie schälen und grob raspeln. Die Trauben waschen, abzupfen, halbieren und eventuell entkernen.

2. Für das Dressing Trauben- mit Zitronensaft, Salz und Pfeffer verrühren. Nach und nach Walnussöl und Brühe unterschlagen. Mit Kohlstreifen, Sellerie und Trauben vermischen und 15 Min. ziehen lassen.

3. Inzwischen die Walnusskerne hacken, in einer trockenen Pfanne ohne Fett goldbraun rösten. Über den Salat streuen.

Austausch-Tipp Statt Weintrauben kleine Kugeln von einer Honigmelone ausstechen oder 1 Orange oder rosa Grapefruit filetieren und die Fruchtfilets untermischen.

Bohnensalat mit Rucola

mediterran
20 Min. + 10 Min. Marinieren
pro Portion ca. 185 kcal
6 g Eiweiß · 12 g Fett · 13 g Kohlenhydrate

ZUTATEN FÜR 2 PORTIONEN

100 g zarte grüne Bohnen · Salz
50 g Rucola
75 g Kirschtomaten
120 g weiße Bohnen (Dose)
1 1/2 EL Weißweinessig
Pfeffer · 1 EL Olivenöl
2 TL Walnussöl
1 kleine Knoblauchzehe

ZUBEREITUNG

1. Die grünen Bohnen putzen, waschen, halbieren und in sprudelnd kochendem Salzwasser 10 Min. garen. Abgießen, eiskalt abschrecken und abtropfen lassen.

2. Den Rucola waschen, trockenschütteln, von groben Stielen befreien und hacken. Tomaten waschen und halbieren. Weiße Bohnen in einem Sieb abbrausen und abtropfen lassen.

3. Essig mit Salz, Pfeffer, Oliven- und Walnussöl verquirlen. Knoblauch schälen und dazupressen. Grüne Bohnen, Rucola, Tomaten und weiße Bohnen im Dressing wenden und 10 Min. ziehen lassen.

Tuning-Tipp Mit gedünstetem Fischfilet oder gebratenem Hähnchenbrustfilet wird der Salat zu einer sättigenden Mahlzeit.

Weizensalat mit Pilzen

blitzschnell
20 Min.
pro Portion ca. 295 kcal
9 g Eiweiß · 16 g Fett · 28 g Kohlenhydrate

ZUTATEN FÜR 2 PORTIONEN

80 g vorgekochter Hartweizen (Packung)
Salz · 2 EL Weißweinessig · Pfeffer
2 EL Rapsöl
4 EL Gemüsebrühe
200 g kleine Champignons
3 Frühlingszwiebeln
1/2 Bund Schnittlauch
2 EL saure Sahne
1 EL grob gehackte Haselnüsse

ZUBEREITUNG

1. Weizen in kochendem Salzwasser nach Packungsangabe 10 Min. bei mittlerer Hitze offen köcheln lassen, dann abtropfen lassen. Essig mit Salz, Pfeffer, 1 EL Öl und Brühe verquirlen und mit dem Weizen vermischen.

2. Champignons putzen, abreiben und in dünne Scheiben schneiden. Frühlingszwiebeln waschen, putzen und in dünne Ringe schneiden. Übriges Öl erhitzen, beides darin 1–2 Min. anbraten. Etwas abkühlen lassen, unter den Weizen mischen. Schnittlauch waschen, trockenschütteln, in Röllchen schneiden und unterheben. Saure Sahne als Klecks obenauf geben, mit Nüssen bestreuen.

Austausch-Tipp Mit gebratenen Shiitake-Pilzen statt mit Champignons wird der Salat zum Aromawunder.

Gemüsesalat mit Basilikum-Joghurt

schmeckt auch Kindern
40 Min.
pro Portion ca. 290 kcal
24 g Eiweiß · 20 g Fett · 32 g Kohlenhydrate

ZUTATEN FÜR 2 PORTIONEN

Salz · 100 g Möhren
1 zarter Kohlrabi (ca. 200 g)
100 g Zuckerschoten
1 1/2 EL Weißweinessig
Pfeffer · 1 EL Olivenöl
1 Schalotte
1/2 Kopfsalat
60 g Emmentaler
150 g Naturjoghurt
1 EL Zitronensaft
1/2 Bund Basilikum

ZUBEREITUNG

1. Reichlich Salzwasser aufkochen lassen. Gemüse waschen, putzen oder schälen. Möhren und Kohlrabi in lange, dünne Streifen schneiden. Zuckerschoten halbieren. Gemüse nacheinander im Salzwasser blanchieren: Möhren und Kohlrabi 4 Min., Zuckerschoten 1–2 Min. Gemüse eiskalt abschrecken und abtropfen lassen, dabei 5 EL Sud abnehmen.

2. Essig mit Salz, Pfeffer, Öl und 4 EL Gemüsesud verquirlen. Schalotte schälen, fein würfeln, untermischen. Gemüse darin wenden. Kopfsalat waschen, putzen, trockenschleudern und mundgerecht zerpflücken. Käse in feine Stifte schneiden, beides unterheben.

3. Joghurt mit Zitronensaft, 1 EL Gemüsesud, Salz und Pfeffer glatt rühren. Basilikum abreiben, hacken und unterheben. Basilikum-Joghurt auf dem Salat verteilen.

Austausch-Tipp Räucherlachs-Streifen statt Käse unter den Salat mischen.

Italienischer Nudelsalat

zum Mitnehmen
25 Min.
pro Portion ca. 315 kcal
7 g Eiweiß · 16 g Fett · 36 g Kohlenhydrate

ZUTATEN FÜR 2 PORTIONEN

80 g Spaghetti · Salz
1 TL + 2 EL Olivenöl
je 1 kleine rote und gelbe Paprikaschote
1 kleiner Zucchino (ca. 130 g)
1 kleine Knoblauchzehe
1 kleine rote Peperoni
1 TL frisch gehackter Thymian (oder getrockneter) · Pfeffer
2 EL Rotweinessig
4 EL Gemüsebrühe
1/2 Bund Petersilie

ZUBEREITUNG

1. Die Spaghetti nach Packungsangabe in reichlich Salzwasser bissfest garen, kalt abschrecken und abtropfen lassen. Mit 1 TL Öl mischen, damit sie nicht zusammenkleben.

2. Paprikaschoten waschen, halbieren, putzen und in Rauten schneiden. Zucchino waschen, putzen, längs halbieren und schräg in etwa 1/2 cm breite Stücke schneiden. Knoblauch schälen und fein hacken. Peperoni waschen, putzen und in feine Ringe schneiden.

3. In einer Pfanne 1 EL Olivenöl erhitzen, Paprika, Zucchino, Knoblauch, Peperoni und Thymian darin unter Wenden 3–4 Min. braten, salzen und pfeffern. Mit Essig, übrigem Öl und Brühe ablöschen, Spaghetti untermischen. Petersilie waschen und trockenschütteln, Blättchen hacken und unter den Salat heben.

Tuning-Tipp 6 rohe, geschälte Riesengarnelen braten und dazu servieren.

Bohnensalat mit Rucola (hinten), Gemüsesalat mit Basilikum-Joghurt (vorne)

Lachstaler auf Pumpernickel

raffiniert
15 Min. + 1 Std. Kühlen
pro Portion ca. 70 kcal
5 g Eiweiß · 4 g Fett · 4 g Kohlenhydrate

ZUTATEN FÜR 12 RÖLLCHEN

6 Scheiben Räucherlachs
1 Kästchen Kresse
100 g Frischkäse
1 TL Zitronensaft
Salz · Pfeffer
12 Pumpernickeltaler

ZUBEREITUNG

1. Lachsscheiben auf Klarsichtfolie etwas überlappend zu einem Rechteck auslegen. Kresse abschneiden, mit Käse und Zitronensaft pürieren. Mit Salz und Pfeffer würzen.

2. Die Creme auf den Lachs streichen. Den Lachs mit Hilfe der Folie aufrollen und etwa 1 Std. ins Gefrierfach legen. Mit einem scharfen Messer in Scheiben schneiden und auf die Pumpernickeltaler setzen.

Austausch-Tipp Den Lachs statt auf Pumpernickeltaler auf Gurkenscheiben setzen.

Tomatensülze mit Basilikum-Joghurt

zum Mitnehmen
15 Min. + 12 Std. Kühlen
pro Portion ca. 45kcal
2 g Eiweiß · 1 g Fett · 5 g Kohlenhydrate

ZUTATEN FÜR 4 PORTIONEN

1/2 l Tomatensaft
1 EL Aceto balsamico
1 Spritzer Tabasco
2 TL Agar-Agar
3 Stängel Basilikum
150 g Naturjoghurt
2 TL Limettensaft
Salz · Pfeffer

ZUBEREITUNG

1. Tomatensaft mit Essig, Tabasco und Agar-Agar unter Rühren aufkochen und 3–4 Min. köcheln lassen. Tomatensaft in Gläser füllen und über Nacht in den Kühlschrank stellen.

2. Basilikum waschen und trockenschütteln, die Blättchen grob hacken. Mit Joghurt und Limettensaft pürieren, mit Salz und Pfeffer würzen. Auf der Tomatensülze verteilen.

Servier-Tipp Tomatensülze in Tassen füllen, fest werden lassen, auf Teller stürzen und mit Basilikum-Joghurt übergießen.

Feigen mit Ricotta-Kürbis-Creme

blitzschnell
10 Min.
pro Portion ca. 230 kcal
13 g Eiweiß · 15 g Fett · 12 g Kohlenhydrate

ZUTATEN FÜR 2 PORTIONEN

2 frische Feigen
100 g Ricotta
1 EL Zitronensaft
2 Spritzer Worcestersauce
2 EL Kürbiskerne · Salz
Kürbiskerne

ZUBEREITUNG

1. Feigen mit Küchenpapier abtupfen und halbieren. Ricotta mit Zitronensaft und Worcestersauce cremig verrühren. Kürbiskerne fein mahlen und unterheben. Mit Salz würzen.

2. Die Creme in einen Spritzbeutel mit glatter Tülle füllen und auf die Feigenhälften spritzen. Mit Kürbiskernen garnieren.

Putenbrust-Carpaccio

mediterran
15 Min.
pro Portion ca. 100 kcal
8 g Eiweiß · 7 g Fett · 2 g Kohlenhydrate

ZUTATEN FÜR 2 PORTIONEN

2 Tomaten · 2 Stangen Staudensellerie
1 EL Olivenöl · 1 EL Weißweinessig · Salz
Pfeffer · 1 TL gehackte Petersilie · 50 g geräucherte Putenbrust · 1 EL gehobelter Parmesan

ZUBEREITUNG

1. Tomaten waschen, vierteln, entkernen, fein würfeln. Staudensellerie putzen, waschen und in feine Scheibchen schneiden.

2. Öl erhitzen. Gemüse darin 1–2 Min. dünsten, mit Essig, Salz und Pfeffer würzen. Petersilie unterrühren. Etwas abkühlen lassen. Die Putenbrust auf zwei Teller legen. Gemüse darauf verteilen. Mit Parmesan bestreuen.

Rhabarberchutney mit Ziegenkäse

für Gäste
20 Min.
pro Portion ca. 220 kcal
10 g Eiweiß · 14 g Fett · 12 g Kohlenhydrate

ZUTATEN FÜR 4 PORTIONEN

500 g Rhabarber
2 Schalotten · 1 kleiner Apfel · 2 EL Rohrzucker
2 EL Weißweinessig
1/2 TL Currypulver
4 kleine, runde Ziegenfrischkäse (à 40 g)
1 EL Olivenöl
1 EL geröstete Pinienkerne · einige Minzeblättchen

ZUBEREITUNG

1. Rhabarber waschen, putzen, in kleine Stücke schneiden. Schalotten schälen, klein würfeln. Apfel waschen und fein reiben.

2. 3 EL Wasser mit Apfel, Schalotten, Rhabarber, Rohrzucker, Essig und Curry unter Rühren aufkochen lassen. Bei schwacher Hitze etwa 5 Min. rühren, bis die Masse dicklich wird. Abkühlen lassen. Ziegenkäse mit etwas Öl beträufeln, mit Chutney auf vier Tellern anrichten. Mit Pinienkernen und Minzeblättchen bestreuen.

Spargel-Artischockensalat

mediterran
20 Min.
pro Portion ca. 110 kcal
2 g Eiweiß · 9 g Fett · 2 g Kohlenhydrate

ZUTATEN FÜR 4 PERSONEN

250 g grüner Spargel
4 große Artischockenherzen (Glas)
3 EL Olivenöl
1 EL Zitronensaft
Salz · Pfeffer
2 EL weißer Aceto balsamico · einige Basilikumblättchen
1 EL frisch gehobelter Parmesan

ZUBEREITUNG

1. Spargel waschen, die holzigen Enden abschneiden, den unteren Teil schälen und schräg in dünne Scheiben schneiden. Artischockenherzen abtropfen lassen, vierteln.

2. Öl erhitzen, Spargelscheiben darin bei mittlerer Hitze unter Rühren 5–6 Min. braten. Artischocken und Zitronensaft unterrühren. Mit Salz und Pfeffer würzen.

3. Salat anrichten und mit Essig beträufeln. Basilikum und Parmesan darüber streuen.

Tomatensülze mit Basilikum-Joghurt (hinten), Feigen mit Ricotta-Kürbis-Creme (links), Putenbrust-Carpaccio (rechts)

Mini-Tofu-Spieße

zum Mitnehmen
20 Min. + 30 Min. Marinieren
pro Portion ca. 120 kcal
6 g Eiweiß · 9 g Fett · 4 g Kohlenhydrate

ZUTATEN FÜR 2 PORTIONEN

100 g fester Tofu · 1 EL Olivenöl · 2 TL Zitronensaft · 1/2 TL getrockneter Thymian · Salz Pfeffer · je 1/2 kleine rote und gelbe Paprikaschote (je ca. 80 g)
80 g Zucchini
4 große oder 8 kleine Schaschlikspieße

ZUBEREITUNG

1. Tofu in 8 Würfel schneiden. Öl mit Zitronensaft, Thymian, Salz und Pfeffer verrühren, Tofu darin 30 Min. ziehen lassen.

2. Paprikaschoten und Zucchini waschen und putzen. Paprika in Stücke und Zucchini in Scheiben schneiden. Elektrogrill vorheizen. Tofu abtropfen lassen. Mit Paprika- und Zucchinistücken abwechselnd auf die Spieße stecken. 6–8 Min. grillen, dabei wenden und mit übriger Marinade bestreichen.

Auberginen-Frittata

mediterran
40 Min.
pro Portion ca. 155 kcal
8 g Eiweiß · 12 g Fett · 4 g Kohlenhydrate

ZUTATEN FÜR 2 PORTIONEN

150 g Aubergine
1 kleine Zwiebel
1 kleine Knoblauchzehe
2 TL Olivenöl
1 TL frisch gehackter Rosmarin (oder getrockneter) · Salz · Pfeffer · 2 Eier · 2 EL Milch
kleine Holzstäbchen

ZUBEREITUNG

1. Aubergine waschen, putzen, längs vierteln und in Scheiben schneiden. Zwiebel und Knoblauch schälen, beides fein würfeln.

2. Öl erhitzen. Zwiebel und Aubergine darin unter Wenden 3 Min. braten. Knoblauch und Rosmarin hinzufügen, salzen und pfeffern. Eier mit Milch verquirlen, salzen, pfeffern und über das Gemüse gießen. In 10 Min. stocken lassen, zugedeckt 2–3 Min. backen. Etwas abkühlen lassen, in Würfel schneiden. Mit Holzstäbchen servieren.

Salbei-Aprikosen mit Feta

bürotauglich
15 Min. + 1 Std. Marinieren
pro Portion ca. 170 kcal
8 g Eiweiß · 12 g Fett · 5 g Kohlenhydrate

ZUTATEN FÜR 2 PORTIONEN

80 g Schafkäse (Feta)
4 getrocknete Aprikosen · 2 Salbeiblätter
1 EL Olivenöl
2 EL Zitronensaft
schwarzer Pfeffer aus der Mühle · 8 große Basilikumblätter
8 kleine Holzstäbchen

ZUBEREITUNG

1. Schafkäse in 8 Würfel schneiden. Aprikosen längs halbieren. Salbei in feine Streifen schneiden. Öl erhitzen, Salbei kurz anbraten, mit Zitronensaft und 4 EL Wasser ablöschen, pfeffern. Marinade über Schafkäse und Aprikosen gießen und 1 Std. ziehen lassen.

2. Aprikosen und Käse abtropfen lassen. Jeden Schafkäsewürfel mit 1 Basilikumblatt umwickeln und mit je 1 Aprikosenhälfte auf einen kleinen Holzstäbchen stecken.

Ricotta-Matjes auf Gurken

blitzschnell
15 Min.
pro Portion ca. 160 kcal
12 g Eiweiß · 11 g Fett · 3 g Kohlenhydrate

ZUTATEN FÜR 2 PORTIONEN

150 g Salatgurke (möglichst unbehandelt)
2 EL Magerquark
1 EL Ricotta
2 TL Zitronensaft · Salz
Cayennepfeffer
1 EL gehackte Kräuter (z. B. Kerbel, Petersilie, Schnittlauch)
2 Matjesfilets (ca. 75 g)

ZUBEREITUNG

1. Die Gurke waschen, abtrocknen, eventuell schälen und in 8 Scheiben schneiden.

2. Quark und Ricotta mit Zitronensaft, Salz und Cayennepfeffer cremig rühren.

3. Kräuter untermischen. Die Creme auf die Gurkenscheiben streichen.

4. Matjesfilets in 8 Stücke schneiden, auf jede Gurkenscheibe ein Matjesstück legen.

Kalbsfilethappen

nach spanischer Art
25 Min. + 12 Std. Marinieren
pro Stück ca. 40 kcal
6 g Eiweiß · 2 g Fett · 0 g Kohlenhydrate

ZUTATEN FÜR 12 STÜCK

300 g Kalbsfilet
1 EL Olivenöl
1 EL trockener Sherry (Fino) · Salz · Pfeffer
1 TL gehackter Thymian
1 Knoblauchzehe
3 Stängel Petersilie
1/2 unbehandelte Zitrone · 6 Kirschtomaten
12 grüne Oliven ohne Steine · 12 Holzspieße

ZUBEREITUNG

1. Filet in 12 Scheiben schneiden, flach streichen. Öl, Sherry, Salz, Pfeffer und Thymian verquirlen. Knoblauch schälen, dazupressen. Petersilie waschen, hacken, untermischen. Fleisch darin über Nacht marinieren. Eine beschichtete Pfanne erhitzen, Fleisch darin auf jeder Seite 1–2 Min. braten. Abkühlen lassen. Zitrone in Scheiben schneiden, diese vierteln. Tomaten halbieren. Abwechselnd mit Zitronenstücken und Oliven aufspießen, die Spießchen in die Filetscheibchen stecken.

Putenhäckerle auf Artischockenböden

lohnt sich
20 Min.
pro Stück ca. 30 kcal
2 g Eiweiß · 1 g Fett · 1 g Kohlenhydrate

ZUTATEN FÜR 6 STÜCK

6 Artischockenböden (Dose) · 2 EL Limettensaft · Salz · 40 g gegarte Putenbrust (Aufschnitt)
1/2 kleine, rote Zwiebel
1 kleine Tomate
3 Schnittlauchhalme
1 TL Kapern
1 EL Crème légère
Pfeffer

ZUBEREITUNG

1. Artischocken abtropfen lassen. Innen mit Limettensaft beträufeln, salzen. Putenbrust klein würfeln, dann fein hacken. Zwiebel schälen, sehr fein würfeln. Tomate waschen, vierteln, entkernen, klein würfeln. Schnittlauch waschen, in Röllchen schneiden.

2. Putenbrust mit Zwiebel, Tomate, Schnittlauch, Kapern und Crème légère vermischen, salzen und pfeffern. Artischocken abtropfen lassen, Putenmischung darauf geben.

Mini-Tofu-Spieße (Mitte), Salbei-Aprikosen mit Feta (vorne), Kalbsfilethappen (Mitte), Putenhäckerle auf Artischockenböden (hinten)

Kohlrabi-Creme-Suppe

schmeckt auch Kindern

40 Min.

pro Portion ca. 130 kcal

4 g Eiweiß · 8 g Fett · 8 g Kohlenhydrate

ZUTATEN FÜR 2 PORTIONEN

250 g Kohlrabi
1 kleine Zwiebel
1 EL Rapsöl
1/4 l Gemüsefond (oder Gemüsebrühe)
100 ml ungesüßter Sojadrink (Reformhaus)
Salz · Pfeffer
Muskatnuss, frisch gerieben
etwas abgeriebene Limettenschale
1–2 TL Limettensaft
2 Hände voll Alfalfasprossen

ZUBEREITUNG

1. Vom Kohlrabi einige zarte Blätter abschneiden und beiseite legen. Kohlrabi putzen, schälen und in kleine Würfel schneiden. Zwiebel schälen und fein würfeln. Öl erhitzen, Zwiebel darin glasig dünsten. Kohlrabi unterrühren, mit Fond aufgießen. Aufkochen und bei schwacher Hitze 10 Min. köcheln lassen.

2. Den Sojadrink unterrühren, mit Salz, Pfeffer, Muskat, Limettenschale und -saft würzen und alles weitere 10 Min. köcheln lassen. Die Suppe fein pürieren, mit Salz und Pfeffer abschmecken. Kohlrabiblätter waschen, trockenschütteln und in feine Streifen schneiden. Sprossen abbrausen. Beides vor dem Servieren über die Suppe streuen.

Tuning-Tipp 50 g Shiitakepilze entstielen, Hüte in Streifen schneiden. In 2 TL Öl kurz braten und darüber streuen.

Tomaten-Joghurt-Kaltschale

zum Mitnehmen

25 Min. + 1 Std. Kühlen

pro Portion ca. 165 kcal

5 g Eiweiß · 9 g Fett · 14 g Kohlenhydrate

ZUTATEN FÜR 2 PORTIONEN

1 Minigurke (ca. 125 g)
je 1 rote und grüne Paprikaschote
1 Knoblauchzehe
300 ml passierte Tomaten (Packung)
1 EL Olivenöl
1 EL Rotweinessig
1 EL Zitronensaft
150 ml Gemüsefond (Glas)
Salz · Pfeffer
100 g Naturjoghurt
2 Stängel Basilikum

ZUBEREITUNG

1. Gurke schälen, Paprikaschoten waschen, halbieren, putzen und jeweils 1 kleines Stück beiseite legen. Rest klein würfeln. Knoblauch schälen und hacken.

2. Gemüse und Knoblauch mit Tomaten, Öl, Essig und Zitronensaft fein pürieren. Mit Fond auffüllen, salzen und pfeffern. Die Kaltschale kurz mixen und 1 Std. in den Kühlschrank stellen.

3. Vor dem Servieren übriges Gemüse sehr klein würfeln. Kaltschale noch einmal durchrühren, auf Teller verteilen. Joghurt cremig rühren, darauf geben und nach Belieben mit einem Holzspießchen spiralförmig einrühren. Mit Gemüsewürfeln bestreuen und mit Basilikumblättchen garnieren.

Mehr draus machen Für eine Gartenparty Mengen beliebig erhöhen. Die Kaltschale mit zerstoßenen Eiswürfeln servieren.

Gemüsesuppe mit Glasnudeln

asiatisch leicht
30 Min.
pro Portion ca. 235 kcal
3 g Eiweiß · 9 g Fett · 29 g Kohlenhydrate

ZUTATEN FÜR 2 PORTIONEN

75 g Glasnudeln
1 Stück frischer Ingwer (haselnussgroß)
1 Knoblauchzehe
200 g Rettich
1 kleine Möhre
3 Frühlingszwiebeln
50 g TK-Erbsen
1 EL Erdnussöl
1/2 l Gemüsebrühe
Salz · Pfeffer
1–2 EL helle Sojasauce
4 Stängel Koriandergrün (oder Petersilie)

ZUBEREITUNG

1. Die Glasnudeln mit kochendem Wasser überbrühen und 10 Min. einweichen. Ingwer und Knoblauch schälen, beides fein hacken. Rettich und Möhre putzen, schälen und in dünne Scheiben schneiden. Frühlingszwiebeln putzen, waschen und schräg in Ringe schneiden. Erbsen antauen lassen.

2. Nudeln kalt abspülen, abtropfen lassen und kürzer schneiden. Öl erhitzen, Ingwer und Knoblauch darin anbraten, mit Brühe auffüllen und aufkochen lassen. Rettich, Möhren, Frühlingszwiebeln und Erbsen dazugeben, zugedeckt in 8–10 Min. garen. Glasnudeln zufügen, Suppe mit Salz, Pfeffer und Sojasauce würzen. Koriander waschen und trockenschütteln, die Blättchen darüber streuen.

Tuning-Tipp Für eine leicht sättigende Mahlzeit 100 g feste Tofuwürfel oder 100 g gemischte Meeresfrüchte dazugeben.

Grünkern-Spinat-Suppe

schmeckt auch Kindern
30 Min.
pro Portion ca. 220 kcal
6 g Eiweiß · 12 g Fett · 21 g Kohlenhydrate

ZUTATEN FÜR 2 PORTIONEN

2 TL gehobelte Mandeln
1 Schalotte
1 kleine Knoblauchzehe
1 EL Olivenöl
40 g fein gemahlenes Grünkernmehl
400 ml Gemüsebrühe
1/8 l Milch
Salz · Pfeffer
Muskatnuss, frisch gerieben
75 g Blattspinat
2–3 TL Zitronensaft

ZUBEREITUNG

1. Die Mandelblättchen in einer trockenen Pfanne ohne Fett goldbraun rösten, beiseite stellen und abkühlen lassen.

2. Schalotte und Knoblauch schälen, beides fein würfeln. Öl erhitzen, beides darin glasig dünsten. Grünkernmehl einrühren, kurz anrösten und mit der Brühe ablöschen. Milch zugießen und unter Rühren aufkochen lassen. Suppe mit Salz, Pfeffer und Muskat würzen, offen bei schwacher Hitze 20 Min. garen, dabei mehrmals umrühren.

3. Inzwischen den Spinat waschen, verlesen, grob klein schneiden und in die Suppe geben. Die Suppe mit dem Pürierstab fein pürieren. Mit Salz, Pfeffer und Zitronensaft abschmecken. Mandeln darüber streuen.

Austausch-Tipp Im Frühjahr den Spinat durch knoblauchwürzigen Bärlauch (selbst gepflückt oder vom Markt) ersetzen.

Meerrettich-Apfel-Dip (hinten), Tomatenrelish (links), Linsencreme (vorne)

Meerrettich-Apfel-Dip

zum Mitnehmen
15 Min.
pro Portion ca. 150 kcal
18 g Eiweiß · 4 g Fett · 10 g Kohlenhydrate

ZUTATEN FÜR 4 PORTIONEN

1 säuerlicher Apfel
1 Stange Staudensellerie · 1 EL Zitronensaft
500 g Magerquark
4 EL Orangensaft
2 EL Schmand
1 EL frisch geriebener Meerrettich (oder aus dem Glas) · Salz

ZUBEREITUNG

1. Apfel schälen und grob raspeln. Staudensellerie waschen, putzen und winzig klein würfeln, mit Apfelraspeln und Zitronensaft vermischen.

2. Quark mit Orangensaft und Schmand cremig rühren. Meerrettich und Apfel-Sellerie-Mischung unterheben. Mit Salz würzen. Dip bis zum Servieren kalt stellen.

Das schmeckt dazu Räucherfisch, Tafelspitz oder Roastbeef

Pfirsich-Möhren-Dip

blitzschnell
20 Min.
pro Portion ca. 105 kcal
4 g Eiweiß · 5 g Fett · 10 g Kohlenhydrate

ZUTATEN FÜR 6 PORTIONEN

500 g Naturjoghurt
2 reife Pfirsiche
200 g Möhren
1 EL Orangensaft
1 TL Akazienhonig
1 Prise gemahlener Ingwer · 1 Prise gemahlener Kardamom
1 EL geröstete Sonnenblumenkerne

ZUBEREITUNG

1. Joghurt abtropfen lassen. Pfirsiche kurz überbrühen, häuten und klein würfeln. Möhren schälen und fein raspeln.

2. Joghurt mit Orangensaft und Akazienhonig verrühren. Möhrenraspel und Pfirsichwürfel unterrühren. Dip mit Ingwer und Kardamom würzen. Sonnenblumenkerne unterheben. Dip gekühlt servieren.

Das schmeckt dazu Gebratener Reis, Hühnerfleischspieße und Fladenbrot

Tomatenrelish

blitzschnell
15 Min. + 45 Min. Marinieren
pro Portion ca. 25 kcal
1 g Eiweiß · 1 g Fett · 4 g Kohlenhydrate

ZUTATEN FÜR 2 PORTIONEN

3 Tomaten
1 gelbe Paprikaschote
2 grüne Chilischoten
1 Schalotte
1 EL Zitronensaft
1 EL Weißweinessig
Salz · 1 EL gehackte Petersilie (oder Koriandergrün)

ZUBEREITUNG

1. Tomaten häuten, vierteln, entkernen und würfeln. Paprikaschote waschen, vierteln, putzen und sehr fein würfeln. Chilischoten waschen, putzen, entkernen und in Ringe schneiden. Schalotte schälen und würfeln.

2. Gemüse mit Zitronensaft und Essig vermischen, salzen. Petersilie unterheben. Relish im Kühlschrank 45 Min. ziehen lassen und gut gekühlt servieren.

Das schmeckt dazu Schafkäse, Mozzarella oder gegrilltes Fleisch

Auberginen-Peperoni-Creme

gut vorzubereiten
15 Min. + 30 Min. Backen
pro Portion ca. 70 kcal
1 g Eiweiß · 6 g Fett · 2 g Kohlenhydrate

ZUTATEN FÜR 4 PORTIONEN

400 g Auberginen
1 grüne Peperoni
2 Knoblauchzehen
2 EL Olivenöl
1 EL Zitronensaft
Meersalz · Pfeffer

ZUBEREITUNG

1. Ofen auf 200° (Umluft 180°) vorheizen. Auberginen waschen, putzen, rundum einstechen und auf einem Blech im Ofen (Mitte) 30 Min. backen. Abkühlen lassen. Haut abziehen, das Fruchtfleisch würfeln. Peperoni waschen, halbieren und putzen. Knoblauch schälen und klein würfeln.

2. Öl erhitzen, Knoblauch und Peperoni darin andünsten. Auberginen zugeben, 5 Min. köcheln lassen. Beiseite stellen und etwas abkühlen lassen. Die Mischung mit Zitronensaft pürieren. Mit Meersalz und Pfeffer würzen.

Tunfisch-Dip

blitzschnell
5 Min.
pro Portion ca. 160 kcal
12 g Eiweiß · 11 g Fett · 1 g Kohlenhydrate

ZUTATEN FÜR 4 PORTIONEN

1 Dose Tunfisch (im eigenen Saft)
100 g Frischkäse
2 EL Naturjoghurt
1 EL Zitronensaft
Salz · Cayennepfeffer
1 EL Kapern

ZUBEREITUNG

1. Tunfisch abtropfen lassen, grob zerpflücken. Mit Frischkäse, Joghurt und Zitronensaft pürieren. Mit Salz und Cayennepfeffer würzen. Kapern unterrühren.

Das schmeckt dazu Pellkartoffeln, Vollkorn-Grissini oder rohes Gemüse

Linsencreme

asiatisch
30 Min.
pro Portion ca. 330 kcal
15 g Eiweiß · 16 g Fett · 33 g Kohlenhydrate

ZUTATEN FÜR 4 PORTIONEN

1 Stück frische Ingwer (haselnussgroß) · 250 g rote Linsen · 2 Nelken
2 Kardamomkapseln
1/2 TL Kurkumapulver
4 EL Olivenöl
2 EL Limettensaft · Salz

ZUBEREITUNG

1. Ingwer schälen und fein hacken. Mit Linsen, 1/2 l Wasser, Nelken, Kardamomkapseln und Kurkuma bei mittlerer Hitze in 15 Min. garen. Nelken und Kardamomkapseln entfernen.

2. Linsen pürieren. Öl und Limettensaft untermixen. Die Creme mit Salz würzen.

Gemüse

Wenn Gemüse bislang eine eher tragische Statisten-Rolle in Ihrem Leben spielte – dann »Klappe 1!«: Genießen Sie die Hauptdarsteller namens Monsieur

Brokkoli, Miss Tomate, Señor Blumenkohl, Fräulein Mangold in ihren niemals langweiligen Rollen in der Pasta, gefüllt, als Sauce, im Gratin, als Bratling, als Puffer … Die Garantie: Gemüse ist für den Gaumen spannend wie ein Krimi, für die Seele aufmunternd wie eine Komödie, für den Geist erhellend wie eine Dokumentation, für den Körper erfrischend wie eine Lachrunde mit Mr. Bean. Glauben Sie nicht? Wetten dass … Einfach ausprobieren auf den folgenden Seiten.

Der grüne Schlank-Tipp Brokkoli, Möhren, Kohlrabi, Blumenkohl, Knollensellerie und/oder Zucchini waschen, putzen, klein schneiden und in wenig Salzwasser weich kochen. Gemüse samt Flüssigkeit mit dem Pürierstab pürieren: Das reicht, um eine Sauce oder Suppe zu binden.

Dosenfutter? Wenn's mal schnell gehen muss, können Kichererbsen, Linsen, sonnengereifte italienische Tomaten, Artischockenböden und -herzen, Bambussprossen (am Stück!), Bohnen ruhig auch aus der Dose kommen. Dafür kann man sie zusätzlich mit frischen Sprossen und Kräutern, sprich mit Vitalstoffen, anreichern.

Bauernprotest gegen »couch potato«

In England protestierten kürzlich die Kartoffelbauern gegen den Begriff »couch potato« (Sie wissen schon: Bezeichnung für Menschen, die faul und träge auf dem Sofa rumliegen): Das schade dem Ansehen der beliebten Knolle. Leider macht aber genau diese Knolle uns zur couch potato. Vor allem in verarbeiteter Form. Ganze 35 Kilo essen wir davon pro Kopf und Jahr: Als Chips, Pommes, Kartoffelknödel oder Kartoffelbrei … Die Kartoffel hat einen hohen GLYX, wird im Mund zu purem Zucker. Also künftig wie beim guten Italiener genießen: zwei kleine Kartöffelchen zur großen Portion Gemüse.

GENIESSER WISSEN: DIE HAUPTSACHE HEISST GEMÜSE

Von den 7 Millionen Tonnen Gemüse, die wir jährlich verzehren, wächst nur die Hälfte auf unseren Äckern, kommt nur ein Drittel frisch auf den Teller. Mit 70 Kilo pro Kopf und Jahr ist die Kartoffel des Deutschen liebstes Gemüsekind. Gefolgt von der Tomate mit 19 Kilo und der Gurke mit 6,5 Kilo. Wir haben eine Beilagensalat-Kultur.

→ **Ideal** Am besten wären 200 Kilo Gemüse pro Kopf und Jahr, täglich 600 Gramm (statt der mickrigen durchschnittlichen 240 Gramm) – bunt gemixt in allen Formen von Wurzel bis Blatt, idealerweise von unseren Äckern zur Saison. Und täglich nicht mehr als zwei kleine Kartöffelchen. Dann hätten die Plagen der Neuzeit keine Chance, die da heißen: Diabetes, Demenz, Herzinfarkt, Krebs.

→ **GLYX-Diät heißt** Gemüse bekommt den Platz im Genießer-Leben, den es verdient: den ersten. Denn nichts ist wertvoller für den Körper, für die Seele. Und nichts ist vielseitiger. Ein Schnitzel ist ein Schnitzel und schmeckt immer wie ein Schnitzel. Und Gemüse? Das schmeckt nach Tomaten-, Paprika- oder Spinatsauce, nach Mangoldspaghetti, nach Bohnen-Paprika-Penne, nach Zucchinipuffer, nach Brokkoli-Curry-Bulgur, nach Frühlingsgemüse, nach Preiselbeer-Rotkraut, nach Spargel mit Bärlauch-Joghurtschaum, nach Ratatouille, nach Wirsing-Topf, nach Gemüse-Gratin … All diese Rezepte und viele mehr finden Sie in diesem Kapitel.

→ **Clever kombinieren** Wissen Sie, was Gemüse kann? Es kann den GLYX von Beilagen runterdimmen. Deswegen ist es der ideale Schlankpartner zu Nudeln, Reis, Getreide, Kartoffeln. Abnehmer kombinieren eine große Portion Gemüse mit einer kleineren Portion Beilage – genießen und essen sich auf schlanke und gesunde Art und Weise satt. Die passenden Rezepte finden Sie hier.

Gemüse-Küchen-Basics

→ **Bitte Bio** Sie essen viel Gemüse. Denn das hält Sie fröhlich, schlank, jung, gesund … Und weil Sie viel davon essen, sollten Sie hier besonders auf Qualität achten. Sprich auf Gemüse aus biologisch-ökologischem Anbau. Konventionell Angebautes enthält mehr Rückstände von Pflanzenschutz- und Düngemitteln und Nitrat. Mag der Körper nicht! Diese Zeichen schützen: Öko-Anbausymbole.

→ **Sicherheits-Garantie** Kurzes Abspülen reicht nicht, um Gemüse von Schadstoffen zu befreien. Besser: unter lauwarmem Wasser mit einer feinen (Gemüse-) Bürste/Schwamm abreiben/abbürsten. Gurken und Möhren aus konventionellem Anbau sollte man schälen.

→ **Gemüsehobel** Die ideale V4 gibt's leider nur am Stand in der Fußgängerzone. Sie hat verschiedene Aufsätze für dicke bis dünne Scheiben, feine Stäbchen oder Würfel. Geht blitzschnell und gefahrlos. Ähnliche gibt's auch in Haushaltswarengeschäften.

→ **… und noch mehr Gemüse-Spezialisten** Sparschäler, gutes kleines und großes Messer (muss scharf sein und gut in der Hand liegen!). Holz- oder Kunststoffbrett. Pürierstab, Passierstab mit Sieb oder eine Flotte Lotte (Passiermühle). Knoblauchpresse. Größere Mengen von Gemüse verarbeitet man mit einem elektrischen Universal-Zerkleinerer oder Food-Prozessor, auch Kompakt-Küchenmaschine genannt. Das Multi-Gerät ist auch zum Aufschlagen von Saucen, zum Hacken von Zwiebeln und anderen Gemüsen, zum Mixen, Raspeln, Reiben, Hobeln geeignet.

Grüne Regeln

→ **Hauptsache frisch** Unmittelbar nach der Ernte ist die Natur-Apotheke im Gemüse vollständig. Wenn es nicht unreif von der Pflanze gezupft wurde! Danach verliert es jeden Tag an Inhaltsstoffen. Gemüse kann z. B. bis zu 50 Prozent seines Vitamingehalts durch Lagerung verlieren. Nach wie vielen Tagen? Das ist von Gemüsesorte zu Gemüsesorte unterschiedlich. Lässt sich aber gut mit dem Auge, dem Finger und den Zähnen erkennen. Gemüse ist frisch, solange es prall und fest ist und knackig schmeckt.

→ **Je härter, desto gesünder** Kochen raubt dem Gemüse Inhaltsstoffe. Daher der ideale Gemüse-Snack: Rohkost. Braten oder dünsten sollte man Gemüse (je nach Sorte so kurz wie möglich, z. B. Zuckerschoten 1–2 Min., grüne Bohnen 7–10 Min.) – also nur kurz, sozusagen al dente.

→ **À la Saison genießen** Die Natur hat wohl bedacht, dass wir uns am Esstisch schnell langweilen. Im Frühjahr lässt sie Spargel wachsen, im Sommer Pfifferlinge, im Herbst Kürbisse und im Winter Knollensellerie. Natürlich kriegt man den Spargel auch im Oktober. Aber der kommt dann aus Griechenland. Und hat oft schon die Hälfte seines kurzen Gemüse-Lebens hinter sich – im Lastwagen oder im Lagerhaus. Tomaten im Dezember? Kommen aus Holland. Aus Gewächshäusern. Kein Vergleich mit dem, was der Bauer aus der Umgebung liefert: stets das Frischeste und Gesündeste.

→ **Gemüse lagern** Im unteren Fach des Kühlregals, möglichst hinten, weil's dort am kältesten ist. Tomaten, Auberginen, Gurken und Kartoffeln halten sich gut in dunklen, kühlen, luftigen Räumen. Von Karotten, Kohlrabi, Radieschen vorher die Blätter entfernen. Sie entziehen den Pflanzen Feuchtigkeit. Spargel und Artischocken, in ein feuchtes Tuch wickeln. Spinat und Mangold möglichst am Tag des Einkaufs verbrauchen, sie werden rasch welk. Zwiebeln, Schalotten, ebenso Knoblauch kühl und luftig im Körbchen aufbewahren. Wichtig: Gemüse niemals neben Obst lagern.

Das Eisfach hat immer Saison

Keine Zeit? Dann greifen Sie in die Tiefkühltruhe. TK-Gemüse kann sogar besser sein als frisches. Beispiel Spinat: Erntefrisch enthalten 100 Gramm Spinat 17 Mikrogramm Vitamine. Nach zwei Tagen Lagerung enthalten sie nur noch vier Mikrogramm, frisch aus dem Tiefkühlregal dagegen vierzehn.

Bekommen Sie Gemüse ganz frisch? Dann lohnt es sich, es mal selbst einzufrieren. So geht's: Gemüse waschen und putzen, je nach Sorte ganz lassen, in Scheiben oder Stücke schneiden. In einem Topf reichlich gesalzenes Wasser aufkochen. Eine Schüssel mit kaltem Wasser mit einigen Eiswürfeln bereit stellen. Gemüse im kochenden Salzwasser sprudelnd blanchieren: z. B. Spinat- und Mangoldblätter 30 Sek., Brokkoli, Kohlblätter, Lauch 3–5 Min., Blumenkohl, Rosenkohl, Erbsen, grüne Bohnen, Kohlrabi, Möhren, Sellerie, Schwarzwurzeln 5–8 Min. Gemüse mit Schaumkelle herausheben, sofort in das Eiswasser tauchen. Dann gut trockentupfen und ab in den Gefrierbeutel.

Tipp Grünen und weißen Spargel braucht man vor dem Einfrieren nicht zu blanchieren. Tomaten brühen, pellen, entkernen, als Viertel oder Achtel einfrieren. Zum Gebrauch nur auftauen lassen und erwärmen, nicht kochen. Nix für die Truhe: Radieschen, Rettiche, Salatgurken, Kresse und Blattsalate.

Gemüse mal anders konservieren

→ **Gedörrte Tomaten** Des Deutschen liebste Frucht! Wenn sie Saison hat (Juli bis November), kann man sie ruhig auch mal trocknen. 1 kg reife, feste Eier- oder Rundtomaten waschen, Stielansatz entfernen, quer durchschneiden und die Kerne mit einem Teelöffel auskratzen. Mit je 4 Rosmarin- und Thymianzweigen – die Schnittfläche nach oben – auf ein Backblech legen und mit 3–4 EL Olivenöl beträufeln. Im vorgeheizten Backofen (90°, unterste Schiene; Umluft ist nicht empfehlenswert) 7–8 Std. trocknen, dabei mehrmals wenden. Die Tomaten anschließend mit frischen Rosmarin- und Thymianzweigen in ein sauberes Schraubglas schichten und mit 350 ml Olivenöl bedecken. So eingelegt und kalt gestellt, halten die Tomaten mindestens 4 Wochen.

→ **Verwendung** In Spaghetti-Saucen oder Salate schneiden.

→ **Tipp** Wer gerne dörrt, besorgt sich ein Dörrgerät; das gibt's ab 30 Euro. Dann lohnt es sich auch Pilze, Kräuter, Obst, z. B. Äpfel, Zwetschgen, Aprikosen zu dörren.

→ **Milchsauer macht lustig** Sauerkraut kennen Sie. Sein Saft wurde schon vor 1000 Jahren von den Chinesen als Heilmittel getrunken. Sauerkraut machen Milchsäurebakterien, indem sie die Kohlenhydrate des Weißkohls in Milchsäure abbauen. Die Vitalstoffe bleiben drin. Geht ganz einfach: Man schnippelt dazu 2 Kilo Bio-Weißkohl klein (gespritzt oder gedüngt zerstört es die Milchsäurebakterien) und gibt es in einen heiß gereinigten Steinguttopf – ca. 10 cm hoch. Dann stampfen, bis sich Saft bildet. Mit Meersalz (insgesamt 20 g), Wacholder-, Kümmel- und Senfkörner würzen. Nächste Schicht. Bis der Topf dreiviertel voll ist. Dann 1/8 Liter »Starter« zugeben: z. B. Molke, Buttermilch, Gärsaft, Wein. Gemüse mit ganzen Kohlblättern belegen. Beschweren. Mit einem Tuch abdecken und einige Tage bei Zimmertemperatur ziehen lassen. Schaum abschöpfen. Dann 4 Wochen kühl und dunkel lagern. Und immer wieder Schaum abschöpfen. Bildet sich kein Schaum mehr, ist das Kraut fertig und hält sich ca. 6 Monate. Auch das können Sie milchsauer vergären: Rotkohl, Wirsing, Möhren, Kohlrabi, Rote Bete, Bohnen, Gurken, Blumenkohl, Brokkoli, Sellerie, kleine Kürbisse und Spitzpaprika. Rohgemüse wird geputzt, nach Bedarf geschält, geschnitten und blanchiert. Dann wird es in einer milchsauren Lake aus Wasser, Sauerkrautsaft, Meersalz, Kräutern und Gewürzen angesetzt und einige Tage stehen gelassen.

Grundrezept Tomatensauce

schmeckt auch Kindern
45 Min. + 20–40 Min. Garen

pro Portion ca. 85 kcal
2 g Eiweiß · 6 g Fett · 5 g Kohlenhydrate

ZUTATEN FÜR 4 PORTIONEN

1 kg voll ausgereifte, aromatische Tomaten
1 kleine Möhre
130 g Knollensellerie
1 Zwiebel
2 Knoblauchzehen
1 TL frische Rosmarinnadeln
4 Zweige Thymian
2 EL Olivenöl
2 Lorbeerblätter
Salz · Pfeffer

ZUBEREITUNG

1. Stielansätze der Tomaten entfernen. Die Tomaten kurz überbrühen, häuten und in kleine Würfel schneiden.

2. Möhre und Sellerie schälen und putzen, beides sehr klein würfeln. Zwiebel und Knoblauch schälen und fein hacken. Rosmarin grob hacken. Thymian waschen und trockenschütteln, die Blättchen hacken.

3. Öl in einem Topf heiß werden lassen. Zwiebel und Knoblauch darin andünsten. Möhre und Sellerie darin bei mittlerer Hitze 5 Min. mitdünsten. Tomaten dazugeben, Lorbeerblätter und Kräuter unterrühren, salzen und pfeffern. Offen bei mittlerer Hitze mindestens 20 Min., besser 40 Min. köcheln lassen, dabei immer wieder umrühren. Falls die Sauce zu dick wird, etwas Wasser angießen. Mit Salz und Pfeffer abschmecken.

Speed-Tipp Außerhalb der Saison statt sonnengereifter Tomaten 2 kleine Dosen gehäutete Tomaten (je 400 g Inhalt) nehmen, diese würfeln und auch die Flüssigkeit verwenden. Zusätzlich 1 Dose mit Wasser füllen und dazugießen. Die Sauce, wie im Grundrezept beschrieben, zubereiten.

Sauce Bolognese all'arrabiata

für Fleischfreunde

50 Min. + 20–40 Min. Garen

pro Portion ca. 160 kcal

15 g Eiweiß · 8 g Fett · 5 g Kohlenhydrate

ZUTATEN FÜR 4 PORTIONEN

1 Grundrezept Tomatensauce (Rezept S. 74)
1–3 getrocknete Peperoncini
250 g Tatar
1/2 Bund Petersilie
Salz · Pfeffer

ZUBEREITUNG

1. Die Zutaten für die Tomatensauce, wie im Grundrezept beschrieben, vorbereiten. Die Peperoncini im Möser fein zerstoßen.

2. Das klein gewürfelte Gemüse – Zwiebel, Knoblauch, Möhre und Sellerie – im heißen Olivenöl (Grundrezept) mit dem Tatar bei mittlerer Hitze 5 Min. schmoren. Peperoncini hinzufügen, dann wie im Grundrezept weiterverfahren.

3. Die Petersilie waschen, trockenschütteln, die Blätter hacken und unter die Sauce rühren. Mit Salz und Pfeffer abschmecken.

Austausch-Tipp Wie wäre es zur Abwechslung mit Tunfisch statt Hackfleisch? Dafür den Inhalt einer Dose Tunfisch im eigenen Saft abtropfen lassen, zerpflücken und zum Schluss unter die Sauce rühren. Nach Belieben noch eine Hand voll schwarze Oliven zufügen.

Einladung zum Vorratskochen

Leuchtend rot und voller Reife, dazu ein Aroma, das nach Sommer und Sonne schmeckt, ist die Tomate. Kein Gemüse lässt sich so gut eindosen wie sie. Aber es gibt Dinge, die man einfach selbst machen muss. Zum Beispiel das Sugo für den Winter einwecken! Fertige Tomatensauce durch die Gemüsemühle (Flotte Lotte) passieren, in kleine Einmachgläser füllen und sterilisieren. Dazu die Fettpfanne des Ofens mit Wasser füllen und die Gläser hineinstellen. Im vorgeheizten Ofen bei 220° (2. Schiene, Umluft 200°) 40–50 Min. einkochen. Die Garzeit beginnt, wenn Bläschen emporsteigen.

Auch super für ein Tomatenketchup:

Tomatensauce nach dem Grundrezept S. 74 zubereiten, passieren und im Topf mit 6 EL Weißweinessig, 1 EL Fruchtzucker und 1 TL Senfpulver offen bei schwacher Hitze weitere 30 Min. unter Rühren einkochen, bis die Sauce dicklich ist. Ketchup kochend heiß in Gläser füllen und diese sofort verschließen. Es hält sich wochenlang. Ein angebrochenes Glas im Kühlschrank aufbewahren und rasch aufbrauchen.

Tomaten-Fenchelsauce

mit leichter Anisnote

30 Min. + 20–40 Min. Garen

pro Portion ca. 150 kcal

6 g Eiweiß · 7 g Fett · 11 g Kohlenhydrate

ZUTATEN FÜR 2 PORTIONEN

1 Fenchelknolle (ca. 300 g)
1 kleine Zwiebel
1 Knoblauchzehe
1 TL Fenchelsamen
1 EL Olivenöl
4 EL trockener Weißwein
1 kleine Dose Tomaten (400 g Inhalt)
1 TL italienische TK-Kräuter
Salz · Pfeffer

ZUBEREITUNG

1. Den Fenchel waschen, vierteln, putzen und das Fenchelgrün zum Garnieren beiseite legen. Fenchelviertel in sehr feine Streifen schneiden. Zwiebel und Knoblauch schälen, beides fein würfeln. Fenchelsamen im Mörser grob zerstoßen.

2. Das Öl in einem Topf erhitzen, Zwiebel und Knoblauch darin glasig dünsten. Fenchelstreifen zugeben und kurz mitdünsten. Wein angießen und zugedeckt bei mittlerer Hitze weitere 3 Min. dünsten. Fenchelsamen und Tomaten unterrühren, 1/2 Dose Wasser angießen. Alles mit Kräutern, Salz und Pfeffer würzen und offen bei mittlerer Hitze mindestens 20 Min., besser 40 Min. kochen lassen. Fenchelgrün waschen, hacken und darüber streuen.

Tuning-Tipp Wer's würziger mag, schmeckt die Sauce mit 1/2 TL Chilipulver scharf ab.

Sugo al tofu

blitzschnell

20 Min.

pro Portion ca. 120 kcal

5 g Eiweiß · 8 g Fett · 7 g Kohlenhydrate

ZUTATEN FÜR 2 PORTIONEN

1 Dose gehäutete Tomaten (400 g Inhalt)
1 kleine Zwiebel
1 Knoblauchzehe
1 EL Olivenöl
1 TL italienische TK-Kräuter
Salz · Pfeffer
75 g Seidentofu (Reformhaus)
1/2 Bund Basilikum

ZUBEREITUNG

1. Die Tomaten in einem Sieb abtropfen lassen, dann klein schneiden. Zwiebel und Knoblauch schälen, beides in sehr kleine Würfel schneiden.

2. Das Öl erhitzen, Zwiebel und Knoblauch mit den fein zerriebenen Kräutern bei mittlerer Hitze 2–3 Min. andünsten. Tomaten dazugeben, salzen und pfeffern, mindestens 10 Min. köcheln lassen.

3. Die Sauce vom Herd nehmen, den Tofu einrühren und alles mit dem Pürierstab fein pürieren. Mit Salz und Pfeffer abschmecken. Die Sauce erhitzen, aber nicht mehr kochen lassen. Basilikum waschen und trockenschütteln, die Blättchen hacken und unterrühren.

Paprikasauce mit Erdnüssen

schmeckt auch Kindern
30 Min.
pro Portion ca. 245 kcal
8 g Eiweiß · 19 g Fett · 8 g Kohlenhydrate

ZUTATEN FÜR 2 PORTIONEN

50 g ungesalzene, geröstete Erdnusskerne
je 1 kleine rote und gelbe Paprikaschote
1 kleine Zwiebel
1 Knoblauchzehe
1 EL Olivenöl
2 TL Paprikamark
1/8 l Gemüsebrühe
Salz · Pfeffer
1/2 TL edelsüßes Paprikapulver
1–2 TL Zitronensaft
4 Stängel Petersilie

ZUBEREITUNG

1. Erdnüsse grob hacken, goldbraun rösten, beiseite stellen und abkühlen lassen.

2. Paprikaschoten waschen, halbieren, putzen und klein würfeln (etwa 1 cm). Zwiebel und Knoblauch schälen, beides fein hacken.

3. Öl erhitzen, Zwiebel und Knoblauch darin glasig dünsten. Paprikawürfel zugeben und 3 Min. mitdünsten. Paprikamark einrühren und Brühe angießen. Alles bei mittlerer Hitze in 5–7 Min. bissfest kochen. Die Erdnüsse unterheben. Mit Salz, Pfeffer, Paprikapulver und Zitronensaft würzen. Die Petersilie waschen und trockenschütteln, die Blättchen hacken und darüber streuen.

Pilzrahmsauce

ganz was Feines
30 Min.
pro Portion ca. 105 kcal
4 g Eiweiß · 8 g Fett · 4 g Kohlenhydrate

ZUTATEN FÜR 2 PORTIONEN

150 g kleine Champignons · 100 g Pfifferlinge (oder Shiitakepilze)
1 Schalotte
1 EL Olivenöl
1 TL Weizenmehl (Type 1050)
1/8 l ungesüßter Sojadrink (Reformhaus)
75 ml Gemüsebrühe
Salz · Pfeffer 1–2 TL Zitronensaft
5 Schnittlauchhalme

ZUBEREITUNG

1. Champignons putzen, abreiben und in Scheiben schneiden. Pfifferlinge putzen, grob zerteilen. Schalotte schälen und fein hacken.

2. Öl erhitzen. Schalotte darin glasig dünsten. Die Pilze dazugeben und bei mittlerer Hitze 5 Min. dünsten. Mit Mehl bestäuben und anschwitzen, Sojamilch und Brühe angießen und alles 5–7 Min. köcheln lassen, bis die Sauce sämig ist. Mit Salz, Pfeffer und Zitronensaft würzen. Schnittlauch waschen, trockenschütteln, in Röllchen schneiden und darüber streuen.

Das schmeckt dazu Bandnudeln, Vollkorn-Spätzle oder Pellkartoffeln

GLYX-Basilikum-Pesto

blitzschnell
15 Min.
pro Portion ca. 220 kcal
5 g Eiweiß · 20 g Fett · 4 g Kohlenhydrate

ZUTATEN FÜR 2 PORTIONEN

1 Bund Basilikum (40 g Blätter) · 1 kleine Knoblauchzehe · 2 EL Pinienkerne · 2 EL Frischkäse
Salz · 2 EL Olivenöl
2 EL Nudelkochwasser (oder Gemüsebrühe)
1 EL frisch geriebener Parmesan · Pfeffer

ZUBEREITUNG

1. Basilikumblätter abzupfen und abreiben. Knoblauch schälen und klein schneiden. Beides mit Pinienkernen, Frischkäse und etwas Salz pürieren. Öl zufügen, pürieren, bis eine glatte Paste entsteht.

2. Vor dem Servieren 2 EL Nudelwasser und den Parmesan dazugeben und noch einmal durchrühren oder mixen. Pesto mit Salz und Pfeffer abschmecken.

Kräuter-würzige Käsesauce

frühlingsfrisch
15 Min.
pro Portion ca. 190 kcal
9 g Eiweiß · 12 g Fett · 4 g Kohlenhydrate

ZUTATEN FÜR 2 PORTIONEN

3 Frühlingszwiebeln
1 EL Olivenöl · 50 g Ricotta · 75 g Frischkäse
75 trockener Weißwein (oder Gemüsebrühe)
Salz · Pfeffer · 1–2 TL Zitronensaft · 2 EL frisch gehackte Kräuter (z. B. Schnittlauch, Basilikum, Kerbel)

ZUBEREITUNG

1. Frühlingszwiebeln waschen und putzen, das Weiße klein würfeln, das Grüne in feine Ringe schneiden. Öl erhitzen, Frühlingszwiebeln darin andünsten. Ricotta, Frischkäse und Wein unterrühren, aufkochen und bei schwacher Hitze 5 Min. köcheln lassen. Mit wenig Salz, Pfeffer und Zitronensaft würzen. Sauce eventuell mit 2–3 EL Nudelkochwasser cremig rühren. Kräuter unterrühren, kurz ziehen lassen.

Spinatsauce mit Feta

mediterran
30 Min.
pro Portion ca. 170 kcal
9 g Eiweiß · 13 g Fett · 3 g Kohlenhydrate

ZUTATEN FÜR 2 PORTIONEN

1 kleine Zwiebel
1 Knoblauchzehe
1 EL Olivenöl
150 g TK-Blattspinat
100 ml Gemüsefond
Salz · Pfeffer · Muskatnuss · 80 g Feta

ZUBEREITUNG

1. Zwiebel und Knoblauch schälen, fein würfeln. Öl erhitzen, beides glasig dünsten. Spinat und Fond zugeben und 10 Min. köcheln lassen, ab und zu umrühren. Mit Salz, Pfeffer und Muskat abschmecken. Feta zerbröckeln und zwei Drittel davon in der Sauce zerlaufen lassen. Übrigem Feta über die Sauce streuen.

Tunfisch-Kapern-Sauce

blitzschnell
15 Min.
pro Portion ca. 130 kcal
7 g Eiweiß · 11 g Fett · 0 g Kohlenhydrate

ZUTATEN FÜR 2 PORTIONEN

1 Dose Tunfisch (im eigenen Saft; 60 g, abgetropft) · 1/2 Bund Petersilie · 1 Knoblauchzehe · 1 EL Olivenöl · 1 EL Kapern · Salz
Pfeffer · 2 TL Kapernsud

ZUBEREITUNG

1. Tunfisch zerpflücken. Petersilie waschen und trockenschütteln, die Blättchen hacken. Knoblauch schälen und klein schneiden.

2. Tunfisch mit Petersilie, Knoblauch, Olivenöl und 3–4 EL Nudelkochwasser pürieren. Mit Kapern in 2 Min. erwärmen. Mit Salz, Pfeffer und Kapernsud abschmecken.

Paprikasauce mit Erdnüssen (hinten), GLYX-Basilikum-Pesto (vorne), Kräuter-würzige Käsesauce (rechts)

Mangold-Spaghetti

blitzschnell
20 Min.
pro Portion ca. 390 kcal
15 g Eiweiß · 18 g Fett · 42 g Kohlenhydrate

ZUTATEN FÜR 2 PORTIONEN

- 1 EL Pinienkerne
- 120 g Weizenkeim-Spaghetti · Salz
- 300 g Mangold
- 150 g Kirschtomaten
- 1 Schalotte
- 1 Knoblauchzehe
- 2 EL Olivenöl
- Pfeffer
- 1/2 TL getrockneter Oregano
- 2 EL frisch geriebener Parmesan

ZUBEREITUNG

1. Pinienkerne rösten und abkühlen lassen. Nudeln in kochendem Salzwasser nach Packungsangabe bissfest garen. Mangold waschen und putzen. Die Stiele klein würfeln, die Blätter in Streifen schneiden und hacken. Tomaten waschen und halbieren. Schalotte und Knoblauch schälen, beides fein hacken.

2. Öl heiß werden lassen. Schalotte, Knoblauch und Mangoldstiele darin 3 Min. andünsten. Mangoldblätter und Tomaten dazugeben, mit Salz, Pfeffer und Oregano würzen und weitere 3 Min. dünsten. Nudeln abtropfen lassen. Mit Gemüse und Pinienkernen vermischen. Mit Parmesan bestreuen.

Tuning-Tipp Mangold-Spaghetti in eine Gratinform geben. Mit Parmesan bestreuen und mit 50 g Mozzarella in Scheiben belegen. Im Backofen bei 220° (Mitte, Umluft nicht geeignet!) in 5 Min. überbacken.

Grüne Tagliatelle mit Kohlrabi

preiswert
30 Min.
pro Portion ca. 520 kcal
16 g Eiweiß · 23 g Fett · 54 g Kohlenhydrate

ZUTATEN FÜR 2 PORTIONEN

- 6–8 Walnusskerne (ca. 25 g)
- 1 großer Kohlrabi
- 1 Schalotte
- 1 Knoblauchzehe
- 120 g grüne Tagliatelle
- Salz · 1 EL Olivenöl
- 100 ml trockener Weißwein
- 200 ml Gemüsefond (oder Gemüsebrühe)
- Pfeffer
- 50 g Gorgonzola
- 1/2 Bund Petersilie

ZUBEREITUNG

1. Nüsse grob hacken, rösten, beiseite stellen und abkühlen lassen. Kohlrabi schälen und in feine Stifte schneiden. Schalotte und Knoblauch schälen, beides fein würfeln.

2. Nudeln in kochendem Salzwasser bissfest garen, abtropfen lassen. Öl erhitzen, Schalotte, Knoblauch und Kohlrabi darin bei schwacher Hitze andünsten. Wein angießen und bei starker Hitze in 5 Min. einkochen lassen. Fond zugeben und weitere 3 Min. kochen lassen. Mit Salz und Pfeffer würzen.

3. Nudeln und Nüsse in der Pfanne mit dem Gemüse wenden, salzen und pfeffern. Gorgonzola zerbröckeln und darauf verteilen. Petersilie waschen, trockenschütteln, die Blättchen hacken und darüber streuen.

Tuning-Tipp 8 Kirschtomaten halbieren und mit den Nüssen unterheben.

Bohnen-Paprika-Penne

mediterran
30 Min.
pro Portion ca. 415 kcal
16 g Eiweiß · 19 g Fett · 45 g Kohlenhydrate

ZUTATEN FÜR 2 PORTIONEN

- 150 g grüne Bohnen
- Salz · 1 Zweig Bohnenkraut
- 120 g (Vollkorn-)Penne
- je 1 kleine rote und gelbe Paprikaschote
- 1/2 Bund Petersilie
- 3 Stängel Basilikum
- 30 g Emmentaler
- 2 EL Olivenöl · Pfeffer
- 1 EL Zitronensaft

ZUBEREITUNG

1. Bohnen waschen, putzen und halbieren oder dritteln. Reichlich Salzwasser mit dem Bohnenkraut aufkochen lassen, Nudeln und Bohnen darin in 8–10 Min. bissfest garen.

2. Paprikaschoten waschen, halbieren, putzen, in feine Streifen schneiden. Petersilie waschen, Basilikum abreiben. Die Blätter abzupfen und hacken. Nudeln mit Bohnen abgießen, abtropfen lassen. Käse reiben.

3. Das Öl erhitzen, die Paprikastreifen darin unter Wenden 3 Min. andünsten. Nudeln mit Bohnen dazugeben und 2 Min. darin wenden. Mit Salz, Pfeffer und Zitronensaft würzen. Kräuter unterheben und kurz ziehen lassen. Mit Käse bestreut sofort servieren.

Speed-Tipp Noch schneller geht's, wenn Sie statt der frischen grünen Bohnen tiefgekühlte Bohnen verwenden. Diese direkt aus der Packung mit den Nudeln ins kochende Wasser geben.

Chinesische Nudelpfanne

für große und kleine Asienfans
30 Min.
pro Portion ca. 230 kcal
5 g Eiweiß · 9 g Fett · 26 g Kohlenhydrate

ZUTATEN FÜR 2 PORTIONEN

- 100 g Glasnudeln
- 1 dünne Stange Lauch
- 1 Möhre
- 100 g Shiitakepilze (oder Egerlinge)
- 2 Stangen Staudensellerie
- 1 Knoblauchzehe
- 1 EL Erdnussöl
- Salz · Pfeffer
- 2 EL helle Sojasauce
- 1 EL ungesalzene Erdnusskerne
- 1/2 Bund Schnittlauch

ZUBEREITUNG

1. Glasnudeln mit kochendem Wasser überbrühen und 10 Min. quellen lassen, in einem Sieb abtropfen lassen und mit der Küchenschere kürzer schneiden. Lauch, Möhre, Pilze und Sellerie putzen und waschen oder schälen, in feine Streifen schneiden. Knoblauch schälen, fein hacken.

2. Das Öl erhitzen, den Knoblauch darin kurz andünsten. Gemüse hinzufügen, unter Rühren in 3–4 Min. bissfest garen. Mit Salz, Pfeffer und Sojasauce würzen. Glasnudeln untermischen und 2–3 Min. ziehen lassen.

3. Erdnüsse grob hacken. Den Schnittlauch waschen, trockenschütteln und in Röllchen schneiden. Mit den Nüssen unter die Nudelpfanne ziehen.

Speed-Tipp Wenn es superflott gehen muss, 400 g tiefgekühltes China-Pfannengemüse aus der Packung nehmen und während der eingesparten Schnippelzeit den Tisch decken.

Mangold-Spaghetti (vorne), Grüne Tagliatelle mit Kohlrabi (hinten)

Grundrezept Vollkornnudeln

besonders reich an Eiweiß
1 Std. + 1 Std. Ruhen
pro Portion ca. 155 kcal
6 g Eiweiß · 1 g Fett · 30 g Kohlenhydrate

ZUTATEN FÜR 5 PORTIONEN
(ca. 500 g NUDELN)
250 g feines Kamutmehl (Urgetreide; Reformhaus) · Meersalz
feines Vollkornmehl zum Arbeiten

ZUBEREITUNG

1. Mehl mit 2 TL Meersalz und 150 ml lauwarmem Wasser in einer Schüssel mit den Knethaken des Handrührgerätes mischen und verkneten. Eventuell noch 2–3 EL Flüssigkeit nach und nach unterarbeiten.

2. Teig auf einer bemehlten Arbeitsfläche kneten, bis er warm und elastisch ist. Zur Kugel formen, in Folie bei Zimmertemperatur (nicht im Kühlschrank!) ca. 1 Std. ruhen lassen.

3. Den Teig kneten, portionsweise auf einer bemehlten Arbeitsfläche etwa 2 mm dünn ausrollen oder durch die Nudelmaschine drehen, dabei immer wieder mit Mehl bestäuben. Aus der Teigplatte Bandnudeln schneiden. Oder den Teig durch die Nudelmaschine drehen. Oder mit einem Messer oder Backrädchen geometrische Formen (Rauten, Quadrate, Rechtecke) schneiden. Nudeln abheben, lockern und mit wenig Mehl bestäuben. Bis zum Kochen auf Tüchern antrocknen lassen.

4. Reichlich Salzwasser aufkochen lassen, die Nudeln darin bei schwacher Hitze leicht wallend in 5–7 Min. bissfest garen. Abgießen, kurz abtropfen lassen und mit einer Nudelsauce nach Wahl (Rezepte S. 74–77) anrichten.

Austausch-Tipp Die Hälfte des Kamutmehls durch Grünkern-, Roggen- oder Buchweizen-Vollkornmehl ersetzen.

GLYX-Tipp Wer Nudeln aus Mehl und Wasser – ohne Eier – zubereitet, sollte fein gemahlenes Kamutmehl verwenden. Das Kamut, eine uralte Getreideart aus Ägypten und die Urform des heutigen Durum-Hartweizens, enthält besonders viel pflanzliches Eiweiß, das als »Kleber« bei Zusatz von Wasser das Mehl bindet. Die Nudeln bleiben beim Kochen bissfest und werden nicht pappig. Das Kamutkorn ist sehr hart – am besten in 3 Stufen mahlen: ganzes Korn erst schroten, dann zu feinem Schrot und zu Mehl verarbeiten.

Kernig & sportlich: Nudeln selber machen

Wer selbst Nudeln zubereitet, braucht keine Frühgymnastik mehr. Kneten und Ausrollen stärkt die Muskeln. Der Nudelteig wird papierdünn ausgerollt, am besten in kleinen, tennisballgroßen Portionen. Gute Dienste leistet dabei ein richtiges Nudelholz. Im Gegensatz zu einer Teigrolle hat es keine beweglichen Griffe und überträgt die Kraft direkt auf den Teig.

Ohne Mühe – Nudeln aus der Maschine

Nudelteig so oft durch die glatten Walzen drehen, bis ein elastisches, hauchdünnes Band entsteht. Dabei den Teig immer wieder mit Mehl bestäuben und den Walzenabstand von Mal zu Mal enger stellen. Teigbänder kurz antrocknen lassen, dann über die geriffelten Schneidewalzen schicken. Je nach Einstellung quellen glatte Bandnudeln in der gewünschten Breite oder Spaghetti heraus.

Chili-Paprika-Spaghetti

dezent scharf
45 Min. + 1 Std. Ruhen
pro Portion ca. 310 kcal
11 g Eiweiß · 12 g Fett · 39 g Kohlenhydrate

ZUTATEN FÜR 4 PORTIONEN (ca. 500 g NUDELN)

1 EL edelsüßes Paprikapulver
1 EL Chiliflocken (türkisches Lebensmittelgeschäft; ersatzweise Cayennepfeffer)
2 EL Rapsöl
250 g feines Roggen-Vollkornmehl (oder Roggenmehl Type 1370) · 2 Eier · 1 Eigelb
Meersalz · feines Vollkornmehl zum Arbeiten

ZUBEREITUNG

1. Paprikapulver und Chiliflocken mit Öl verrühren. Mehl auf eine Arbeitsfläche häufen, eine Mulde in die Mitte drücken. Eier, Eigelb, 2 TL Meersalz und die Paprikamischung in die Mulde geben. Alles wie im Grundrezept (Seite 80) zu einem elastischen Teig verarbeiten, dabei nach und nach 8 EL lauwarmes Wasser einarbeiten. Den Teig 1 Std. ruhen lassen.

2. Teig auf einer bemehlten Arbeitsfläche dünn ausrollen oder durch die glatten Walzen der Nudelmaschine drehen. Kurz antrocknen lassen, in 2–3 mm dünne Bandnudeln schneiden oder durch die Spaghetti-Schneidewalzen der Nudelmaschine drehen. Antrocknen lassen, in reichlich Salzwasser in 1–2 Min. garen.

Das schmeckt dazu Paprikasauce mit Erdnüssen (Rezept S. 76)

Grüne Eier-Tagliatelle

kernig
50 Min. + 1 Std. Ruhen
pro Portion ca. 230 kcal
9 g Eiweiß · 8 g Fett · 32 g Kohlenhydrate

ZUTATEN FÜR 4 PORTIONEN (ca. 400 g NUDELN)

200 g Blattspinat (oder aufgetauter TK-Spinat)
Meersalz · 1 EL Olivenöl
100 g fein gemahlener Grünkern
100 g feines Dinkel-Vollkornmehl (oder Dinkelmehl Type 1050)
1 Ei · 1 Eigelb
feines Vollkornmehl zum Ausrollen

ZUBEREITUNG

1. Spinat waschen, verlesen und in kochendem Salzwasser 1 Min. blanchieren. Herausnehmen, abschrecken und gut ausdrücken. Mit Olivenöl fein pürieren.

2. Beide Mehlsorten auf einer Arbeitsfläche mischen, in die Mitte eine Mulde drücken. Ei, Eigelb und 2 TL Salz in die Mulde geben. Von der Mitte aus alles zu einem elastischen Teig verkneten, dabei nach und nach das Spinatpüree und eventuell noch 2–3 EL Wasser unterkneten. Den Teig in Folie wickeln und 1 Std. ruhen lassen.

3. Teig wie im Grundrezept auf S. 80 weiter verarbeiten und etwa 1 cm breite Bandnudeln ausschneiden. Antrocknen lassen, in Salzwasser 2–3 Min. kochen lassen.

Austausch-Tipp Sie können die Nudeln auch mit einem Püree aus Mangoldblättern, Bärlauch oder Löwenzahn grün färben.

Ravioli mit Ricotta-Gemüse-Füllung

mit Liebe gemacht
1 Std. 15 Min. + 1 Std. 15 Min. Ruhen
pro Portion ca. 320 kcal
16 g Eiweiß · 10 g Fett · 41 g Kohlenhydrate

ZUTATEN FÜR 4 PORTIONEN

1 Grundrezept Nudelteig für Vollkorn-Nudeln (Rezept S. 80)
1 Stange Staudensellerie · 1 kleine Möhre · 100 g Zucchini
1 EL Olivenöl
1/2 TL frisch gehackter Thymian · Salz · Pfeffer
100 g Ricotta
100 g Magerquark
2 EL frisch geriebener Parmesan · 1 Ei

ZUBEREITUNG

1. Den Nudelteig nach dem Grundrezept auf S. 80 zubereiten und ruhen lassen.

2. Staudensellerie, Möhre und Zucchini waschen, putzen bzw. schälen und sehr klein würfeln. Öl erhitzen und Gemüsewürfel darin unter Rühren in 3–4 Min. bissfest braten. Mit Thymian, Salz und Pfeffer würzen. Gemüse etwas abkühlen lassen, mit Ricotta, Quark, Parmesan und Ei vermischen.

3. Den Nudelteig in 4 Portionen teilen, das erste Viertel auf einer bemehlten Fläche oder mit der Nudelmaschine dünn ausrollen. Darauf im Abstand von etwa 5 cm je 1 Tupfer Füllung geben, Teigflächen dazwischen dünn mit Wasser bestreichen.

4. Das zweite Viertel dünn ausrollen und auf die Füllung legen. Teig rund um die Füllung leicht andrücken. Mit einem Teigrädchen Ravioli ausschneiden. Übrigen Teig genauso füllen. Die Ravioli 15 Min. ruhen lassen. In kochendem Salzwasser in 4–5 Min. garen, abgießen und abtropfen lassen.

Das schmeckt dazu Tomatensauce (Rezept S. 74) oder **Salbei-Olivenöl:** Dafür 4 Salbeiblätter in Streifen schneiden. 4 EL Olivenöl erhitzen, Salbei darin kurz braten und über die Ravioli gießen.

Ravioli mit Ricotta-Gemüse-Füllung

Gurken mit Wildreis-Füllung

schmeckt auch Kindern
50 Min. + 20 Min. Backen

pro Portion ca. 370 kcal
14 g Eiweiß · 15 g Fett · 43 g Kohlenhydrate

ZUTATEN FÜR 2 PORTIONEN

80 g Naturreis mit Wildreis · 325 ml Gemüsebrühe · 2 Schmorgurken (je etwa 300 g) · Salz
100 g kleine Egerlinge (oder Champignons)
2 Tomaten · 1 kleine Zwiebel · 1 EL Olivenöl
Pfeffer · 1 Ei · 1–2 EL Vollkorn-Semmelbrösel
2 EL gehackte Petersilie
30 g Ziegen-Gouda

ZUBEREITUNG

1. Den Reis in 200 ml Brühe aufkochen lassen, zugedeckt bei schwacher Hitze nach Packungsangabe 40–45 Min. garen. Abgießen und abtropfen lassen.

2. Gurken schälen, längs halbieren und entkernen, salzen. Pilze putzen, abreiben und in dünne Scheiben schneiden. Stielansatz der Tomaten entfernen. Tomaten kurz überbrühen, häuten, vierteln, entkernen und klein würfeln. Zwiebel schälen, fein hacken.

3. Ofen auf 200° vorheizen. Öl erhitzen, Zwiebel darin glasig dünsten. Pilze und Tomaten bei mittlerer Hitze 5 Min. mitdünsten, salzen und pfeffern.

4. Reis, Ei, Semmelbrösel und Petersilie unterrühren. Die Gurkenhälften damit füllen, in eine feuerfeste Form setzen. Käse darüber bröckeln. Übrige Brühe seitlich in die Form gießen. Im Ofen (Mitte, Umluft 180°) 20 Min. backen.

Austausch-Tipp Die Gurken anstelle von Ziegen-Gouda mit Mozzarella belegen.

Speed-Tipp Wer es eilig hat und 30 Min. Garzeit einsparen möchte, nimmt statt der Reis-Wildreismischung parboiled Naturreis.

Reisbratlinge mit Tofu

schmecken auch kalt
10 Min.

pro Portion ca. 450 kcal
15 g Eiweiß · 25 g Fett · 39 g Kohlenhydrate

ZUTATEN FÜR 2 PORTIONEN

150 g Blumenkohlröschen · 1 kleine Zwiebel
1 kleine Knoblauchzehe
1 1/2 EL Rapsöl
60 g Parboiled-Naturreis
200 ml Gemüsebrühe
Salz · Pfeffer
75 g fester Tofu · 1 Ei
1–2 EL Vollkorn-Semmelbrösel · 2 TL helle Sojasauce · 4 EL Sesamsamen

ZUBEREITUNG

1. Blumenkohlröschen waschen. Zwiebel und Knoblauch schälen, beides fein würfeln. 1/2 TL Öl erhitzen, die Zwiebel und Knoblauch kurz anbraten. Reis und Blumenkohl dazugeben, mit Brühe aufgießen, salzen und pfeffern. Zugedeckt bei schwacher Hitze in 15 Min. quellen, dann offen ausdampfen lassen.

2. Reis, Blumenkohl und Tofu mit dem Pürierstab fein pürieren. Mit Ei und Semmelbröseln mischen, mit Salz, Pfeffer und Sojasauce würzen. Aus der Masse mit nassen Händen 6 handtellergroße Frikadellen formen, in Sesam wenden.

3. Übriges Öl in einer beschichteten Pfanne erhitzen, die Bratlinge von jeder Seite in jeweils 5 Min. goldbraun braten.

Das schmeckt dazu Gemischte Blattsalate mit Joghurt-Dressing mit Kräutern (Rezept S. 57), Tomatensauce (Rezept S. 74)

Mitnehm-Tipp Die Frikadellen in einer Frischhaltebox mit an den Arbeitsplatz nehmen. Dazu den Meerrettich-Apfel-Dip (Rezept S. 69) reichen und separat verpacken.

Bunter Gemüsereis

ganz einfach
1 Std.

pro Portion ca. 330 kcal
7 g Eiweiß · 9 g Fett · 55 g Kohlenhydrate

ZUTATEN FÜR 2 PORTIONEN

1 Schalotte
1 Knoblauchzehe
1 EL Olivenöl
125 g Naturreis
1 TL edelsüßes Paprikapulver · 1/4 l Gemüsebrühe · Salz · Pfeffer
je 1/2 kleine rote, gelbe und grüne Paprikaschote
50 g TK-Erbsen
2 TL Aceto balsamico
1/2 Bund Petersilie

ZUBEREITUNG

1. Schalotte und Knoblauch schälen, beides fein würfeln. Öl erhitzen, Schalotte und Knoblauch glasig dünsten. Reis und Paprikapulver dazugeben, unter Rühren kurz mitdünsten. Brühe angießen, salzen und pfeffern. Zugedeckt nach Packungsangabe bei schwacher Hitze 30–40 Min. garen, bis die Flüssigkeit fast aufgesogen ist.

2. Inzwischen die Paprikaschoten waschen, halbieren, putzen und in kleine Würfel schneiden. Mit den Erbsen unter den Reis mischen, zugedeckt bei schwacher Hitze weitere 10 Min. garen.

3. Mit Salz, Pfeffer und Essig abschmecken. Petersilie waschen und trockenschütteln, die Blättchen hacken und untermischen.

Tuning-Tipp Liebhaber von Fleisch können dazu Hähnchenbrust- oder Lammfilet braten und genießen.

Speed-Tipp Wenn's mal fix gehen muss – parboiled Naturreis verwenden.

Reisbratlinge mit Tofu

Bunter Gemüsereis

7-Korn-Gemüse-Pfanne

für kühle Tage
45 Min.

pro Portion ca. 435 kcal
16 g Eiweiß · 19 g Fett · 51 g Kohlenhydrate

ZUTATEN FÜR 2 PORTIONEN

Salz · 125 g 7-Korn-Mischung (Reis, Hafer, Gerste, Dinkel, Wildreis, Weizen, Roggen; Packung) 100 g Möhren · 1 dünne Stange Lauch · 100 g Staudensellerie · 250 g Weißkohl · 2 EL Rapsöl · Pfeffer 1/8 l Gemüsebrühe Muskatnuss, frisch gerieben · 30 g Pecorino (oder Parmesan) 1/2 Bund Petersilie

ZUBEREITUNG

1. 1/4 l Salzwasser aufkochen, 7-Korn-Mischung dazugeben und zugedeckt bei schwacher Hitze 20 Min. köcheln lassen.

2. Möhren schälen, Lauch putzen und waschen, beides in streichholzfeine Streifen schneiden. Staudensellerie putzen, in dünne Scheiben schneiden. Den Kohl waschen, vom Strunk befreien und in feine Streifen schneiden.

3. Das Öl in einer großen Pfanne erhitzen, Gemüse darin 3 Min. andünsten, salzen und pfeffern. Brühe angießen und zugedeckt bei schwacher Hitze 10 Min. köcheln lassen.

4. Die Körner abgießen und abtropfen lassen, zum Gemüse in die Pfanne geben und wenden, bis die Flüssigkeit verdampft ist. Mit Salz, Pfeffer und Muskat würzen.

5. Pecorino grob raspeln. Petersilie waschen und trockenschütteln, die Blättchen hacken. Mit Käse über die Gemüsepfanne streuen.

Tuning-Tipp 150 g Hähnchenbrustfilet-Streifen kurz braten und zum Schluss unterheben.

Quinoa-Tortilla

Omelett auf spanisch
45 Min.

pro Portion ca. 350 kcal
17 g Eiweiß · 18 g Fett · 29 g Kohlenhydrate

ZUTATEN FÜR 2 PORTIONEN

75 g Quinoa (Getreideart; Bioregal des Supermarkts)
150 ml Gemüsebrühe
1 kleiner Zucchino
1 kleine rote Paprikaschote · 1 kleine Zwiebel
1 Knoblauchzehe
1 EL Olivenöl
3 Eier · 2 EL Milch
1 TL frisch gehackter Thymian (oder getrockneter) · Salz · Pfeffer

ZUBEREITUNG

1. Quinoa in der Brühe aufkochen lassen. Zugedeckt bei schwacher Hitze 15 Min. quellen, dann offen ausdampfen lassen.

2. Inzwischen Zucchino und Paprikaschote waschen, putzen und in kleine Würfel schneiden. Zwiebel und Knoblauch schälen, beides fein hacken.

3. Das Olivenöl in einer mittelgroßen Pfanne erhitzen, Zwiebel und Knoblauch darin glasig dünsten. Paprika, Zucchino und Quinoa dazugeben und unter Rühren 5 Min. mitdünsten.

4. Eier und Milch mit Thymian, Salz und Pfeffer verquirlen. In die Pfanne gießen, ohne Rühren bei mittlerer Hitze 10 Min. stocken lassen. Die Tortilla zugedeckt weitere 3–4 Min. ziehen lassen.

Tuning-Tipp Wer es gerne würzig mag, streut 30 g geriebenen Gouda auf die fertige Tortilla. Zugedeckt 3–4 Min. ziehen lassen, bis der Käse geschmolzen ist.

Austausch-Tipp Auf die gleiche Art können Sie ein Amaranth-Omelett oder eine Bulgur-Tortilla zubereiten. Einfach den groben Weizengrieß mit der kochenden Brühe übergießen und 10 Min. quellen lassen. Dann wie im Rezept beschrieben zubereiten.

Das schmeckt dazu Grüner Salat mit GLYX-Vinaigrette (Rezept S. 56)

Tomaten-Weizen-Risotto

Überraschung alla italiana
40 Min. + 1 Std. 30 Min.
pro Portion ca. 450 kcal
18 g Eiweiß · 16 g Fett · 50 g Kohlenhydrate

ZUTATEN FÜR 2 PORTIONEN

1 kleine Zwiebel
1 kleine Knoblauchzehe
30 g schwarze Oliven
100 g Kirschtomaten
50 g Rucola
1 Dose Tomaten (400 g Inhalt)
1 EL Olivenöl
125 g vorgegarter Hartweizen (Packung)
80 ml trockener Weißwein
1/4 l Gemüsebrühe
Salz · Pfeffer
75 g Feta

ZUBEREITUNG

1. Zwiebel und Knoblauch schälen, beides fein würfeln. Oliven in Streifen vom Stein schneiden. Tomaten waschen und halbieren. Rucola waschen, trockenschütteln, von groben Stielen befreien, grob hacken. Tomaten aus der Dose abtropfen lassen und würfeln.

2. Das Öl erhitzen, Zwiebel und Knoblauch glasig dünsten. Hartweizen und Oliven dazugeben, kurz mitdünsten. Mit dem Wein ablöschen und verdampfen lassen. Nach und nach die heiße Brühe dazugießen. Hartweizen bei mittlerer Hitze 10–15 Min. offen garen, ab und zu umrühren. Mit Salz und Pfeffer würzen.

3. Tomatenwürfel und Kirschtomaten 5 Min. mitgaren. Kurz vor Ende der Garzeit den Rucola untermischen. Feta darüber bröckeln.

Austausch-Tipp Schmeckt mit Naturreis.

GLYX-Tipp Statt Hartweizen 125 g ganze Weizenkörner in 1/4 l kaltem Wasser 6–10 Std. einweichen, abtropfen lassen und 40–50 Min. mitgaren.

Curry-Brokkoli-Bulgur

indisch inspiriert
40 Min.
pro Portion ca. 420 kcal
12 g Eiweiß · 17 g Fett · 15 g Kohlenhydrate

ZUTATEN FÜR 2 PORTIONEN

1/8 l ungesüßte Kokosmilch (Dose)
Salz · 125 g Bulgur
250 g Brokkoli
1 kleine Zwiebel
1 kleine Knoblauchzehe
1 Stück frischer Ingwer (haselnussgroß)
1 EL Rapsöl
1 EL Currypulver
150 ml Gemüsebrühe
Pfeffer
1 EL Limettensaft

ZUBEREITUNG

1. Kokosmilch mit 1/4 TL Salz aufkochen, Bulgur einrühren und zugedeckt 10 Min. quellen lassen.

2. Brokkoli waschen, putzen und in Röschen teilen, Stiele schälen und klein würfeln. Beides in kochendem Salzwasser 3 Min. garen, abschrecken und abtropfen lassen.

3. Zwiebel, Knoblauch und Ingwer schälen und fein würfeln. Öl erhitzen, Zwiebel, Knoblauch und Ingwer darin andünsten, mit Curry bestäuben und kurz anschwitzen. Brühe angießen und 3 Min. köcheln lassen.

4. Bulgur und Brokkoli unterrühren, 5 Min. ziehen lassen. Mit Salz, Pfeffer und Limettensaft abschmecken.

Mehr draus machen Curry-Brokkoli-Bulgur für 3 Personen als Beilage zu gebratenem Hähnchen- oder Fischfilet servieren.

Austausch-Tipp Brokkoli zur Abwechslung durch Blumenkohl (5 Min. blanchieren) oder Romanesco ersetzen.

Frühlingsgemüse

schmeckt auch Kindern
25 Min.
pro Portion ca. 105 kcal
9 g Eiweiß · 7 g Fett · 17 g Kohlenhydrate

ZUTATEN FÜR 2 PORTIONEN

150 g grüner Spargel
200 g Kohlrabi
60 g Zuckerschoten
125 g Kirschtomaten
Salz · Pfeffer
1 EL Olivenöl
etwas abgeriebene Zitronenschale
3 Stängel Basilikum

ZUBEREITUNG

1. Spargel waschen, putzen, im unteren Drittel schälen und schräg in 4–5 cm lange Stücke schneiden. Kohlrabi putzen, schälen und in schmale Spalten schneiden. Zuckerschoten waschen, große Schoten einmal halbieren. Kirschtomaten waschen und halbieren.

2. Kohlrabi und Spargel in wenig kochendem Salzwasser 5 Min. kochen, abgießen, abschrecken und abtropfen lassen. Zuckerschoten 2 Min. kochen, ebenfalls abgießen.

3. Öl erhitzen, Spargel, Kohlrabi und Zuckerschoten darin 3 Min. unter Rühren schwenken. Tomaten unterrühren, mit Salz, Pfeffer und Zitronenschale würzen. Basilikum waschen und trockenschütteln, die Blättchen grob schneiden und darüber streuen.

Das schmeckt dazu Sesam-Hähnchenbrustfilets oder Putenschnitzel mit Erdnusskruste (beide Rezepte S. 117)

Zucchini-Joghurt-Gemüse

orientalisch
25 Min.
pro Portion ca. 130 kcal
4 g Eiweiß · 9 g Fett · 8 g Kohlenhydrate

ZUTATEN FÜR 2 PORTIONEN

150 g Zwiebeln
1 kleine Knoblauchzehe
250 g junge Zucchini
1 EL Olivenöl
Salz · Pfeffer
1/2 TL gemahlener Kreuzkümmel
2 Msp. rosenscharfes Paprikapulver
1–2 TL Zitronensaft
1/2 Bund Petersilie
100 g Naturjoghurt

ZUBEREITUNG

1. Zwiebeln schälen, halbieren und in feine Streifen schneiden. Knoblauch schälen. Zucchini waschen, putzen und grob raspeln.

2. Öl in einer Pfanne erhitzen, Zwiebeln glasig dünsten. Knoblauch dazudrücken, Zucchiniraspel hinzufügen und bei mittlerer Hitze unter Wenden 5 Min. dünsten. Mit Salz, Pfeffer, Kreuzkümmel, Paprikapulver und Zitronensaft kräftig abschmecken.

3. Die Petersilie waschen und trockenschütteln, die Blättchen hacken. Gemüse vom Herd nehmen, Joghurt und Petersilie unterheben und alles kurz erwärmen, aber nicht kochen lassen.

Das schmeckt dazu Gebratene Lammfilets, auch Hähnchen- oder Putenbrustfilets

Preiselbeer-Rotkraut

klassisch gut
50 Min.
pro Portion ca. 165 kcal
2 g Eiweiß · 7 g Fett · 19 g Kohlenhydrate

ZUTATEN FÜR 2 PORTIONEN

300 g Rotkohl
1 kleine Zwiebel
1/2 kleiner säuerlicher Apfel (z. B. Boskoop)
1 EL Rapsöl
50 ml trockener Rotwein
100 ml Gemüsebrühe
1 EL Rotweinessig
2 EL Wildpreiselbeeren mit Apfeldicksaft (Glas; Reformhaus)
2 Gewürznelken
1 Lorbeerblatt
Salz · Pfeffer

ZUBEREITUNG

1. Den Kohl waschen, putzen und in feine Streifen schneiden. Zwiebel schälen und fein würfeln. Apfel waschen, vierteln, entkernen und in kleine Stücke schneiden.

2. Öl in einem Topf erhitzen, Zwiebel darin glasig dünsten. Apfel und Rotkohl dazugeben, 5 Min. anschwitzen. Wein, Brühe, Essig, Preiselbeeren, Nelken und Lorbeerblatt untermischen. Zugedeckt bei mittlerer Hitze in 30 Min. garen. Mit Salz und Pfeffer abschmecken.

Das schmeckt dazu Hirsch- oder Rehmedaillons, Entenbrustfilet (ohne Haut!)

Mehr draus machen Gleich einen ganzen Rotkohl verarbeiten und das Gemüse portionsweise einfrieren.

Blumenkohl-Möhren-Gemüse

schmeckt auch Kindern
30 Min.
pro Portion ca. 160 kcal
3 g Eiweiß · 13 g Fett · 7 g Kohlenhydrate

ZUTATEN FÜR 2 PORTIONEN

100 g Möhre
250 g Blumenkohl
1 EL Rapsöl
1 TL Butter
Salz · Pfeffer
Muskatnuss, frisch gerieben
200 ml Gemüsebrühe
2 EL Schmand
1/2 Kästchen Kresse

ZUBEREITUNG

1. Die Möhre putzen, schälen und schräg in Scheiben schneiden. Blumenkohl waschen, putzen und in kleine Röschen teilen.

2. Öl und Butter in einem breiten Topf schmelzen lassen, Gemüse darin 5 Min. andünsten. Mit Salz, Pfeffer und Muskat würzen. Brühe zugießen, Gemüse zugedeckt bei mittlerer Hitze 10 Min. dünsten.

3. Den Schmand unterrühren, mit Salz, Pfeffer und Muskat abschmecken. Kresse vom Beet abschneiden und über das Gemüse streuen.

Das schmeckt dazu Gedünstetes Fischfilet oder kurz gebratenes Hähnchenbrustfilet, auch Putenschnitzel

Gedämpftes Gemüse mit grüner Sauce

leicht und lecker
40 Min.
pro Portion ca. 300 kcal
15 g Eiweiß · 17 g Fett · 19 g Kohlenhydrate

ZUTATEN FÜR 2 PORTIONEN

- 800 g gemischtes Gemüse (z. B. Baby-Artischocken, Bundmöhren, grüner Spargel, Kohlrabi, Brokkoli)
- Salz · Pfeffer
- 1/4 l Gemüsebrühe
- 250 g Naturjoghurt
- 2 EL saure Sahne
- 1/2 TL Senf
- 1 EL Rapsöl
- 1/2 Bund gemischte Kräuter (z. B. Petersilie, Dill, Schnittlauch, Sauerampfer, Kerbel, Borretsch, Pimpernelle, Zitronenmelisse)
- 1 EL Zitronensaft
- 1 hart gekochtes Ei

ZUBEREITUNG

1. Gemüse waschen und putzen oder schälen. Artischocken ganz lassen, übriges Gemüse in grobe Stücke schneiden. Gemüse in einen Dämpfeinsatz legen, salzen und pfeffern.

2. Brühe in einem passenden Topf aufkochen lassen, Dämpfeinsatz mit Gemüse in den Topf stellen, das Gemüse zugedeckt bei mittlerer Hitze in 20 Min. bissfest dämpfen.

3. Für die Sauce Joghurt, saure Sahne, Senf und Öl verrühren. Kräuter waschen und trockenschütteln, die Blättchen fein hacken und unterrühren. Mit Zitronensaft, Salz und Pfeffer würzen. Ei pellen, fein hacken und untermischen. Die grüne Sauce zum Gemüse servieren.

Das schmeckt dazu Pro Portion 2 kleine Pellkartoffeln oder 1 kleines Roggen-Vollkornbrötchen

Spargel mit Bärlauch-Joghurt-Schaum

glyxliche Maiwonnen
30 Min.
pro Portion ca. 155 kcal
12 g Eiweiß · 6 g Fett · 12 g Kohlenhydrate

ZUTATEN FÜR 2 PORTIONEN

- 1 kg weißer Spargel
- Salz · Pfeffer
- 1 Prise Fruchtzucker
- 1/2 TL Butter
- 20 g Bärlauch (oder Basilikum)
- 1 ganz frisches Eigelb
- 75 g Naturjoghurt
- 1/2 TL Dijon-Senf
- 1 TL Zitronensaft

ZUBEREITUNG

1. Den Spargel waschen, putzen und schälen. In einem Topf 1 1/2 l Wasser mit 1 TL Salz, Zucker und Butter aufkochen lassen. Spargel darin bei mittlerer Hitze 20 Min. garen.

2. Inzwischen den Bärlauch waschen, trockenschütteln, harte Stängel abknipsen und die Blätter fein hacken. Eigelb und Joghurt mit Salz, Pfeffer, Senf und Zitronensaft in einer runden Edelstahlschüssel verrühren. In ein heißes, aber nicht kochendes Wasserbad setzen und mit den Schneebesen schaumig aufschlagen. Bärlauch untermischen, salzen und pfeffern. Spargel herausheben, mit dem Bärlauchschaum anrichten.

Tuning-Tipp Richtig klassisch wird's, wenn Sie pro Portion noch 50 g Wildschwein- oder Lachsschinken und kleine Frühkartoffeln dazureichen.

Pfannengerührtes Tofu-Gemüse

Asia-Kochvergnügen
30 Min.
pro Portion ca. 250 kcal
13 g Eiweiß · 17 g Fett · 12 g Kohlenhydrate

ZUTATEN FÜR 2 PORTIONEN

- 200 g fester Tofu
- 3 EL helle Sojasauce
- 1 TL dunkles Sesamöl
- Salz · Pfeffer
- 1 Bund Frühlingszwiebeln
- 150 g Bambussprossen (Dose, abgetropft)
- 150 g reife Tomaten
- 1 Stück frischer Ingwer (haselnussgroß)
- 1 kleine Knoblauchzehe
- 6 EL Gemüsebrühe
- 1–2 Messlöffel Johannisbrotkernmehl (Bindemittel; Reformhaus)
- 1 1/2 EL Erdnussöl

ZUBEREITUNG

1. Tofu würfeln, in 1 EL Sojasauce, Sesamöl, Salz und Pfeffer wenden und ziehen lassen. Frühlingszwiebeln putzen, waschen und schräg in Ringe schneiden. Bambussprossen in Streifen schneiden, Tomaten waschen und in Spalten schneiden. Ingwer und Knoblauch schälen, beides fein hacken. Brühe mit der übrigen Sojasauce, Salz, Pfeffer und Johannisbrotkernmehl verquirlen.

2. Erst den Wok heiß werden lassen, dann 1/2 EL Öl stark erhitzen. Tofu abtropfen lassen, dabei die Marinade auffangen. Tofu trockentupfen und unter Wenden 2–3 Min. braten. Herausnehmen und beiseite stellen. Im übrigen heißen Öl Ingwer und Knoblauch kurz anrösten. Bambussprossen und Frühlingszwiebeln dazugeben, 2 Min. unter Rühren braten. Mit der Würzsauce und Tofu-Marinade ablöschen und aufkochen lassen. Tomaten und Tofu zugeben, mit Salz und Pfeffer abschmecken.

Dinkelpfannkuchen mit Wintergemüse

schmeckt auch Kindern
40 Min. + 30 Min. Quellen
pro Portion ca. 470 kcal
21 g Eiweiß · 22 g Fett · 46 g Kohlenhydrate

ZUTATEN FÜR 2 PORTIONEN

Für den Teig:

- 2 Eier · 1/4 TL Salz
- 100 g feines Dinkel-Vollkornmehl
- 1/8 l Milch
- 1/8 l Mineralwasser

Für die Füllung:

- 300 g Rosenkohl (oder 250 g aufgetauten TK-Rosenkohl)
- 100 g Möhren
- 300 ml Gemüsebrühe
- 1 kleine Zwiebel
- 1 EL + 2 TL Rapsöl
- 2 TL feines Dinkel-Vollkornmehl
- Salz · Pfeffer
- Muskatnuss, frisch gerieben
- 1/2 Bund Schnittlauch

ZUBEREITUNG

1. Eier und Salz verquirlen. Nach und nach Mehl, Milch und Mineralwasser unterrühren. Den Teig 30 Min. quellen lassen.

2. Rosenkohl waschen, putzen und halbieren oder vierteln. Möhren putzen, schälen und in Scheiben schneiden. Beide Gemüse in der Brühe in 6–8 Min. garen, abgießen und abtropfen lassen, dabei die Brühe auffangen.

3. Zwiebel schälen, fein würfeln. 1 EL Öl erhitzen, die Zwiebel darin glasig dünsten. 2 TL Mehl darüber stäuben, kurz anschwitzen. Mit der aufgefangenen Brühe ablöschen, 5 Min. köcheln. Gemüse zufügen, mit Salz, Pfeffer und Muskat würzen. Schnittlauch waschen, in Röllchen schneiden und untermischen.

4. In einer beschichteten Pfanne (24 cm Ø) das übrige Öl erhitzen. Jeweils eine Schöpfkelle Teig hineingeben und nacheinander bei mittlerer Hitze in 6 Min. 4 Pfannkuchen backen. Mit Gemüse füllen, sofort servieren.

Gemüsecurry

indisch inspiriert
40 Min.
pro Portion ca. 390 kcal
11 g Eiweiß · 22 g Fett · 35 g Kohlenhydrate

ZUTATEN FÜR 2 PORTIONEN

300 g Blumenkohl
1 kleine, rote Paprikaschote
3 Frühlingszwiebeln
75 g TK-Erbsen
1 kleine Zwiebel
1 Knoblauchzehe
2 EL Erdnussöl
1 1/2 EL Currypulver
(oder 1 EL gelbe Currypaste)
1 TL fein gemahlenes Weizen-Vollkornmehl
1/4 l Gemüsefond (oder Gemüsebrühe)
100 ml ungesüßte Kokosmilch (Dose)
150 g Kichererbsen (Dose, abgetropft)
Salz · Pfeffer

ZUBEREITUNG

1. Blumenkohl waschen, putzen und in Röschen teilen. Paprikaschote waschen, vierteln, putzen und in 2–3 cm große Stücke schneiden. Frühlingszwiebeln putzen, das Weiße und Hellgrüne in 3–4 cm lange Stücke schneiden. Erbsen antauen lassen.

2. Zwiebel und Knoblauch schälen, beides fein würfeln. Öl erhitzen, beides darin glasig dünsten. Curry und Mehl dazugeben, kurz anschwitzen. Mit Fond ablöschen. Kokosmilch angießen, Blumenkohl unterrühren und zugedeckt bei mittlerer Hitze 10 Min. kochen.

3. Paprikastücke, Frühlingszwiebeln, Erbsen und Kichererbsen hinzufügen, offen in 3–4 Min. garen, salzen und pfeffern.

Das schmeckt dazu Natur-Basmatireis

Tuning-Tipp Cool-down für die Schärfe: 150 g Naturjoghurt mit 1–2 EL Limettensaft und 1 EL gehacktem Koriandergrün verrühren und dazu servieren.

Austausch-Tipp Mit Brokkoli statt Blumenkohl lässt sich das Curry neu variieren: Brokkoli in Röschen teilen, Stiele in Scheibchen schneiden. Erst Zwiebel und Knoblauch, dann Brokkoli im Öl 4–5 Min. pfannenrühren. Kokosmilch, Fond oder Brühe und Curry einrühren. Übriges Gemüse und Kichererbsen zufügen, alles in 3–4 Min. einkochen lassen.

Mehr draus machen Mit scharfer grüner Currypaste und etwas Limettensaft wird's thailändisch frisch und feurig.

Grundrezept Gemüsebrühe

Je 150 g Möhren, Sellerie, Lauch und Zwiebeln grob zerteilen und mit 1 1/4 l Wasser aufsetzen. 1 Lorbeerblatt, 1 Nelke, 10 Pfefferkörner, 1 Zweig Thymian, 1 Knoblauchzehe (ungeschält) und 1 EL Meersalz zufügen. Alles 3 Std. köcheln lassen, dann abgießen.

Zarte Würze auf Vorrat

Gemüsebrühe bis zum Gebrauch zugedeckt und kalt aufbewahren. Im Kühlschrank hält sie sich 4–5 Tage. Wer sie länger aufheben will, friert sie in kleinen Behältern portionsweise ein.

Sommerlicher Gemüsetopf

mediterranes Suppengedicht
40 Min.
pro Portion ca. 305 kcal
9 g Eiweiß · 16 g Fett · 27 g Kohlenhydrate

ZUTATEN FÜR 2 PORTIONEN

500 g gemischtes Gemüse (z. B. grüne Bohnen, Lauch, Möhren, Stangensellerie)
1 kleine Zwiebel
1 Knoblauchzehe
2 EL Olivenöl
600 ml Gemüsebrühe
je 1 TL Thymian und Majoran (frisch gehackt oder getrocknet)
Salz · Pfeffer
150 g kleine weiße Bohnenkerne (Dose, abgetropft)
1/2 Bund Petersilie
1/2 unbehandelte Zitrone

ZUBEREITUNG

1. Das Gemüse waschen und putzen oder schälen und klein schneiden. Zwiebel und Knoblauch schälen, Zwiebel würfeln.

2. Das Öl erhitzen, Zwiebel und Gemüse bei mittlerer Hitze 3 Min. andünsten. Knoblauch dazupressen. Brühe dazugießen, Mit Kräutern, Salz und Pfeffer würzen. Zugedeckt bei schwacher Hitze 6–8 Min. garen. Bohnenkerne dazugeben und 5 Min. bei schwacher Hitze mitkochen.

3. Petersilie waschen und trockenschütteln, die Blättchen hacken. Zitronenschale abreiben, beides mischen. Den Eintopf damit bestreuen und servieren.

Tuning-Tipp Fleischfans können noch 150 g gewürfeltes Hähnchenbrust- oder Kalbsfilet in der Suppe erhitzen.

Wirsingtopf mit Hackbällchen

deftig, kräftig, gut
30 Min. + 25 Min. Garen
pro Portion ca. 340 kcal
25 g Eiweiß · 16 g Fett · 21 g Kohlenhydrate

ZUTATEN FÜR 2 PORTIONEN

160 g Tatar
1 Eigelb
Salz · Pfeffer
400 g Wirsing
130 g fest kochende Kartoffeln
75 g Möhren
1 große Zwiebel
1 EL Rapsöl
1/2 TL rosenscharfes Paprikapulver
600 ml Gemüsebrühe
1/2 TL Kümmel
1 EL Schnittlauchröllchen

ZUBEREITUNG

1. Tatar mit Eigelb verkneten, salzen und pfeffern. Aus der Masse kleine Hackbällchen (etwa 2 cm) formen. Wirsing längs dritteln, vom Strunk befreien und in 2–3 cm große Stücke schneiden. Kartoffeln und Möhre schälen, in etwa 1/2 cm dicke Scheiben schneiden. Zwiebel schälen und würfeln.

2. Das Öl erhitzen, Zwiebel darin andünsten. Wirsing und Paprikapulver zugeben, kurz mitdünsten. Die Brühe dazugießen und alles aufkochen lassen. Mit Kümmel, Salz und Pfeffer würzen. Hackbällchen zugeben und zugedeckt bei mittlerer Hitze 25 Min. kochen lassen. Nach 15 Min. Kartoffeln und Möhren zugeben. Mit Schnittlauch bestreut servieren.

Austausch-Tipp Für einem leichten Wintereintopf den Wirsing durch Sauerkraut ersetzen.

Ratatouille

klassisch provenzalisch
50 Min.
pro Portion ca. 205kcal
6 g Eiweiß · 13 g Fett · 14 g Kohlenhydrate

ZUTATEN FÜR 2 PORTIONEN

1 mittelgroße Aubergine
200 g Zucchini
je 1 rote und gelbe Paprikaschote
1 Zwiebel
1 Knoblauchzehe
2 EL Olivenöl
400 g Fleischtomaten
Salz · Pfeffer
1 Bouquet garni (je 3 Stängel Petersilie und Thymian, 1 Lorbeerblatt)

ZUBEREITUNG

1. Aubergine und Zucchini waschen, putzen, würfeln (etwa 1 1/2 cm). Paprikaschoten waschen, halbieren, putzen und in Stücke schneiden. Zwiebel und Knoblauch schälen. Zwiebel in Ringe schneiden, Knoblauch fein hacken.

2. Öl in einem breiten Topf erhitzen. Zwiebel glasig dünsten, Knoblauch dazugeben und kurz mitdünsten. Aubergine, Zucchini und Paprikastücke hinzufügen, bei starker Hitze unter Rühren 10 Min. schmoren.

3. Die Stielansätze der Tomaten entfernen. Die Tomaten kurz überbrühen, häuten, vierteln, entkernen und grob hacken, unter das Gemüse rühren, salzen und pfeffern. Mit Bouquet garni zugedeckt bei mittlerer Hitze 20–25 Min. schmoren.

Das schmeckt dazu Vollkorn-Baguette (Rezept S. 144) oder Naturreis

Tuning-Tipp Für eine sättigende Mahlzeit 200 g Kichererbsen oder weiße Bohnenkerne (Dose) unter das Gemüse heben.

Mehr draus machen Schmeckt heiß, lauwarm und kalt oder als Beilage zu Lammlende und Kaninchenkeule. Am besten gleich eine größere Menge zubereiten.

Wirsingtopf mit Hackbällchen

Zucchinipuffer

blitzschnell
20 Min.
pro Portion ca. 270 kcal
12 g Eiweiß · 22 g Fett · 4 g Kohlenhydrate

ZUTATEN FÜR 2 PORTIONEN

300 g Zucchini
1 Knoblauchzehe
1 Schalotte
2 Stängel Petersilie
1 Stängel Minze
50 g Schafkäse
1 kleines Ei
1 EL Sojaflocken
1 EL gehackte Kürbiskerne
Salz · Pfeffer
2 EL Olivenöl

ZUBEREITUNG

1. Zucchini waschen, putzen und grob raspeln. Knoblauch und Schalotte schälen, beides klein würfeln. Petersilie und Minze waschen, trockenschütteln, die Blättchen fein hacken. Den Schafkäse fein zerdrücken. Alles vermischen.

2. Das Ei verquirlen, mit Sojaflocken und Kürbiskernen zur Gemüsemischung geben, salzen und pfeffern.

3. Öl in einer beschichteten Pfanne erhitzen. Je 1 EL Teig hineingeben, mit dem Löffel flach drücken. Zucchinipuffer von beiden Seiten in 3–4 Min. knusprig braun braten.

Das schmeckt dazu Meerrettich-Apfel-Dip (Rezept S. 69)

Vorrats-Tipp Die Puffer schmecken auch kalt, z. B. im Büro oder beim Picknick.

Grünkernpuffer mit Käse

schmeckt auch Kindern
30 Min.
pro Portion ca. 530 kcal
19 g Eiweiß · 34 g Fett · 37 g Kohlenhydrate

ZUTATEN FÜR 2 PORTIONEN

50 g Möhren
75 g geschroteter Grünkern
200 ml Gemüsebrühe
1 kleine Zwiebel
4 Stängel Petersilie
30 g Haselnusskerne
50 g Bergkäse · 1 Ei
2 EL fein gemahlener Grünkern
Salz · Pfeffer
2 EL Olivenöl

ZUBEREITUNG

1. Möhren putzen, schälen, fein würfeln. Mit Grünkernschrot und Brühe aufkochen lassen und 7 Min. garen, dabei ab und zu umrühren.

2. Zwiebel schälen, klein würfeln. Petersilie waschen und trockenschütteln, die Blättchen fein hacken. Nüsse und Käse fein reiben.

3. Schrotbrei etwas abkühlen lassen. Zwiebel, Petersilie, Käse, Ei und fein gemahlener Grünkern untermischen. Mit Salz und Pfeffer würzen. Öl erhitzen. Je 1 EL Teig hineingeben und flach drücken. Grünkernpuffer bei schwacher Hitze von beiden Seiten in 5 Min. goldbraun braten.

Das schmeckt dazu Gemischte Blattsalate und Joghurt, Pilzrahmsauce (Rezept S. 76), Tomatensauce (Rezept S. 74)

Mohnklöße mit Steinpilzen

gelingt leicht
30 Min. + 20 Min. Ruhen
pro Portion ca. 320 kcal
15 g Eiweiß · 23 g Fett · 14 g Kohlenhydrate

ZUTATEN FÜR 4 PORTIONEN

250 g Magerquark
30 g gemahlener Mohn
3 EL Vollkorn-Semmelbrösel
1 Ei · Salz
6 EL Rapsöl
Muskatnuss, frisch gerieben
250 g Steinpilze
1 Gemüsezwiebel
1 Bund glatte Petersilie
1 EL Sojasauce

ZUBEREITUNG

1. Quark in einem Tuch ausdrücken. Mohn und Semmelbrösel rösten. Das Ei trennen. Eiweiß mit 1 Prise Salz steif schlagen. Eigelb mit Quark und 4 EL Öl schaumig schlagen. Mohn-Semmelbrösel-Mischung unterrühren. Mit Salz und Muskat würzen. Die Masse zugedeckt 20 Min. stehen lassen.

2. Pilze putzen, in Streifen schneiden. Zwiebel schälen, fein würfeln. Petersilie waschen und trockenschütteln, die Blättchen grob hacken.

3. Salzwasser aufkochen lassen. Aus der Mohnmasse kleine Klöße formen. Im siedenden Salzwasser 6 Min. ziehen lassen. Herausnehmen, abtropfen lassen und warm stellen.

4. Übriges Öl erhitzen, Zwiebel glasig dünsten. Pilze unter Rühren mitbraten. Sojasauce unterrühren und so lange rühren, bis die Flüssigkeit fast verdampft ist. Mit Salz und Muskat würzen. Mit Petersilie bestreuen und mit Klößen servieren.

Quark-Spinat-Klöße

schmeckt auch Kindern
30 Min.
pro Portion ca. 240 kcal
16 g Eiweiß · 15 g Fett · 10 g Kohlenhydrate

ZUTATEN FÜR 4 PORTIONEN

250 g Blattspinat
300 g Magerquark
3 EL Vollkorngrieß
4 EL Olivenöl
1 Ei · 3 EL frisch geriebener Parmesan
Salz · Muskatnuss, frisch gerieben
einige Salbeiblätter

ZUBEREITUNG

1. Spinat waschen, verlesen und tropfnass in einem Topf bei mittlerer Hitze zusammenfallen lassen. Herausnehmen, abtropfen lassen und fein hacken.

2. Quark in einem Tuch ausdrücken. Mit Grieß, 2 EL Öl und Ei verrühren. Spinat und 2 EL Parmesan untermischen. Mit Salz und Muskat würzen.

3. Reichlich Salzwasser aufkochen lassen. Mit zwei Esslöffeln 12 Klöße abstechen, im siedenden Wasser 3 Min ziehen lassen. Klöße vorsichtig herausnehmen und warm stellen.

4. Vor dem Servieren übriges Öl erwärmen, Salbeiblätter kurz braten. Auf den Klößen verteilen und übrigen Parmesan darüber streuen.

Das schmeckt dazu 100 g Crème légère mit 2 EL Zitronensaft unter Rühren erhitzen und mit den Klößen servieren. Tomatensauce (Rezept S. 74)

Grünkernpuffer mit Käse (vorne), Quark-Spinat-Klöße (hinten)

Auberginen-Tomaten-Auflauf

für Gäste
50 Min. + 30 Min. Backen

pro Portion ca. 460 kcal
24 g Eiweiß · 35 g Fett · 11 g Kohlenhydrate

ZUTATEN FÜR 4 PORTIONEN

4 Auberginen (à 250 g)
Salz · 4 Fleischtomaten
4 Eier · je 1 Bund Basilikum und Minze
2 Knoblauchzehen
250 g Mozzarella
6 EL Olivenöl
Pfeffer
2 EL frisch geriebener Pecorino

ZUBEREITUNG

1. Auberginen waschen, putzen und in 1–2 cm dicke Scheiben schneiden, leicht salzen und 15 Min. ziehen lassen.

2. Stielansätze der Tomaten entfernen. Tomaten kurz überbrühen, häuten und in etwa 1/2 cm dicke Scheiben schneiden. Die Eier in 10–12 Min. hart kochen, pellen und in Scheiben schneiden.

3. Basilikum und Minze waschen und trockenschütteln, die Blättchen fein hacken. Knoblauch schälen, fein hacken und mit den Kräutern mischen. Mozzarella grob würfeln, mit der Kräutermischung und 2 EL Öl vermischen.

4. Auberginen trockentupfen. 3 EL Öl erhitzen, Auberginenscheiben von beiden Seiten anbraten.

5. Backofen auf 200° vorheizen. Eine feuerfeste Form mit 1 EL Öl einfetten. Auberginen, Tomaten, Eier und Mozzarella-Kräuter-Mischung schichtweise in die Form geben, jede Schicht salzen und pfeffern.

6. Käse darüber streuen. Den Auflauf im Ofen (Mitte, Umluft 180°) 30 Min. backen, bis die Oberfläche goldbraun ist.

Das schmeckt dazu Frisches Vollkorn-Baguette (Rezept S. 144)

Dinkel-Gemüse-Gratin

lohnt sich
30 Min. + 10 Min. gratinieren
pro Portion ca. 280 kcal
7 g Eiweiß · 15 g Fett · 27 g Kohlenhydrate

ZUTATEN FÜR 4 PORTIONEN

2 Schalotten · 4 EL Olivenöl
125 g Dinkel · 600 ml Gemüsebrühe
2 Kohlrabi · 1 rote Paprikaschote
2 Zucchini · 1 Bund Petersilie
Salz · Pfeffer · 2 EL frisch gehobelter Parmesan · Fett für die Form

ZUBEREITUNG

1. Schalotten schälen und klein würfeln. 2 EL Öl erhitzen, Schalotten und Dinkel darin bei mittlerer Hitze anbraten. Brühe angießen und den Dinkel bei schwacher Hitze in 45 Min. garen, bis die Flüssigkeit aufgesogen ist. Ab und zu umrühren.

2. Inzwischen Kohlrabi, Paprikaschote und Zucchini waschen, putzen oder schälen und in kleine Würfel schneiden.

3. Petersilie waschen und trockenschütteln, die Blättchen grob hacken. Übriges Öl in einer beschichteten Pfanne erhitzen. Das Gemüse dazugeben und 2–3 Min. andünsten. Dinkel und Petersilie unterrühren, mit Salz und Pfeffer würzen.

4. Den Backofen auf 200° vorheizen. Eine feuerfeste Form einfetten. Dinkel-Gemüse-Mischung einfüllen, mit Parmesan bestreuen und im heißen Backofen (Mitte, Umluft 180°) 10 Min. gratinieren.

Austausch-Tipp Dinkelgratin schmeckt auch mit einem anderen Gemüsemix sehr gut, z. B. 3 Stangen Staudensellerie, 1 Bund Frühlingszwiebeln und 1 Fenchelknolle waschen, putzen und klein würfeln.

Linsen-Gemüse-Gratin

mediterran
45 Min. + 20 Min. Backen
pro Portion ca. 600 kcal
38 g Eiweiß · 17 g Fett · 72 g Kohlenhydrate

ZUTATEN FÜR 4 PORTIONEN

Salz · 2 Lorbeerblätter
1 EL Weißweinessig · 500 g rote Linsen
1 Stange Lauch · 500 g Möhren
500 g Tomaten · 1 Zweig Rosmarin
3 EL Olivenöl · 1 Zitrone · Cayennepfeffer
150 g Schafkäse · Fett für die Form

ZUBEREITUNG

1. 3/4 l Wasser mit Salz, Lorbeerblättern und Essig aufkochen lassen. Linsen dazugeben und bei mittlerer Hitze 5 Min. ziehen lassen. Linsen in einem Sieb abtropfen lassen.

2. Lauch putzen, längs halbieren, gründlich waschen und in feine Streifen schneiden. Möhren putzen, schälen und fein würfeln. Tomaten waschen, achteln und entkernen. Rosmarin waschen, die Nadeln abzupfen.

3. Den Backofen auf 200° vorheizen. Eine feuerfeste Form einfetten. 2 EL Öl erhitzen, Rosmarinnadeln, Lauch und Möhren 2–3 Min. andünsten. Linsen unterrühren, mit Zitronensaft, Salz und Cayennepfeffer würzen.

4. Linsen mit Tomaten in die Form geben. Den Schafkäse darüber bröckeln. Mit übrigem Öl beträufeln. Im heißen Backofen (Mitte, Umluft 180°) 20 Min. backen.

Austausch-Tipp Die Linsen einfach in einer leichten Gemüsebrühe mit 1/4 TL gemahlenem Ingwer ziehen lassen. Statt Schafkäse 150 g Mozzarella in Scheiben zum Gratinieren nehmen.

Amaranth-Mangold-Auflauf

gelingt immer
30 Min. + 40 Min. Quellen + 20 Min. Backen
pro Portion ca. 640 kcal
21 g Eiweiß · 44 g Fett · 39 g Kohlenhydrate

ZUTATEN FÜR 2 PORTIONEN

100 g Amaranth · 1/4 l Gemüsebrühe
300 g Mangold · 1 Fenchelknolle
1 Knoblauchzehe · 2 EL Olivenöl
Salz · Muskatnuss, frisch gerieben
2 EL Crème fraîche
2 EL Zitronensaft · 1 Ei
50 g Haselnussblättchen
2 EL frisch geriebener Parmesan
Öl für die Form

ZUBEREITUNG

1. Amaranth in einem Sieb mit heißem Wasser kurz abspülen. Mit Gemüsebrühe aufkochen, bei schwacher Hitze 40 Min. quellen lassen.

2. Mangold waschen und putzen. Die Stiele klein würfeln, die Blätter in breite Streifen schneiden. Fenchel waschen, putzen, halbieren und ohne den mittleren Strunk in feine Streifen schneiden. Knoblauch schälen, fein würfeln. Öl erhitzen. Knoblauch, Fenchel und Mangoldstiele 2–3 Min. andünsten, Mangoldblätter unterrühren. Mit Salz und Muskat würzen.

3. Backofen auf 200° vorheizen. Eine feuerfeste Form einfetten. Crème fraîche mit Zitronensaft und Ei verrühren. Die Hälfte des Gemüses in die Form geben. Amaranth darauf verteilen, mit der Hälfte der Haselnussblättchen und 1 EL Parmesan bestreuen. Mit dem Rest Gemüse abdecken. Crème fraîche darüber gießen. Mit übrigen Haselnussblättchen und Parmesan bestreuen. Im Ofen (Mitte, Umluft 180°) 20 Min. backen.

Gratins und Aufläufe

Diese Aufläufe und Gratins dürfen Sie mit ruhigem Gewissen genießen. Sie lassen sich gut vorbereiten und sind deshalb auch ideal für Gästeessen: Alles vorbereiten und in die Form geben, entspannt Gäste empfangen, Gratin oder Auflauf in den vorgeheizten Backofen schieben und kurz überbacken. Mit frischem Saisongemüse und Kräutern lassen sich diese Aufläufe und Gratins beliebig und nach Geschmack variieren.

Fisch & Meeresfrüchte

Neptuns Schätze sollten Ihnen wirklich häufiger ins GLYX-Netz gehen: Heilbutt mit Tomatengemüse, gebratene Mandelscholle... Es gibt kein klügeres Essen.

Fisch hat kaum Kalorien, liefert viel Eiweiß, Jod und wertvolle Omega-3-Fettsäuren. Und mit unseren Rezepten – mal raffiniert gezaubert, mal blitzschnell zubereitet – schmeckt Fisch nach Abenteuer, nach Urlaub, nach Ozean und mehr. Unternehmen Sie auf den nächsten Seiten eine kulinarische Weltreise, einen Fischzug vom bayerischen Gebirgsbach über die Karibik bis zum Indischen Ozean.

GLYXLER ANGELN GESUNDHEIT

Im großen GLYX-Eintopf schwimmen Fische und Meeresfrüchte immer oben mit. Sorgen Sie einfach für Abwechslung: Kaltwasserfische bringen die gesunden Omega-3-Fettsäuren auf den Teller. Jeder Fisch liefert Eiweiß, das schlank hält, und jede Menge Vitamine und Mineralien. Seefisch hält mit seinem Jod unsere Energiezentrale, die Schilddrüse, auf Trab. Diesen leckeren Schlankmacher dürfen Sie ruhig zwei bis vier mal die Woche genießen.

→ **Aber bitte ohne Panade** Die meisten Deutschen essen am liebsten Seelachs; und der hat meist eine rechteckige oder quadratische Form und nennt sich »Fischstäbchen«. Leider. Ernährungswissenschaftlich gesehen ist ein in der Fritteuse gebackener panierter Fisch nämlich so etwas wie ein Schaf im Wolfspelz. Etwas sehr Gesundes in einem sehr ungesunden Mantel. Es geht auch ohne: Blitzschnell und leicht, wie die Fischfilets im Kräuterdampf oder in Kokoscreme zeigen, oder der Heilbutt in Tomatengemüse oder …

→ **Fischkasper?** Behaupten viele von sich zu sein. Dann gehen sie in die nächste Sushi-Bar und balancieren die Meerestiere roh auf der Zunge wie Nougat-Pralinés. Was diese Leute vom Fisch auf der eigenen Herdplatte abhält, sind Vorurteile. Das beliebteste: Fisch ist wahnsinnig schwer zuzubereiten. Blödsinn. Sie können Spiegeleier braten? Dann können Sie auch Tunfisch mit Avocado-Salsa zubereiten oder Forelle in der Alufolie garen. Und vieles mehr. Lesen Sie die Rezepte auf S. 100 bis 111.

→ **Fisch-Gourmets kennen die Welt** Kulinarisch natürlich. Weil sich die Menschen in den exotischen Ländern häufig von Fisch ernähren, bietet die Fischküche besonders viel Abwechslung. Von mediterran gebratener Scholle mit Mandeln und Knoblauch (S. 104) bis hin zu thailändisch inspirierten Meeresfrüchten mit Zitronengras (S. 105).

Die Lieblingsfische der Deutschen heißen: Seelachs (Fischstäbchen, Schlemmerfilet), Lachs, Rotbarsch, Forelle, Kabeljau/Dorsch, Hering, Garnelen/Krabben/Shrimps, Victoriabarsch, Karpfen, Scholle. Und auf den folgenden Seiten finden Sie sicher ein Lieblingsrezept dazu.

Schon gewusst? Muscheln, hieß es immer, solle man nur in den Monaten mit »r« genießen. Denn von September bis April filtert die Muschel weder toxische Algen noch verdirbt sie durch Wärme. Mittlerweile werden aber Supermiesmuscheln – groß und fleischig – das ganze Jahr über angeboten. Sie stammen aus Aquakulturen. Schmecken herrlich. Gibt's beim Fisch-Feinkosthändler.

Keine Angst vor Fisch

→ **Frische-Fische-Test** Frischer Fisch riecht nicht »fischig«. Er duftet nach Meer oder frischem Wasser. Er hat glänzende Haut, die mit einer klaren Schleimschicht überzogen ist. Die Augen sind klar und nach außen gewölbt, wenn sie trüb und milchig aussehen, liegt der Fisch wahrscheinlich schon eine Weile rum. Die Kiemen müssen klar und leuchtend rot sein und dürfen keine Flecken aufweisen oder schleimig aussehen. Wenn man den Fisch mit dem Finger eindrückt, muss er in wenigen Sekunden wieder seine ursprüngliche Form annehmen. Und ein frisches Filet liegt straff und nicht wie ein Waschlappen auf der Hand.

→ **Haltbarkeit** Generell hält frischer Fisch maximal zwei Tage lang im Kühlschrank. Am besten auf eine umgestülpte Untertasse in einen tiefen Teller legen, mit Alufolie oder Klarsichtfolie abschließen. So sammelt sich austretende Flüssigkeit am Boden, der Fisch bleibt trocken. Muscheln mit klarem Wasser nachspülen, in einer Schüssel mit Folie abgedeckt im Kühlschrank höchstens einen Tag aufbewahren.

→ **Fisch einfrieren** Die küchenfertig vorbereiteten Fische bzw. Filets gründlich waschen und mit Küchenpapier sehr gut trockentupfen, ganze Fische auch innen! Dann einzeln oder in kleinen Portionen möglichst luftdicht in Gefrierbeutel verpacken und so rasch wie möglich in die Tiefkühltruhe legen. So hält er ein bis zwei Monate. Länger im Frost schmeckt er tranig, leicht ranzig. Schließlich schonend auftauen – Fisch aus der Packung nehmen und über Nacht im Kühlschrank oder einige Stunden bei Zimmertemperatur langsam auftauen lassen. Möglichst nie in der Mikrowelle auftauen, das macht Fisch fast immer zäh und trocken. Tauwasser weggießen.

→ **Die ideale Partnerin Zitrone** Beträufeln Sie Ihr Fischfilet ruhig reichlich mit Zitronensaft. Das Vitamin C sorgt dafür, dass das Eiweiß dort ankommt, wo es gebraucht wird – an der Körperzelle. Zitronensaft ist außerdem wichtig für Geschmack und Festigkeit des Fischfleischs beim Braten, Pfannenrühren etc.

Angst vor Schadstoffen?

Dioxin, Blei, Cadmium, Quecksilber landen über Abwässer im Meer. Und dann im Fisch. Doch Seefisch ist in der Regel weniger mit Chemie-Rückständen belastet, als viele denken. Das gilt auch für Krebstiere und Tiefseegarnelen. Allerdings gibt es auch Ausnahmen: Raubfische wie Hai, weißer Heilbutt, Schwertfisch und Tunfisch. Sie stehen (wie der Mensch) am Ende der Nahrungskette und sind deshalb manchmal höher (Quecksilber!) belastet. Dürfen aber nur vermarktet werden, wenn sie unter der gesetzlichen Höchstgrenze liegen. Schwangere sollten auf diese Fische trotzdem lieber verzichten.

Muschel-Wissen

Als Muschel-Genießer darf man seinen Augen trauen. Je schöner die Muschel, desto delikater das Fleisch. Am besten schmeckt das Muskelfleisch der Jakobsmuschel. Klassische Zubereitungsart: Man gratiniert sie in der Schale. Ebenfalls lecker sind die kleinen Venusmuscheln. Die Italiener lieben sie in der Pasta und im Risotto, während sie die Japaner roh für Sushi verwenden. Sehr beliebt sind Miesmuscheln, die man in einem Sud mit Wurzelgemüse, Gewürzen und Weißwein gart. Und Austern? Unter Feinschmeckern gelten sie als die Königinnen der Muscheln. Meist werden sie lebend gegessen. Glibbbbbberrrrbrrrrrrrrr. Aber nicht nur! Franzosen schwören auf gratinierte Austern!

Der Muschel-Frische-Test: Checken Sie die frischen Muscheln: Die geschlossenen sind auf jeden Fall gut. Bei den geöffneten hat der Schließmuskel bereits abgebaut. Klopfen Sie auf die Klappe. Wenn sie sich langsam schließt, lebt die Muschel, und Sie dürfen sie verwenden. Reagiert sie nicht – dann ab in den Müll. Nach dem Garen checken Sie noch einmal: Nur die geöffneten Muscheln kommen auf den Teller.

Wertvolles Anglerlatein

→ **Fisch-Vorrat** In der GLYX-Küche hat man für den schnellen Hunger die Dose (Tunfisch, Sardinen, Matjes, Muscheln), das Glas (Bismarckhering, Garnelen) oder den Räucherfisch (Forelle, Makrele, Hering (alias Bückling), Lachs, Schillerlocke oder Aal). Je kälter und milder er geräuchert wurde, desto schneller verdirbt er zwar, desto besser schmeckt er aber auch. In Pergamentpapier verpackt hält sich Räucherfisch im Kühlschrank nur 2 Tage. Etwas länger hält er sich in eingeschweißter Folie (siehe Mindesthaltbarkeitsdatum!). Und in der Tiefkühltruhe schlummern Frischfische, im Tiefkühlbeutel oder aus der Packung, z. B. Kabeljau-, Lachs-, Rotbarsch-, Seelachs-, Schollen-, Seezungen-, Rotzungenfilets, Zanderfilets, Forelle (ganz) und Lachsforelle.

→ **Meeresfrüchte-Vorrat** Tiefgefrorene Muscheln (gibt es auch in Gläsern und Dosen), z. B. Mies- und kleine graue Herz- oder Venusmuscheln. Garnelen (Shrimps, Prawns, Riesengarnelen, Gambas, Crevetten) gibt es tiefgefroren in großer Vielfalt von klein bis groß, geschält und ungeschält. Möglichst keine roten, vorgekochten, sondern rohe, graue Garnelen kaufen, weil sie ja in der Regel noch gegart werden. Außerdem findet man in der Eistruhe Tintenfische und Meeresfrüchte-Mischungen.

Was Fischgourmets wissen

→ **Filet oder ganzer Fisch?** Meist als Filet angeboten werden: Kabeljau, Seelachs, Rotbarsch, Steinbeißer und andere. Von manchen Fischen gibt es Stücke bzw. Koteletts, z. B. Lachs, Heilbutt, Kabeljau, Seeteufel, Schellfisch, Karpfen. Empfehlenswerte »kleine« ganze Fische sind: Doraden (Brassen), Makrelen, Heringe, Sardinen, Forellen, Saiblinge, Renken, Rotbarben. Die sind ideal zum Braten und Grillen! Tipp: Den Fischhändler bitten, Heringe küchenfertig zu putzen und dabei auch gleich die Rückengräten mit zu entfernen. Die feinen Gräten stören nämlich beim Essen. Auch größere Sardinen sollte man gleich entgräten lassen.

→ **Darf's die Dose sein?** Freilich. Der Berliner Starkoch Kolja Kleeberg sagt: »Ich liebe Dosentunfisch. Das Eindosen ist eine ganz alte sizilianische Tradition.« Der Dosenfisch ist ähnlich gut wie der frische Fisch. Weil durch die Hitzesterilisation die Nährstoffe nicht verloren gehen. Allerdings: Eingelegt wird der Fisch oft in schlechten Pflanzenölen, mit Stärke, Aromen und Konservierungsstoffen – nicht selten um schlechte Ware zu kaschieren. Das raubt dem Fisch auch die Vitamine. Die besten Dosen enthalten ausschließlich Tunfisch im eigenen Saft (au naturel). Häufiger bekommt man Tunfisch im Öl. Unbedingt abtropfen lassen, oft sehr fettig! Tunfisch mit Gemüse eignet sich weniger zum Kochen, eher für Salate oder fürs Brot.

→ **Das GLYX-Päckchen** Fisch können Sie dünsten, grillen, pochieren, schmoren, pfannenrühren, dämpfen oder im Wok braten – Sie können ihn aber auch einpacken: In eine mit Olivenöl ausgestrichene Folie auf einem Gemüsebett, gefüllt mit Kräutern, Zitronenscheiben und Meersalz. Ofen auf 170 bis 190 Grad vorheizen. 20 Minuten garen lassen. So bleibt er schön saftig. Oder in einen Salzmantel einhüllen (Rezept S. 111) …

→ **Gambas auf Eis?** Feinschmeckern muss man das nicht sagen: Krustentiere gehören zum Höhepunkt eines jeden Genuss-Menüs. Nur: Die meisten Exemplare (Hummer, Langusten, Flusskrebse, Krabben, Seespinnen) kriegt man nicht an jeder Ecke und sie sind nicht billig. Wir empfehlen für den Hausgebrauch: Garnelen – kennen Sie aus dem »Krabben-Cocktail«. Die sollten Sie immer im Notfallpäckchen in der Tiefkühltruhe haben. Denn Sie liefern ihr wertvolles Eiweiß auch im Omelett, in der Suppe, im Salat, in der Pasta und im Risotto. Shrimps, das sind geschälte und gekochte Tiefseegarnelen, auch als Grönland-, Nordmeerkrabben bekannt. Sie werden langsam aufgetaut, kurz abgebraust und wandern dann direkt in den Salat, Cocktail oder Suppe. Ideal für die Quickie-Küche!

→ **Lust auf Edelfisch?** Leider nicht billig, aber ein Geschmackserlebnis: Steinbutt, allerdings nicht der Baby-Steinbutt, der hat noch nicht den richtigen Geschmack. Probieren Sie auch mal Sankt-Peter-Fisch oder Hechtfilet. Weitere Edelfische: Seeteufelfilet, Seezunge, Wolfsbarsch (Loup de mer).

→ **Bitte Tintenfisch** Gibt's überall bei der Nordsee preiswert und meist »küchenfertig« zu kaufen, als ganze Tuben, Ringe oder kleine Kalmares/Sepien. Wenn man sie nicht küchenfertig kauft, steht eine Menge Putzarbeit an.

Heilbutt mit Tomatengemüse

blitzschnell
25 Min.
pro Portion ca. 395 kcal
1 g Eiweiß · 28 g Fett · 4 g Kohlenhydrate

ZUTATEN FÜR 2 PORTIONEN

2 Scheiben Heilbuttfilet (à ca. 150 g)
1 unbehandelte Zitrone
je 1 Zweig Thymian, Rosmarin, Oregano
4 EL Olivenöl
500 g Tomaten
2 Schalotten
100 ml Gemüsebrühe
Salz · Zitronenpfeffer

ZUBEREITUNG

1. Die Heilbuttscheiben trockentupfen. Die Zitrone waschen, abtrocknen, 1 TL Schale abreiben, den Saft auspressen. Die Kräuter waschen, trockenschütteln, die Blättchen und Nadeln fein hacken. 1 EL Öl mit der Zitronenschale verrühren. Die Heilbuttfilets damit bestreichen.

2. Stielansätze der Tomaten entfernen. Die Tomaten kurz überbrühen, häuten und würfeln. Schalotten schälen und klein würfeln.

3. Restliches Öl in einer beschichteten Pfanne erwärmen. Schalotten- und Tomatenwürfel mit den Kräutern 1–2 Min. andünsten, die Brühe angießen. Heilbuttfilets auf das Tomatengemüse legen und zugedeckt bei mittlerer Hitze 10 Min. dünsten.

4. Die Filets mit Zitronensaft beträufeln und mit Salz und Zitronenpfeffer würzen.

Schollenröllchen mit Spinat

gelingt leicht
30 Min.
pro Portion ca. 340 kcal
27 g Eiweiß · 20 g Fett · 6 g Kohlenhydrate

ZUTATEN FÜR 2 PORTIONEN

4 Schollenfilets (ca. 250 g)
1 Limette
2 EL Olivenöl
1/2 TL Pesto (Glas)
75 ml Gemüsebrühe
5 EL Weißwein
1/4 TL Fenchelsamen
400 g Blattspinat
1/2 Bund Frühlingszwiebeln
Salz · Pfeffer
2 TL Crème légère
2 TL geröstete Pinienkerne
kleine Holzspieße

ZUBEREITUNG

1. Die Schollenfilets ausbreiten und längs halbieren. Die Limette waschen, abtrocknen und 2 TL Schale abreiben. Den Saft auspressen. 1 EL Öl mit Pesto und Limettenschale verrühren. Schollenfilets damit bestreichen, aufrollen, mit Holzspießchen feststecken.

2. Brühe mit Wein, Fenchelsamen und Limettensaft in einem Topf aufkochen lassen. Die Röllchen nebeneinander hineinsetzen und 6 Min. in dem Sud ziehen lassen.

3. Spinat waschen, verlesen und abtropfen lassen. Frühlingszwiebeln putzen, waschen und klein schneiden. In 1 EL heißem Öl andünsten. Spinat dazugeben und bei schwacher Hitze zusammenfallen lassen. Mit Salz und Pfeffer würzen.

4. Die Röllchen auf den Spinat legen. Sud mit Crème légère verrühren, etwas einkochen lassen. Schollenröllchen damit überziehen. Mit Pinienkernen bestreuen.

Zanderfilets mit Basilikumcreme

gelingt immer
30 Min.
pro Portion ca. 430 kcal
36 g Eiweiß · 30 g Fett · 4 g Kohlenhydrate

ZUTATEN FÜR 2 PORTIONEN

2 Zanderfilets (à 180 g)
1 unbehandelte Orange
2 EL Olivenöl
1 Spritzer Tabasco
1 Prise gemahlener Ingwer
1 Bund Basilikum
1 Limette
1/2 reife Avocado
2 EL Schmand
Salz · Pfeffer

ZUBEREITUNG

1. Die Zanderfilets in eine feuerfeste Form legen. Die Orange waschen, abtrocknen, 1 TL Schale abreiben, den Saft auspressen. Saft und Schale mit Öl, Tabasco und gemahlenem Ingwer verrühren und über die Filets gießen. Zugedeckt 15 Min. marinieren.

2. Ofen auf 150° vorheizen. Basilikum waschen und trockenschütteln, die Blättchen grob hacken. Saft der Limette auspressen.

3. Das Fruchtfleisch der Avocado herauslösen, grob würfeln, mit Basilikum, Limettensaft und Schmand im Mixer pürieren. Mit Salz und Pfeffer würzen.

4. Die Filets zugedeckt im Ofen (Mitte) 8–10 Min. ziehen lassen, bis sie gar sind, salzen und pfeffern. Mit Basilikumcreme servieren.

Fischfilets in Kokoscreme

Asiatisches für Gäste
25 Min.
pro Portion ca. 350 kcal
34 g Eiweiß · 21 g Fett · 5 g Kohlenhydrate

ZUTATEN FÜR 4 PORTIONEN

4 Fischfilets (à 180 g; z. B. Tilapia- oder Kabeljaufilets)
2 EL Limettensaft
1 TL Currypulver
1 Stück frischer Ingwer (haselnussgroß)
400 g ungesüßte Kokosmilch (Dose)
100 ml Gemüsefond
1 getrocknete Chilischote · 2 Zitronenblätter (nach Belieben)
1/2 TL Kreuzkümmel
1/2 TL gemahlener Koriander · 2 Bund Frühlingszwiebeln
2 EL Öl · Salz · Pfeffer

ZUBEREITUNG

1. Fischfilets mit Limettensaft beträufeln und mit Curry bestäuben. Ingwer schälen und fein würfeln.

2. Kokosmilch mit Fond, Ingwer, Chilischote, nach Belieben Zitronenblättern, Kreuzkümmel und Koriander in einem flachen Topf aufkochen und 5 Min. köcheln lassen. Fischfilets vorsichtig in die Kokosmilch legen und 6–8 Min. ziehen lassen.

3. Frühlingszwiebeln putzen, waschen und in Ringe schneiden. Das Öl erhitzen, Frühlingszwiebeln darin kurz andünsten. Mit Salz und Pfeffer würzen. Auf Tellern mit Fischfilets und Kokoscreme anrichten.

Das schmeckt dazu Wildreis oder Basmatireis

Heilbutt mit Tomatengemüse (hinten), Zanderfilets mit Basilikumcreme (vorne)

Fischfilets im Kräuterdampf

Fischfilets im Kräuterdampf

leicht
20 Min.
pro Portion ca. 193 kcal
33 g Eiweiß · 5 g Fett · 6 g Kohlenhydrate

ZUTATEN FÜR 2 PORTIONEN

2 Fischfilets (à 180 g; z. B. Dorsch-, Victoriabarsch-, Rotbarschfilets)
2 Zitronen · 3 Stängel glatte Petersilie · Salz
Zitronenpfeffer · 200 g Möhren · 200 g Zucchini
je 1 Zweig Rosmarin und Thymian · 2 Lorbeerblätter · 150 ml Fischfond
2 Stängel Basilikum
1 EL Crème fraîche

ZUBEREITUNG

1. Fischfilets auf eine Platte legen. Den Saft der Zitronen auspressen. Die Petersilie waschen und trockenschütteln, die Blättchen fein hacken. Die Filets mit 2 EL Zitronensaft beträufeln, mit Petersilie bestreuen, leicht salzen und pfeffern. Zugedeckt kühl stellen.

2. Die Möhren putzen, schälen, in feine Stifte schneiden. Die Zucchini waschen, putzen und ebenfalls fein stifteln. Salzwasser aufkochen lassen, Gemüsestifte darin 1–2 Min. blanchieren. Herausnehmen, eiskalt abschrecken und abtropfen lassen. Rosmarin und Thymian waschen.

3. Übrigen Zitronensaft mit Rosmarin, Thymian, Lorbeerblättern und Fischfond in einem Topf aufkochen lassen. Eine feuerfeste Tasse hineinstellen. Eine passende Platte oder ein Bambuskörbchen auf die Tasse stellen. Gemüsestifte darauf geben. Die Filets auf das Gemüse legen und zugedeckt bei mittlerer Hitze 4–6 Min dämpfen. Die Platte oder das Körbchen mit Fisch und Gemüse herausnehmen und warm stellen.

4. Basilikum waschen, trockenschütteln die Blättchen grob hacken und mit Crème fraîche und 1 EL Fischsud pürieren. Die Creme zu den Filets servieren.

Gedämpfter Schellfisch

einfach und schnell
20 Min.
pro Portion ca. 310 kcal
39 g Eiweiß · 14 g Fett · 8 g Kohlenhydrate

ZUTATEN FÜR 2 PORTIONEN

2 Scheiben Schellfisch mit Mittelgräte (ca. 400 g) · 1/2 unbehandelte Zitrone
2 Stängel Thymian · 250 g Möhren
1 Petersilienwurzel · 1/8 Knollensellerie (ca. 125 g) · 1 Stange Lauch 2 EL Olivenöl
Salz · Pfeffer

ZUBEREITUNG

1. Den Schellfisch auf eine Platte legen. Die Zitrone waschen, abtrocknen, 1 TL Schale abreiben und den Saft auspressen. Saft und Schale verrühren und den Schellfisch darin marinieren.

2. Thymian waschen und trockenschütteln, die Blättchen abzupfen. Möhren, Petersilienwurzel und Sellerie putzen, schälen und in feine Stifte schneiden. Den Lauch putzen, längs halbieren, gründlich waschen und in feine Streifen schneiden.

3. Das Olivenöl in einem Topf mit Dämpfeinsatz erhitzen, das Gemüse darin 2 Min. andünsten. Mit Thymian, Salz und Pfeffer würzen.

4. Den Schellfisch auf den Dämpfeinsatz legen, diesen über dem Gemüse einhängen. Die Marinierflüssigkeit auf dem Fisch verteilen. Die Filets zugedeckt 4–5 Min. dämpfen.

Gedämpfte Muscheln

saisonal
15 Min.
pro Portion ca. 100 kcal
9 g Eiweiß · 1 g Fett · 3 g Kohlenhydrate

ZUTATEN FÜR 2 PORTIONEN

1 kg frische Miesmuscheln
1 Zitrone · 2 Knoblauchzehen
1 Chilischote · 150 ml Weißwein
1 Lorbeerblatt · einige Pfefferkörner

ZUBEREITUNG

1. Die Muscheln in einem Sieb kurz abbrausen. Offene Muscheln wegwerfen.

2. Die Zitrone waschen, abtrocknen und vierteln. Knoblauch schälen und grob hacken. Chilischote waschen, längs aufschneiden, vom Samenstrang befreien und grob würfeln.

3. Wein mit Zitronenvierteln, Knoblauch, Chilischote, Lorbeerblatt und Pfefferkörnern in einen Topf mit Dämpfeinsatz geben und aufkochen lassen.

4. Muscheln in einen Siebeinsatz in den Topf geben und zugedeckt 2–3 Min. dämpfen. Geschlossene Muscheln wegwerfen.

Austausch-Tipp **Muscheln im Kräutersud:** 3 gehackte Schalotten in 3 EL Olivenöl andünsten. 1 kg geputzte Muscheln mit 2 EL gehackten Kräutern, z. B. Dill, Petersilie, Thymian und 150 ml Wein zugedeckt 2–3 Min. dämpfen. Mit etwas Sud und Vollkorn-Baguette (Rezept S. 144) servieren.

Gedämpfte Garnelen

blitzschnell
15 Min.
pro Portion ca. 350 kcal
31 g Eiweiß · 23 g Fett · 5 g Kohlenhydrate

ZUTATEN FÜR 2 PORTIONEN

300 g rohe geschälte TK-Garnelen
1 Stück frischer Ingwer (haselnussgroß)
1 Stängel Koriandergrün · 1 grüne Chilischote · 1 TL Sesamöl · 3 EL Rapsöl
1 Fenchelknolle · 3 Stangen Staudensellerie
1/2 Stange Lauch · Salz · 1 EL Zitronensaft

ZUBEREITUNG

1. Die Garnelen auf einer Platte auftauen lassen. Ingwer schälen und fein hacken. Koriander waschen und trockenschütteln, die Blättchen fein hacken. Chilischote waschen, längs aufschneiden, vom Samenstrang befreien und fein würfeln. Mit Ingwer, Koriander, Sesamöl und 1 EL Rapsöl im Mixer pürieren. Die Garnelen damit bestreichen.

2. Fenchel und Staudensellerie waschen und putzen. Fenchel in Streifen, Staudensellerie in feine Scheiben schneiden. Lauch putzen, längs aufschneiden, gründlich waschen und in feine Streifen schneiden. Übriges Öl erhitzen, das Gemüse darin 3 Min. dünsten. Mit Salz und Zitronensaft würzen.

3. 150 ml Wasser in den Wok gießen. Eine feuerfeste Tasse in den Wok stellen. Das Gemüse in ein Dämpfkörbchen geben. Garnelen darauf verteilen, das Körbchen auf die Tasse stellen. Zugedeckt 4–6 Min. dämpfen.

Tunfisch mit Avocado-Salsa

raffiniert gewürzt
25 Min.
pro Portion ca. 650 kcal
35 g Eiweiß · 56 g Fett · 2 g Kohlenhydrate

ZUTATEN FÜR 2 PORTIONEN

2 Tunfischsteaks (à 150 g) · 1 Limette
1 kleine Knoblauchzehe
1 EL Olivenöl
1/2 TL gemahlener Kreuzkümmel
Salz · Pfeffer
1 Avocado
2 Tomaten
1/2 kleine rote Zwiebel
4 Stängel Koriandergrün (oder Petersilie)

ZUBEREITUNG

1. Tunfisch abbrausen und trockentupfen. Limette waschen, abtrocknen, die Schale fein abreiben. Knoblauch schälen, durch die Presse drücken. Mit Limettenschale, Öl, Kreuzkümmel, Salz und Pfeffer verrühren. Tunfisch damit bestreichen und 15 Min. marinieren.

2. Avocado halbieren, entsteinen, das Fruchtfleisch herauslösen, würfeln und mit 2 EL Limettensaft beträufeln. Tomaten waschen, halbieren, entkernen und klein würfeln. Zwiebel schälen, fein hacken. Avocado, Tomaten und Zwiebel vermischen, salzen und pfeffern. Koriandergrün waschen und trockenschütteln, die Blättchen über die Salsa streuen.

3. Eine beschichtete Pfanne erhitzen, Fisch darin auf beiden Seiten anbraten, weitere 5 Min. von jeder Seite braten. Mit übrigem Limettensaft beträufeln, mit Salsa anrichten.

Das schmeckt dazu Vollkorn-Baguette (Rezept S. 144)

Gebratene Mandel-Scholle

mal mediterran
40 Min.
pro Portion ca. 320 kcal
29 g Eiweiß · 20 g Fett · 7 g Kohlenhydrate

ZUTATEN FÜR 2 PORTIONEN

4 Schollenfilets (ca. 300 g)
Salz · Pfeffer
1 unbehandelte Zitrone
1/2 Bund Petersilie
1 Knoblauchzehe
30 g fein gehackte Mandeln
1 EL Olivenöl
2 TL Butter
1 EL Weizenmehl (Type 1050)

ZUBEREITUNG

1. Filets waschen und trockentupfen, salzen und pfeffern. Die Zitrone waschen, abtrocknen. Schale von einer Hälfte grob abreiben, die andere Hälfte in Scheiben schneiden. Petersilie waschen, trockenschütteln, die Blättchen fein hacken. Knoblauch schälen, klein würfeln. Mit Zitronenschale, Petersilie und Mandeln vermischen.

2. Öl und Butter in einer beschichteten Pfanne erhitzen. Schollenfilets im Mehl wenden und bei mittlerer Hitze auf beiden Seiten in 5–8 Min. braten. Auf einer vorgewärmten Platte anrichten. Mandelmischung im Bratfett 2 Min. rösten, über die Schollen geben. Mit Zitronenscheiben garnieren.

Das schmeckt dazu Sommerlicher Gemüsesalat (Rezept S. 59) oder Frühlingsgemüse (Rezept S. 86)

Austausch-Tipp Nussiger schmeckt's mit Hasel- oder Walnüssen.

Meeresfrüchte mit Zitronengras

thailändisch inspiriert
30 Min.
pro Portion ca. 240 kcal
33 g Eiweiß · 8 g Fett · 8 g Kohlenhydrate

ZUTATEN FÜR 2 PORTIONEN

150 g küchenfertige Tintenfische
150 g rohe geschälte Riesengarnelen (frische oder aufgetaute TK-Ware)
250 g Brokkoli
Salz · Pfeffer
100 g Mungobohnensprossen
1 Schalotte
1 Knoblauchzehe
1 kleine rote Chilischote
1 Stängel Zitronengras
1 EL Erdnussöl (oder Rapsöl)
1 EL Fischsauce (Asienladen)
1–2 EL helle Sojasauce

ZUBEREITUNG

1. Tintenfische waschen, trockentupfen, grob teilen. Garnelen abbrausen. Brokkoli waschen, putzen und in Röschen teilen, Stiele klein würfeln. In kochendem Salzwasser 3 Min. garen, abgießen, kalt abschrecken und abtropfen lassen. Sprossen waschen und verlesen. Schalotte und Knoblauch schälen, beides fein hacken. Chilischote waschen, längs aufschneiden, vom Samenstrang befreien und in feine Streifen schneiden. Zitronengras putzen, die unteren 10 cm klein würfeln.

2. Erst den Wok, dann das Öl erhitzen. Schalotte, Knoblauch, Chilischote und Zitronengras darin anbraten. Tintenfische und Garnelen zufügen, 2 Min. pfannenrühren. Fisch- und Sojasauce unterrühren, zugedeckt 1 Min. köcheln lassen.

3. Sprossen und Brokkoli unterheben, unter Rühren in 2–3 Min. bissfest garen. Mit Salz und Pfeffer würzen.

Lachs auf Pfannengemüse

für große und kleine Asia-Fans
45 Min.
pro Portion ca. 515 kcal
42 g Eiweiß · 32 g Fett · 30 g Kohlenhydrate

ZUTATEN FÜR 2 PORTIONEN

1 Stück frischer Ingwer (haselnussgroß)
2 EL Sojasauce
2 TL Reisessig
Salz · Pfeffer
300 g Lachsfilet
3 Frühlingszwiebeln
1 rote Paprikaschote
50 g Zuckerschoten
200 g Chinakohl
1 EL Erdnussöl (oder Rapsöl)
6 EL Hühnerbrühe
1 Messlöffel Johannisbrotkernmehl (Bindemittel; Reformhaus)

ZUBEREITUNG

1. Ingwer schälen, sehr klein würfeln, mit Sojasauce, Essig, Salz und Pfeffer verrühren. Lachs waschen, trockentupfen, in Streifen schneiden und darin 10 Min. marinieren.

2. Frühlingszwiebeln waschen, putzen, längs halbieren, in etwa 4 cm große Stücke schneiden. Paprika, Zuckerschoten und Chinakohl waschen, putzen, in feine Streifen schneiden. Lachs abtropfen lassen. Marinade auffangen.

3. Erst den Wok, dann das Öl erhitzen. Lachs darin 1–2 Min. auf beiden Seiten anbraten, herausnehmen. Paprika und Zuckerschoten im übrigen Bratfett 3 Min. unter Rühren braten. Frühlingszwiebeln und Chinakohl hinzufügen und 3 Min. pfannenrühren. Brühe, Marinade und Bindemittel unterrühren, 1–2 Min. köcheln lassen. Lachs auf das Gemüse legen, zugedeckt weitere 5 Min. ziehen lassen.

Das schmeckt dazu Naturreis

Gegrillte Sardinen

Sommerhit alla italiana
30 Min. + 1 Std. Marinieren

pro Portion ca. 390 kcal
42 g Eiweiß · 22 g Fett · 7 g Kohlenhydrate

ZUTATEN FÜR
2 PORTIONEN

- 8 küchenfertige Sardinen (oder 4 Heringe; 400–500 g)
- 1 unbehandelte Zitrone
- 1/2 Bund Petersilie
- 1 Knoblauchzehe
- 1 TL getrockneter Oregano
- 2 EL Olivenöl
- Salz · Pfeffer
- 2 Tomaten
- 4 gelbe Spitzpaprika

ZUBEREITUNG

1. Die Sardinen waschen und trockentupfen. Die Zitrone waschen, abtrocknen, Schale von einer Hälfte abreiben, den Saft auspressen, die andere Hälfte in Scheiben schneiden.

2. Die Petersilie waschen und trockenschütteln, die Blättchen hacken. Knoblauch schälen, fein würfeln. Alles mit Oregano, Öl, Salz und Pfeffer verrühren. Die Sardinen innen und außen damit bestreichen und 1 Std. marinieren.

3. Tomaten und Spitzpaprika waschen. Fische in Grillkörbe oder auf Alufolie auf den Rost des vorgeheizten Holzkohlen- oder Elektrogrills legen. Von jeder Seite 6–8 Min. grillen, Tomaten und Spitzpaprika am Grillrand mitgaren. Gemüse salzen, mit Sardinen und Zitronenscheiben anrichten.

Das schmeckt dazu Vollkorn-Baguette (Rezept S. 144) und Blattsalat

Austausch-Tipp 2 kleine küchenfertige Makrelen oder Doraden (à 300 g) beidseitig 3–4-mal tief einschneiden und 10–12 Min. grillen.

Seelachs-Lauch-Gratin

schmeckt auch Kindern
30 Min. + 25 Min. Backen

pro Portion ca. 310 kcal
37 g Eiweiß · 15 g Fett · 5 g Kohlenhydrate

ZUTATEN FÜR 2 PORTIONEN

300 g Seelachsfilet
2 EL Zitronensaft · Salz
Pfeffer · 1 mittelgroße Stange Lauch
1 EL Olivenöl
1 kleine Knoblauchzehe
200 g passierte Tomaten (Tetrapak) · Muskatnuss, frisch gerieben
50 g frisch geriebener Bergkäse

ZUBEREITUNG

1. Die Fischfilet abspülen, trockentupfen, mit Zitronensaft beträufeln, salzen und pfeffern.

2. Den Lauch putzen, längs aufschneiden, gründlich waschen und in dünne Ringe schneiden. Öl erhitzen, den Lauch darin 3 Min. andünsten. Knoblauch schälen und dazupressen. Mit 6 EL Wasser ablöschen, zugedeckt 7 Min. garen.

3. Den Backofen auf 200° vorheizen. Passierte Tomaten salzen und pfeffern, in eine feuerfeste Form geben, den Fisch hineinlegen. Den Lauch abtropfen lassen, mit Salz, Pfeffer und Muskat würzen. Auf dem Fisch verteilen. Alles mit Käse bestreuen. Das Gratin im heißen Ofen (Mitte, Umluft 180°) 25 Min. überbacken.

Austausch-Tipp Den Lauch durch 300 g TK-Blattspinat ersetzen.

Das schmeckt dazu **Kartoffelschnee:** 200 g mehlig kochende Kartoffeln schälen, würfeln und in Salzwasser garen. Abgießen, sofort durch die Kartoffelpresse drücken, mit Salz und Pfeffer würzen.

Rotbarsch mit Kürbiskernen

würzig, kräftig, gut
30 Min. + 25 Min. Backen

pro Portion ca. 260 kcal
30 g Eiweiß · 14 g Fett · 3 g Kohlenhydrate

ZUTATEN FÜR 2 PORTIONEN

300 g Rotbarschfilet
1/2 Limette · Salz
Pfeffer · 1 kleine gelbe Paprikaschote · 30 g kleine Champignons · 1 kleine Zwiebel · 1 kleine Knoblauchzehe · 1 EL Kürbiskerne · 1 EL Olivenöl
2 EL gehackte Petersilie
1 EL trockener Weißwein

ZUBEREITUNG

1. Das Fischfilet waschen, trockentupfen und halbieren. In eine feuerfeste Form legen. Limettenschale fein abreiben. 1 EL Saft auspressen und über den Fisch träufeln. Mit Salz und Pfeffer würzen.

2. Den Backofen auf 180° vorheizen. Die Paprikaschote waschen, halbieren, putzen und klein würfeln. Die Champignons putzen und in dünne Scheiben schneiden. Zwiebel und Knoblauch schälen, beides fein hacken. Die Kürbiskerne hacken.

3. Das Öl erhitzen, Zwiebel und Knoblauch darin glasig dünsten. Paprikawürfel und Kürbiskerne dazugeben, 3 Min. braten. Champignons 2 Min. mitbraten. Mit Salz, Pfeffer und Limettenschale würzen, vom Herd nehmen.

4. Die Petersilie untermischen. Die Paprikamischung auf dem Fisch verteilen, mit Wein beträufeln. Die Form mit Alufolie abdecken. Den Fisch im heißen Backofen (Mitte, Umluft 160°) 25 Min. dünsten.

Das schmeckt dazu Naturreis

Fisch-Garnelen-Spieße

leicht und scharf
30 Min. + 10 Min. Marinieren

pro Portion ca. 200 kcal
18 g Eiweiß · 9 g Fett · 11 g Kohlenhydrate

ZUTATEN FÜR 2 PORTIONEN

130 g festes Fischfilet (z. B. Steinbeißerfilet)
4 rohe Riesengarnelen, ohne Kopf und Schale (ca. 60 g) · 1 Knoblauchzehe · 1 EL Erdnussöl (oder Rapsöl) · 2 EL Limettensaft · 1/2 TL gemahlener Kreuzkümmel
Salz · Pfeffer · 125 g Zucchino · 1 Scheibe frische Ananas (ca. 130 g)
1 rote Pfefferschote
4 Holzgrillspieße

ZUBEREITUNG

1. Die Holzspieße in Wasser einweichen. Fisch und Garnelen abspülen und trockentupfen, den Fisch in 8 grobe Würfel schneiden.

2. Den Knoblauch schälen und zerdrücken. Mit Öl, Limettensaft, Kreuzkümmel, Salz und Pfeffer verrühren. Fisch und Garnelen darin 10 Min. marinieren.

3. Zucchino waschen, putzen und in 8 Scheiben schneiden. Ananas schälen, vom mittleren Strunk befreien und in 8 Stücke teilen.

4. Die Pfefferschote waschen, halbieren, vom Samenstrang befreien und in Stücke schneiden.

5. Den Backofengrill vorheizen. Fisch und Garnelen mit Zucchino, Ananas und Pfefferschote abwechselnd auf die Spieße stecken. Auf Alufolie auf den Rost legen.

6. Die Spieße bei starker Hitze unterm Grill oder über Holzkohlen 8 Min. grillen, zwischendurch wenden und mit der übrigen Marinade bestreichen.

Das schmeckt dazu Naturreis und Tomatenketchup (Rezept S. 75)

Tuning-Tipp 1 haselnussgroßes Stück frischen Ingwer schälen, reiben und mit der Marinade verrühren.

Austausch-Tipp Den Fisch durch Hähnchenbrustfilet ersetzen, abwechselnd mit Garnelen und Gemüse auf Grillspieße stecken.

Kabeljau-Paprika-Ragout

schmeckt auch Kindern
30 Min.

pro Portion ca. 210 kcal
28 g Eiweiß · 8 g Fett · 6 g Kohlenhydrate

ZUTATEN FÜR 2 PORTIONEN

300 g Kabeljaufilet · 1 EL Zitronensaft · Salz · Pfeffer · 1 rote Paprikaschote · 100 g Blattspinat · 1 kleine Zwiebel · 1 kleine Knoblauchzehe · 1 EL Olivenöl · 1 EL Paprikamark (oder Tomatenmark) · 150 ml Gemüsesaft · 1 EL Crème légère

ZUBEREITUNG

1. Das Fischfilet waschen, trockentupfen und in mundgerechte Stücke schneiden. Mit Zitronensaft beträufeln und salzen. Paprikaschote waschen, halbieren, putzen und klein würfeln. Spinat waschen, verlesen, abtropfen lassen und grob hacken. Zwiebel und Knoblauch schälen, beides fein würfeln.

2. Das Öl in einer Pfanne erhitzen, Zwiebel und Knoblauch darin glasig dünsten. Paprikawürfel dazugeben und bei mittlerer Hitze unter gelegentlichem Wenden 5–6 Min. braten. Paprikamark unterrühren, kurz anschwitzen. Gemüsesaft angießen und alles 3 Min. köcheln lassen. Spinat und Fisch dazugeben, zugedeckt bei schwacher Hitze 5 Min. ziehen lassen. Crème légère unterziehen, mit Salz und Pfeffer würzen.

Das schmeckt dazu Naturreis

Austausch-Tipp Statt Paprikamark nach Belieben scharfes oder mildes Ajvar (Paprikapüree) verwenden.

Fischeintopf mit Fenchel

scharf gewürzt
45 Min.

pro Portion ca. 320 kcal
33 g Eiweiß · 12 g Fett · 20 g Kohlenhydrate

ZUTATEN FÜR 2 PORTIONEN

250 g Fischfilet (z. B. Rotbarsch-, Viktoriabarschfilet) · Salz · Pfeffer · 1 EL Zitronensaft · 300 g Fenchelknolle · 100 g Möhren · 1 kleine, rote Pfefferschote · 1 kleine Zwiebel · 1 EL Olivenöl · 3/8 l Fischfond (oder Gemüsebrühe) · 50 g rote Linsen · 1 Frühlingszwiebel · 1 EL Schmand

ZUBEREITUNG

1. Fischfilet waschen, trockentupfen und in Stücke schneiden. Mit Salz, Pfeffer und Zitronensaft würzen.

2. Den Fenchel waschen, putzen, das Fenchelgrün hacken und beiseite legen. Die Möhren schälen, beides etwa 1 cm groß würfeln. Die Pfefferschote waschen, längs aufschneiden, vom Samenstrang befreien und fein würfeln.

3. Die Zwiebel schälen und würfeln. Das Öl erhitzen, die Zwiebel darin glasig dünsten. Fenchel, Möhren und Pfefferschote zugeben und 2 Min. mitdünsten, mit Fond ablöschen und zugedeckt 10 Min. garen. Linsen waschen, zufügen und 10 Min. köcheln lassen.

4. Die Frühlingszwiebel waschen, putzen und in schmale Ringe schneiden. Mit dem Fisch zum Gemüse geben, zugedeckt bei schwacher Hitze 5 Min. ziehen lassen. Schmand unterrühren und mit dem gehackten Fenchelgrün bestreuen.

Austausch-Tipp Den Fisch durch das ausgelöste Fleisch von 500 g gegarten Miesmuscheln ersetzen.

Speed-Tipp Verwenden Sie 300 g tiefgekühltes Gemüse anstelle von Fenchel und Möhren. Direkt aus dem Gefrierfach in den Topf geben und mit den Linsen 10 Min. köcheln lassen.

Geschmorte Tintenfische

schmeckt nach Urlaub
30 Min. + 30 Min. Garen

pro Portion ca. 345 kcal
26 g Eiweiß · 22 g Fett · 7 g Kohlenhydrate

ZUTATEN FÜR 2 PORTIONEN

300 g kleine, küchenfertige Tintenfische · 2 EL Zitronensaft · 1 kleine Zwiebel · 1 Knoblauchzehe · 1 große Fleischtomate (ca. 350 g) · 1/2 Bund Petersilie · 2 EL Olivenöl · 3 EL trockener Weißwein · 1/2 TL gehackter Thymian (frisch oder getrocknet) · Salz · Pfeffer · 1 Msp. gemahlener Safran · 30 g Pinienkerne

ZUBEREITUNG

1. Tintenfische waschen, trockentupfen und in Stücke schneiden. Mit Zitronensaft beträufeln. Zwiebel und Knoblauch schälen, beides fein hacken. Stielansatz der Tomate entfernen. Die Tomate kurz überbrühen, häuten, entkernen und würfeln. Petersilie waschen und trockenschütteln, die Blättchen hacken.

2. Das Öl in einem Schmortopf erhitzen. Zwiebel darin glasig dünsten. Knoblauch, die Hälfte der Petersilie und die Tintenfische samt Marinade zugeben und 5 Min. mitdünsten. Wein angießen und einkochen lassen.

3. Tomatenwürfel und Thymian unterrühren, mit Salz, Pfeffer und Safran würzen. Zugedeckt bei schwacher Hitze 30 Min. schmoren, dabei öfter umrühren. Mit Salz und Pfeffer würzen.

4. Etwa 10 Min. vor Ende der Garzeit die Pinienkerne klein hacken, hinzufügen und die Tintenfische fertig garen. Mit übriger Petersilie bestreut servieren.

Das schmeckt dazu Naturreis

Tuning-Tipp Für einen Hauch Schärfe etwas fein zerbröselte getrocknete Chilis oder Chiliflocken zugeben – am besten erst gegen Ende der Garzeit, da sie beim Kochen schärfer werden.

Fischeintopf mit Fenchel

Geschmorte Tintenfische

Lachsforelle im Salzmantel

Lachsforelle im Salzmantel

superaromatisch
30 Min. + 40 Min. Backen
pro Portion ca. 220 kcal
33 g Eiweiß · 8 g Fett · 5 g Kohlenhydrate

ZUTATEN FÜR 4 PORTIONEN

1 große frische Lachsforelle (oder 2 kleinere etwa 1,2 kg; küchenfertig)
1 Bund Petersilie
1 Bund Basilikum
1 Bund Dill
2,5 kg grobes Meersalz
2 Eiweiße
400 g Naturjoghurt
1 TL Dijon-Senf
Salz · Pfeffer
1–2 TL Zitronensaft
1 kleine Gewürzgurke
1 Zitrone

ZUBEREITUNG

1. Die Lachsforelle unter fließend kaltem Wasser abbrausen und mit Küchenpapier trockentupfen.

2. Die Kräuter waschen, trockenschütteln und jeweils die Hälfte von jedem Bund abnehmen und in den Bauch der Lachsforelle stecken. Die Bauchlappen dicht übereinander legen.

3. Den Backofen auf 250° vorheizen. In einer großen Schüssel Meersalz mit Eiweiß und 200 ml kaltem Wasser gleichmäßig vermischen. Ein Backblech mit Alufolie bekleiden, die Salzmasse etwa 2 cm dick auf das Blech streichen.

4. Die Lachsforelle in die Mitte legen, rundherum dick mit dem restlichen Salzteig abdecken und andrücken.

5. Im heißen Backofen (Mitte, Umluft 230°) 30 Min. backen, den Backofen ausschalten und die Lachsforelle weitere 10 Min. darin ruhen lassen.

6. Inzwischen den Joghurt mit Senf, Salz, Pfeffer und Zitronensaft verrühren. Die übrigen Kräuter fein hacken, die Gurke fein würfeln. Beides unter den Joghurt rühren, mit Salz und Pfeffer abschmecken. Die Zitrone waschen, abtrocknen und in Achtel schneiden.

7. Vor dem Servieren die Salzkruste mit einem Hammer aufschlagen, die salzverkrustete Fischhaut entfernen. Das Fleisch der Lachsforelle mit Joghurtsauce und Zitronenachteln auf vier Tellern anrichten.

Das schmeckt dazu 100 g kleine Pellkartoffeln pro Portion – am besten die kleinen Frühkartoffeln! Ein gemischter Blattsalat mit GLYX-Vinaigrette (Rezept S. 56)

Austausch-Tipps Auch Wolfsbarsch oder Meerbrassen stecken gerne unter einer Salzdecke. Statt Joghurtsauce eine **Avocadocreme** dazu servieren: Das Fruchtfleisch von 1 reifen Avocado mit 1 EL Zitronensaft und 2 EL saurer Sahne pürieren. 1 frische grüne Chilischote winzig klein würfeln, mit 1 EL gehackten Pistazienkernen unterrühren. Salzen und pfeffern.

Mediterrane Doraden vom Blech

macht was her
50 Min. + 25 Min. Backen
pro Portion ca. 380 kcal
33 k Eiweiß · 22 g Fett · 13 g Kohlenhydrate

ZUTATEN FÜR 4 PORTIONEN

4 küchenfertige Doraden (à ca. 300–350 g)
Salz · Pfeffer
50 g Rucola
50 g getrocknete in Öl eingelegte Tomaten
1 unbehandelte Zitrone
300 g Aubergine
300 g Zucchini
2 rote Zwiebeln
je 1 rote und grüne Paprikaschote
2 kleine Zweige Rosmarin
1/2 Bund Thymian
2 Lorbeerblätter
4 EL Olivenöl
3 EL Zitronensaft

ZUBEREITUNG

1. Die Doraden innen und außen waschen, trockentupfen und die Haut auf beiden Seiten mehrmals im Abstand von 2–3 cm schräg einschneiden. Die Fische innen und außen salzen und pfeffern.

2. Den Rucola waschen, trockenschütteln, von groben Stielen befreien und hacken. Getrocknete Tomaten klein würfeln, mit Rucola und 3 EL Wasser im Mixer oder mit dem Pürierstab pürieren. Zitrone waschen, abtrocknen und in Scheiben schneiden. Die Bauchhöhle der Doraden mit Rucola-Paste bestreichen, mit Zitronenscheiben belegen.

3. Den Backofen auf 220° vorheizen. Die Aubergine und Zucchini waschen, putzen und in etwa 1 cm dicke Scheiben schneiden. Zwiebeln schälen und ebenfalls in etwa 1 cm dicke Scheiben schneiden. Paprikaschoten waschen, halbieren, putzen und in breite Streifen schneiden.

4. Das Gemüse in der Fettpfanne des Ofens verteilen, mit Salz und Pfeffer würzen. Rosmarin und Thymian abbrausen, mit den Lorbeerblättern zwischen das Gemüse stecken. Die Doraden darauf legen.

5. Das Öl mit Zitronensaft, Salz und Pfeffer verquirlen, über Gemüse und Fische träufeln. Im heißen Backofen bei 220° (Mitte, Umluft 200°) 25 Min. backen.

Das schmeckt dazu Vollkorn-Baguette oder -Focaccia (beide Rezepte S. 144) oder kleine Pellkartoffeln: Pro Portion 100 g pellen, in Spalten schneiden und in 1 EL Olivenöl in einer beschichteten Pfanne goldbraun braten.

Austausch-Tipps 2 EL Olivenöl durch Tomatenöl aus dem Glas ersetzen – schmeckt wunderbar aromatisch! Preiswerter wird das Gericht, wenn Sie die Doraden durch kleine küchenfertige Makrelen ersetzen.

Vegi-Tipp Gemüse, wie im Rezept beschrieben, mit Kräutern und Zitronen-Öl auf dem Blech oder in einer feuerfesten Form braten. Abkühlen lassen, mit 2 EL Essig beträufeln und als Antipasti servieren.

Fleisch & Geflügel

Ein Schnitzel ist ein Schnitzel ist ein Schnitzel? Genau. Zeit für Fantasie, für **Abwechslung** namens Puten-Saltimbocca, Lammfilet oder Rehmedaillon… Und wenn

Freunde kommen, tischen Sie einen leichten Kalbsbraten auf. Auf den folgenden Seiten kommen Geflügel, **Wild** und Fleisch **kreativ zubereitet** aus der Pfanne, dem Römertopf, der Folie, vom Blech. Pur natur, mit raffinierten Sößchen oder in **himmlischer Begleitung,** wie zum Beispiel mit Apfelchutney oder Safranzwiebeln.

LUST AUF KEULE & BRATEN?

Lange Zeit war Fleisch in der gesunden Küche verpönt. Das liegt an den alten Vorlieben der Deutschen für fette Schweinereien: Braten mit Kruste, Buletten oder Wurst. Schade. Denn es muss ja nicht immer Schwein sein. Und ohne Fett ist Fleisch sehr gesund. Es liefert neben Eisen und B-Vitaminen wertvolles Eiweiß für den Muskelaufbau.

→ **Stricken Sie die Hitliste um.** Die Top Ten unserer Lieblingsfleischsorten heißen heute: gemischtes Hackfleisch, Schweineschnitzel, Schweinehackfleisch, Schweinebraten, Schweinekotelett, Schweinegulasch, Schweinefilet, Rinderbraten, Rindersuppenfleisch, Rinderrouladen. Mit unserem Kochbuch halten Sie sich an folgende Top-Liste: Wild, Kaninchen, Geflügel, Lamm, Kalb, Rind. Aus der Pfanne oder Wok, geschmort, gegrillt, aus dem Römertopf oder Bratfolie oder vom Blech …

→ **Erleben Sie die Fleischküche neu.** Mager mit Abwechslung und Gemüse. In der Panade muss nicht immer Schwein stecken – und der Mantel kann supergesund ausfallen. Probieren Sie drei Schnitzel der anderen Art ab S. 116. Blitzschnell und köstlich gewürzt kommt Fleisch auf Seite 118 aus der Pfanne. Zart macht es der Römertopf oder die Bratfolie – siehe Seite 129. Und sonntags darf's der Braten sein – Seite 132–133. Fleisch kann übrigens ruhig auch mal im Gemüse verschwinden, köstlich, wie auf Seite 122–123.

Fettsparmaßnahme Das sichtbare Fett am Fleisch ist nicht das Problem, das können Sie am Teller wegschneiden. Hackfleisch ist der ungeschlagene Favorit in deutschen Kochtöpfen. Ersetzen Sie es durch das magere Rindertatar. Dem Geflügel ziehen Abnehmer die Haut ab – dort steckt das meiste Fett. Das geht so: Vor dem Braten/Garen die Haut erst zurückschieben, dann wie einen Einmalhandschuh umstülpen und vorsichtig abziehen. Hautansätze am Knochen abschneiden. Beim Entenbrustfilet die dicke Schwarte mit einem Filetiermesser ablösen und abziehen.

Fleisch ist gesund

… wenn Sie nicht öfter als ein Mal die Woche Rind oder Schwein essen. Häufiger zugreifen dürfen Sie bei Geflügel und Wild. Das ist mager und enthält gesündere Fette. Wenn Schwein, dann bitte Bio. Warum? Das erzählt die Geschichte von dem japanischen Dorf, in dem viele uralte Frauen lebten, die sich einer hervorragenden Gesundheit erfreuten, obwohl sie sich fast ausschließlich von fettem Schweinefleisch ernährten. Wie ist das möglich? Ganz einfach: Die Dorf-Säue wurden nicht – wie bei uns – in engen Ställen gehalten. Sie bewegten sich frei und hatten Auslauf, so viel sie wollten. Dadurch lieferten sie viel mageres Fleisch. Mit Fett, das reich an gesunden, ungesättigten Fettsäuren war. Vergleichbar mit unserem Wild. Oder mit einer glücklichen Bio-Sau.

Tierisches Know-how für GLYX-Köche

Kann man Fleisch in Olivenöl braten? Klar. Fragen Sie doch mal den Koch in Ihrem Lieblings-Italiener, -Griechen, -Spanier oder -Portugiesen. Man muss nur wissen wie es geht: Pfanne auf mittlere Hitze erwärmen und erst dann Olivenöl eingießen. Zwei Minuten warten. Dann einen hölzernen Pfannenwender ins Öl halten. Bilden sich daran Bläschen, ist das Öl zum Anbraten heiß genug und Sie dürfen das gut abgetrocknete Fleisch einlegen. Hitze so regulieren, dass das Öl nicht zu rauchen beginnt.

→ **Ein Wort zum Rapsöl** Wollen Sie Öl aus hiesigen Landen, mit günstigem Fettsäuremuster (Linolsäure), dann wählen Sie Rapsöl. Zum Frittieren eignet sich nur raffiniertes Rapsöl, das neutral schmeckt. Das bessere Rapsöl aus erster Pressung schmeckt fein aromatisch und ist auch gut erhitzbar. Es eignet sich also ausgezeichnet für die kalte Küche, zum Backen, Dünsten, Kochen und Braten bei gemäßigten Temperaturen.

→ **Glyxlich Saucen binden** So machen Sie zu Kurzgebratenem eine schnelle Sauce: Das Fleisch in der Pfanne kurz und kräftig braten, herausnehmen und warm stellen. Den Brat-satz mit Rot- oder Weißwein, Brühe oder Fond ablöschen und unter Rühren loskochen. Die Flüssigkeit einkochen lassen, dann mit etwas Crème légère oder Schmand verfeinern. Saure Sahne oder Joghurt neben dem Herd unterrühren, sonst flocken sie aus. Mit Salz und Pfeffer und nach Belieben mit Kräutern, Kapern, Zitronensaft abschmecken. Fleisch vor dem Servieren in der Pfanne noch mal kurz erwärmen.

→ **Glyxlich panieren** Die Standard-Panade hat in der GLYX-Küche nichts zu suchen. Da saugt sich GLYX-hohe Semmelbröselmasse in der Fritteuse mit minderwertigem Fett voll – keine gute Sache. GLYX-Köche panieren folgendermaßen: gewürztes Fleisch in Vollkornmehl wenden, dann in Ei und schließlich in einer Masse aus Vollkornsemmelbröseln, Samen und Nüssen oder Gemüseraspeln. Goldgelb mit wenig Olivenöl, am besten in der beschichteten Pfanne backen. Die Stücke vor dem Servieren kurz auf Küchenpapier ruhen lassen, um überschüssiges Fett zu entziehen.

Das Küchenmesser

Gute Köche hegen und pflegen ihre Messer wie der Geiger seine Stradivari. Messer sind die Kardinalwerkzeuge in der Küche. Scharf müssen sie sein. Übrigens nicht alleine, um alles klein zu kriegen. Scharfe Messer sind wesentlich ungefährlicher, weil ihre Klinge nicht so leicht abrutscht wie eine stumpfe.

Gute Messer sind aus geschmiedetem Stahl. Sie haben einen dicken Rücken, der sich zur Schneide hin gleichmäßig verjüngt. Und man erkennt sie an ihrem dicken Kropf – das ist die massive Verdickung zwischen Klinge und Griff.

Billige Messer sind gestanzt. Sie haben nur eine knapp angeschliffene Schneide. Die stumpft leicht ab und lässt sich kaum noch nachschleifen.

Schon gewusst? Sofern der Metzger keine Vorarbeit geleistet hat, gilt für Sie zuhause folgende Regel: Fleisch immer quer zur Muskelfaser schneiden. So schrumpft das Steak nicht in der Pfanne zusammen und bleibt schön saftig und zart.

Gutes Fleisch? Ja, aber woher?

Woran lässt sich gutes Fleisch im Supermarkt erkennen? Etwa am Etikett mit dem »QS«-Siegel. Das steht für »Qualität und Sicherheit«. Und bedeutet, dass bei der Aufzucht, Schlachtung und Weiterverarbeitung alle bestehenden Gesetze eingehalten wurden. Schön. Nur man weiß nicht, wie die Tiere gehalten und gefüttert wurden.

→ **Extensiv oder intensiv?** In der Landwirtschaft unterscheidet man zwischen intensiver und extensiver Mast. Intensiv bedeutet: Die Tiere stehen in künstlich beleuchteten Ställen, bekommen Futter, das mit allen zugelassenen Zusatzstoffen angereichert wurde. Und die Behandlung begrenzt allein das Arzneimittelgesetz. Dagegen bedeutet extensiv: Die Tiere werden artgerecht gehalten, das Futter besteht zu 70 Prozent aus Getreide und darf nicht mit Masthilfen angereichert werden. Und der Einsatz von Antibiotika ist auf ein Minimum beschränkt. Wäre doch schön, wenn das alles auf der Packung stehen würde? Tut es aber nicht. Da steht manchmal nur »Bio« drauf. Und das garantiert extensive Mast mit dem Zusatz, dass das Futter aus ökologischem Anbau stammen muss.

→ **Verbraucher-Info** Verbraucherschützer haben bisher geraten, nur noch Bio-Fleisch zu kaufen. Oder beim Metzger einzukaufen. Den könne man schließlich fragen, woher sein Angebot kommt. Aber man muss ihm halt vertrauen. Weshalb der Verbraucherzentrale Bundesverband e.V. endlich aktiv wurde und kürzlich eine Broschüre veröffentlichte (nähere Informationen unter www.verbraucherzentrale.de). Auf der sind alle bekannten Fleisch-Marken (zum Beispiel »Wiesenhof« oder »Demeter«) aufgeführt. Und die dazu gehörenden Informationen über Herkunft und Aufzucht der Tiere.

Kleiner GLYX-Gar-Kompass

→ **Kurzbraten** Das Fleisch in wenig heißem Fett in einer offenen schweren Pfanne von allen Seiten sehr schnell anbraten, damit sich eine Kruste an der Fleischoberfläche bildet und die Poren sich schließen. Wenn sich eine Kruste gebildet hat, Temperatur herunterschalten. Geeignete Fleischstücke: zarte Steaks, Filets, Schnitzel, ausgelöste Geflügelteile. Tipp: Größere Mengen Geschnetzeltes oder Schnitzel am besten portionsweise braten, damit sich kein Saft bildet – sonst wird aus dem Braten ein ungewolltes Dünsten. Und: Mageres Fleisch erst nach dem Braten salzen, das Salz würde sonst dem Fleisch Saft entziehen. Geeignete Bratfette: Olivenöl und Rapsöl. Ein spezielles Kurzbraten ist übrigens auch das Pfannenrühren im Wok.

→ **Schmoren** ist ein Mittelding zwischen Braten und Dünsten. So geht's: Fleisch scharf anbraten, dann ablöschen und in einem geschlossenen Topf bei milder Hitze mit wenig Flüssigkeit, z. B. Wein, Fond oder Brühe garen. Wichtig: Nicht zu viel Flüssigkeit dazu, sonst wird das Fleisch gekocht. Häufiger etwas Flüssigkeit nachgießen. Tipp: Schmorgerichte lassen sich gut vorbereiten und einfrieren. Brauchen nur am Anfang Aufmerksamkeit, dann schmurgeln sie von alleine.

→ **Grillen** In der GLYX-Küche magere Teile bevorzugen: Putenbrust und -schnitzel, Hähnchenbrust und -filet, gut abgehangenes mageres Rindfleisch aus Rücken oder Hüfte, Filetsteaks, Rumpsteaks, Lammkoteletts, Lammlende. Grillen kann man über Holzkohlen, mit Gas- oder Elektrogrill oder im Backofen mit Grilleinrichtung. Außerdem gibt es noch den Tischgrill mit dem heißen Stein. So geht's grundsätzlich: Gerät aufheizen. Mariniertes Grillgut auf den Rost oder direkt auf die Heizfläche legen oder auf einen Spieß stecken. Nur so lange bräunen lassen, bis das Grillgut gerade gar ist. Wird's zu schwarz, schmeckt es nicht mehr und ist Krebs erregend.

→ **Der Römertopf** Gart Fleisch ohne oder mit wenig Fett und mit einem Minimum an Flüssigkeit. Den unglasierten Tontopf samt Deckel vor Gebrauch 15–30 Min. wässern. Dann Fleisch, Gemüse, Kräuter und Gewürze einlegen, Deckel auflegen und den Topf in den kalten Ofen schieben. Erst danach aufheizen und das Fleisch garen.

→ **Folienbraten** Auch in durchsichtiger Bratfolie (gibt es als Folienschlauch von der Rolle) kann man braten. Fleisch, Gemüse und etwas Flüssigkeit z. B. Wein/Brühe werden locker mit viel Luft in die Folie gepackt und an beiden Enden fest verschlossen. Mit der Nadel ein paar Löcher in die Folie stechen. Tipp: Sparsam mit Gewürzen umgehen; da kein Aroma entweichen kann, wirken sie stärker.

→ **Niedrigtemperatur-Garen** Sie laden Gäste ein, dann investieren Sie Zeit in den Braten. Wild (z. B. Rehkeule), Kalb (z. B. Rücken), Lamm (Rücken oder Keule, siehe S. 131) oder Rind 24 Std. in frischen Kräutern und Olivenöl marinieren – und dann 9 Stunden bei 90 Grad garen. Ein unvergesslich zartes Erlebnis!

Putenschnitzel mit Erdnusskruste

Grundrezept Paniertes Schnitzel

klassisch gut
30 Min.

pro Portion ca. 230 kcal
22 g Eiweiß · 10 g Fett · 12 g Kohlenhydrate

ZUTATEN FÜR 2 PORTIONEN

2 Kalbsschnitzel (à ca. 80 g)
Salz · Pfeffer
1/2 altbackenes Roggen-Vollkornbrötchen (ca. 30 g) · 1 Ei
2 EL feines Weizen-Vollkornmehl
1 EL Rapsöl
2 Zitronenschnitze

ZUBEREITUNG

1. Schnitzel waschen, abtrocknen, zwischen zwei Lagen Frischhaltefolie mit einem Plattierer flach streichen. Beidseitig salzen und pfeffern.

2. Brötchen würfeln, im Blitzhacker oder in der Handmühle fein zerbröseln. Das Ei in einem tiefen Teller verquirlen. Mehl und Brösel jeweils in einen tiefen großen Teller geben.

3. Die Schnitzel erst im Mehl wenden, überschüssiges Mehl abklopfen, dann im Ei und zum Schluss öfters in den Bröseln wenden.

4. Öl in einer beschichteten Pfanne erhitzen, Schnitzel darin bei mittlerer Hitze von jeder Seite 1–2 Min. braten. Auf Küchenpapier kurz abtropfen lassen. Mit je einem Zitronenschnitz servieren.

Das schmeckt dazu Gemischter Blattsalat mit GLYX-Vinaigrette (Rezept S. 56), Gemüsesalat mit Basilikum-Joghurt (Rezept S. 60), Ratatouille (Rezept S. 91)

GLYX-Tipp Übrige Vollkornbrötchen hart werden lassen, fein reiben und in einer Dose trocken aufbewahren. So haben Sie jederzeit Vollkorn-Semmelbrösel parat.

Putenschnitzel mit Erdnusskruste

saftig, fruchtig, nussig
50 Min.
pro Portion ca. 290 kcal
33 g Eiweiß · 17 g Fett · 19 g Kohlenhydrate

ZUTATEN FÜR 2 PORTIONEN

2 Putenschnitzel (à ca. 100 g)
Salz · Pfeffer
1 EL Limettensaft
1 EL Sojasauce
1 Orange
1 Frühlingszwiebel
30 g ungesalzene geröstete Erdnusskerne
1 EL Vollkorn-Semmelbrösel (Tipp S. 116)
1 kleines Ei
1 EL Weizenmehl (Type 1050)
1 EL Erdnussöl
1/8 l Geflügelfond (Glas, oder Hühnerbrühe)
1 Messlöffel Johannisbrotkernmehl (pflanzliches Bindemittel; Reformhaus)

ZUBEREITUNG

1. Schnitzel waschen, abtrocknen, salzen und pfeffern. Mit Limettensaft und Sojasauce beträufeln, 20 Min. ziehen lassen. Orange schälen, filetieren, dabei den Saft auffangen. Frühlingszwiebel waschen, putzen und in feine Ringe schneiden.

2. Erdnüsse fein hacken, mit den Bröseln vermengen. Ei verquirlen. Fleisch abtupfen, erst im Mehl wenden, dann durch das Ei ziehen und zuletzt von beiden Seiten in die Erdnuss-Mischung drücken.

3. Öl in einer beschichteten Pfanne erhitzen, Schnitzel auf jeder Seite bei mittlerer Hitze 5–6 Min. braten. Herausnehmen und warm stellen. Bratensatz mit Fond, aufgefangenem Orangensaft und Marinade loskochen. Bindemittel einrühren und alles 1–2 Min. köcheln lassen. Orangenfilets und Frühlingszwiebeln kurz darin ziehen lassen. Sauce zu den Schnitzeln servieren.

Das schmeckt dazu Natur-Basmatireis mit Kardamom

Mit Liebe und GLYX-Know-how paniert

Eine dünne Scheibe Fleisch, saftig und zart, ummantelt von einer knusprigen, goldbraunen Hülle – so sollte das perfekte Schnitzel sein. Normalerweise nimmt man Mehl, verquirltes Ei und Semmelbrösel für die Panierung. Doch in der GLYX-Küche sollten Sie öfter kreativ sein und experimentieren. Anstatt Vollkorn-Semmelbrösel feine Haferflocken nehmen, fein gemahlene Nüsse wie Hasel-, Wal- oder Erdnüsse, Mandeln, Kokosraspel oder Sesamsamen. Würzig wird's, wenn Sie die Hälfte der Brösel durch geriebenen Käse, z. B. Parmesan oder Gouda, ersetzen, durch gehackte Kräuter oder geriebenen Meerrettich.

Des Schnitzels neue Hülle

Statt Bröselreibe den Gemüsehobel zur Hand nehmen und feste Sorten wie Knollensellerie, Kohlrabi, Zucchini und Möhren fein raspeln. Gemüseraspel mit Ei, geriebenem Käse, Nüssen oder Kräutern vermischen und nach dem Wenden in Mehl »dick« auf das Fleisch auftragen. Wichtig: nur im mäßig heißen Öl braten und behutsam wenden. Das Ergebnis: ein Schnitzel im Gemüse-Mantel, bei dem die Hülle zur Beilage wird.

Sesam-Hähnchenbrustfilets

blitzschnell
20 Min.
pro Portion ca. 230 kcal
27 g Eiweiß · 12 g Fett · 1 g Kohlenhydrate

ZUTATEN FÜR 2 PORTIONEN

2 Hähnchenbrustfilets (à ca. 100 g)
Salz · Pfeffer
1 Eiweiß
25 g Sesamsamen
1 EL Rapsöl

ZUBEREITUNG

1. Hähnchenbrustfilets waschen und abtrocknen. Beidseitig salzen und pfeffern.

2. Eiweiß in einen tiefen Teller, Sesam auf einen flachen Teller geben. Das Fleisch zuerst durch das Eiweiß ziehen, dann mehrmals in den Sesamsamen wenden.

3. Öl in einer beschichteten Pfanne mäßig heiß werden lassen, Hähnchenbrustfilets darin bei mittlerer Hitze auf jeder Seite 5 Min. braten. Auf Küchenpapier kurz abtropfen lassen und schräg in Scheiben schneiden.

Das schmeckt dazu Frühlingsgemüse (Rezept S. 86) oder Blumenkohl-Möhrengemüse (Rezept S. 87)

Kohlrabischnitzelchen

schmeckt auch Kindern
1 Std.
pro Portion ca. 340 kcal
28 g Eiweiß · 22 g Fett · 7 g Kohlenhydrate

ZUTATEN FÜR 2 PORTIONEN

1 junger Kohlrabi (ca. 250 g)
2 Kalbsschnitzel (à ca. 80 g)
Salz · Pfeffer
40 g mittelalter Gouda
2 EL fein gemahlene Haselnüsse (oder Mandeln) · 1 Ei
1 EL feines Weizen-Vollkornmehl
2 EL Rapsöl

ZUBEREITUNG

1. Kohlrabi putzen, schälen und fein raspeln, salzen und 20 Min. ziehen lassen.

2. Schnitzel trockentupfen, flach klopfen, in 4–6 kleine Schnitzel schneiden, mit Salz und Pfeffer würzen. Käse fein reiben. Kohlrabiraspel in einem Tuch ausdrücken, mit Käse und Nüssen vermischen. Ei untermengen, salzen und pfeffern. Schnitzel im Mehl wenden, mit der Kohlrabimasse umhüllen und diese rundherum fest andrücken.

3. Öl in einer beschichteten Pfanne erhitzen, Kohlrabischnitzel bei mittlerer Hitze von jeder Seite 5–6 Min. braten.

Das schmeckt dazu **Kerbel-Joghurt:** 200 g Naturjoghurt mit 2 TL Zitronensaft, Salz und Pfeffer verrühren. 1 Hand voll gehackten Kerbel unterheben.

Kalbsmedaillons mit Artischocken

blitzschnell
15 Min.
pro Portion ca. 280 kcal
34 g Eiweiß · 13 g Fett · 1 g Kohlenhydrate

ZUTATEN FÜR 2 PORTIONEN

- 4 kleine Kalbsmedaillons (à ca. 60–80 g)
- 4 Artischockenherzen (Glas)
- 2 EL Olivenöl
- 2 Spritzer Worcestersauce · Salz
- Zitronenpfeffer
- 1 TL gehackte Petersilie

ZUBEREITUNG

1. Die Medaillons mit Küchenpapier abtupfen. Die Artischockenherzen in einem Sieb abtropfen lassen.

2. Das Öl erhitzen, die Medaillons darin von jeder Seite in 5 Min. braun braten. Mit Worcestersauce, Salz und Zitronenpfeffer würzen. Bei schwacher Hitze etwas nachziehen lassen.

3. Artischockenherzen und Petersilie unterrühren, alles kurz erwärmen. Die Medaillons mit den Artischockenherzen auf zwei Tellern anrichten.

Das schmeckt dazu 2 Frühlingszwiebeln putzen, waschen und in dünne Ringe schneiden. 1 Bund Rucola putzen, waschen und trockenschleudern. Frühlingszwiebeln in 1 EL Olivenöl leicht andünsten, Rucola unterrühren. Mit Salz und Pfeffer würzen. Zu den Medaillons servieren. Oder grüner Blattsalat mit Orangen-Nuss-Vinaigrette (Rezept S. 57).

Puten-Saltimbocca mit Erbsenpüree

einfach
20 Min.
pro Portion ca. 445 kcal
41 g Eiweiß · 23 g Fett · 17 g Kohlenhydrate

ZUTATEN FÜR 2 PORTIONEN

- 250 g Zucchini
- Salz · Pfeffer
- 1 TL Weißweinessig
- 200 g TK-Erbsen
- 2 dünne Putenschnitzel (à ca. 120 g)
- 1 Scheibe Parmaschinken
- 2 Salbeiblätter
- 2 EL Olivenöl
- 75 ml Weißwein
- 1 EL Crème fraîche
- 2 kleine Holzspieße

ZUBEREITUNG

1. Zucchini waschen, putzen und grob raspeln. 100 ml Wasser mit 1 Prise Salz und Essig aufkochen lassen. Zucchiniraspel und unaufgetaute Erbsen dazugeben und zugedeckt 6–8 Min. kochen lassen.

2. Putenschnitzel flach klopfen. Schinken quer halbieren. Je 1 Salbeiblatt und Schinken auf die Schnitzel legen. Schnitzel zusammenklappen und mit Holzspießchen feststecken.

3. Öl in einer beschichteten Pfanne erhitzen, Schnitzel von jeder Seite 2–3 Min. braten, mit Salz und Pfeffer würzen. Zugedeckt warm stellen. Bratensatz mit Weißwein loskochen. Schnitzel in die Sauce legen.

4. Zucchiniraspel und Erbsen mit Crème fraîche im Mixer pürieren. Schnitzel mit Sauce und Erbsenpüree servieren.

Tuning-Tipp 1 EL gehackte Minze, Zitronenmelisse unter das Erbsenpüree heben.

Lammfilet mit Safranzwiebeln

für Gäste
25 Min.
pro Portion ca. 290 kcal
23 g Eiweiß · 16 g Fett · 14 g Kohlenhydrate

ZUTATEN FÜR 4 PORTIONEN

- 750 g kleine runde Zwiebeln (Cipollini, ersatzweise Schalotten)
- 4 EL Olivenöl
- 6–8 Safranfäden (ersatzweise 1 Döschen Safranpulver, 1 g)
- 1 getrocknete Chilischote
- 1 EL Weißweinessig
- 2 EL Ahornsirup
- 4 Scheiben Lammrückenfilet (Lammlende, à ca. 100 g)
- 1 TL Sojasauce
- Salz · Pfeffer

ZUBEREITUNG

1. Zwiebeln schälen und abbrausen. 150 ml Wasser, 1 EL Öl, Safran, Chilischote, Essig und Ahornsirup in einem Topf aufkochen und offen 2 Min. einkochen lassen. Zwiebeln dazugeben und bei mittlerer Hitze 6 Min. köcheln lassen.

2. Restliches Öl erhitzen, die Lammfiletscheiben darin auf jeder Seite in 5 Min. braun braten. Den Bratensatz mit Sojasauce loskochen. Das Fleisch salzen und pfeffern.

3. Die Zwiebeln aus dem Sud nehmen und mit den Lammfiletscheiben auf vier Tellern anrichten.

Austausch-Tipp Das Lammfilet durch Rinderfilet ersetzen.

Rehmedaillons mit Apfelchutney

einfach
25 Min.
pro Portion ca. 310 kcal
22 g Eiweiß · 12 g Fett · 27 g Kohlenhydrate

ZUTATEN FÜR 4 PORTIONEN

- 4 Rehmedaillons (à ca. 100 g)
- 1 TL schwarze Pfefferkörner · 3 EL Öl
- 1 Lorbeerblatt
- 6 Trockenpflaumen (»Soft-Früchte«)
- 500 g säuerliche Äpfel (z. B. Cox Orange)
- 30 g Fruchtzucker
- 1 EL Weißweinessig
- 2 Sternanis
- 1 Stück Zimtstange
- 1 EL Mandelstifte
- Salz · Pfeffer
- 1 TL Sojasauce
- 1 EL Johannisbeergelee (Reformhaus)

ZUBEREITUNG

1. Rehmedaillons abtupfen. Pfefferkörner grob zerstoßen, mit 1 EL Öl verrühren. Mit Rehmedaillons und Lorbeerblatt in einem Gefrierbeutel 15 Min. marinieren.

2. Pflaumen klein würfeln. Äpfel schälen, vierteln, entkernen und quer in Scheibchen schneiden. 200 ml Wasser mit Fruchtzucker, Essig, Sternanis und Zimt aufkochen lassen. Pflaumen, Äpfel und Mandelstifte darin 15 Min. köcheln lassen. Ab und zu umrühren.

3. Rehmedaillons leicht abtupfen. Übriges Öl erhitzen. Medaillons von jeder Seite in 5 Min. braun braten. Medaillons salzen und pfeffern, herausnehmen und zugedeckt warm halten. Sojasauce und Johannisbeergelee einrühren und aufkochen lassen. Medaillons mit Sauce und Apfelchutney anrichten.

Lammgyros mit Joghurt

Fast Food auf Griechisch
25 Min.

pro Portion ca. 330 kcal
22 g Eiweiß · 25 g Fett · 4 g Kohlenhydrate

ZUTATEN FÜR 2 PORTIONEN

200 g Lammlende
Salz · Pfeffer
1 1/2 EL Olivenöl
1 TL rosenscharfes Paprikapulver
1 TL gehackter Thymian
1/2 TL getrockneter Oregano
1 Knoblauchzehe
150 g Naturjoghurt
2 TL Zitronensaft
1/2 Bund Petersilie

ZUBEREITUNG

1. Die Lammlende waschen, abtrocknen und beidseitig salzen und pfeffern. 1 EL Olivenöl mit Paprikapulver, Thymian und Oregano verrühren. Knoblauch schälen und dazupressen. Fleisch damit auf beiden Seiten bestreichen.

2. Den Joghurt mit 1/2 EL Öl und Zitronensaft glatt rühren, salzen und pfeffern. Petersilie waschen und trockenschütteln, die Blätter hacken und unterrühren.

3. Das Fleisch auf dem Rost über heißen Holzkohlen oder im vorgeheizten Elektrogrill auf Alufolie von jeder Seite 4 Min. grillen. Zwischendurch mit Marinade bestreichen. Fleisch erst in dünne Scheiben, dann in Streifen schneiden. Mit der Joghurtsauce anrichten.

Das schmeckt dazu Tomaten und Focaccia mit Oliven (Rezept S. 144). Oder **Tsatsiki:** 300 g Naturjoghurt abtropfen lassen. 1/2 kleine Salatgurke schälen, halbieren, entkernen und in feine Stifte schneiden. Mit 1/4 TL Salz vewrmischen und 10 Min. ziehen lassen, dann abtropfen lassen und mit Joghurt verrühren. 1 Knoblauchzehe schälen, dazudrücken. Alles mit je 1 EL Weißweinessig und Olivenöl verrühren, salzen und pfeffern. 2 Stängel Minze hacken und unterrühren.

Austausch-Tipp Anstelle von Lammfilet Putenschnitzel verwenden.

Mehr draus machen Die Mengen erhöhen, das Fleisch würfeln und marinieren. Mit Zucchini- und Zwiebelstücken abwechselnd auf Schaschlikspieße stecken und grillen. Mit Joghurtsauce servieren.

Kräuterfrikadellen mit Zitronensauce

schlicht, doch raffiniert
40 Min.
pro Portion ca. 270 kcal
26 g Eiweiß · 16 g Fett · 6 g Kohlenhydrate

ZUTATEN FÜR 2 PORTIONEN

1 kleine Zwiebel
1/2 Bund Petersilie
3 Zweige Basilikum
200 g Tatar
1 TL gehackter Thymian
1 Ei · 2 EL feine Vollkorn-Haferflocken · Salz
Pfeffer · 1 EL Olivenöl
1/8 l Gemüsebrühe
2 EL Crème légère
1/2 TL abgeriebene Zitronenschale

ZUBEREITUNG

1. Zwiebel schälen und fein würfeln. Petersilie und Basilikum waschen und trockenschütteln, die Blätter fein hacken. Zwiebel und Kräuter mit Tatar, Thymian, Ei, Haferflocken, Salz und Pfeffer zu einem glatten Teig verkneten. Aus dem Fleischteig 8 kleine Frikadellen formen.

2. In einer Grillpfanne das Öl sehr heiß werden lassen. Frikadellen darin rundherum braun anbraten, bei schwacher Hitze in 10–15 Min. fertig braten. Herausnehmen und warm halten.

3. Bratensatz mit Brühe ablöschen, Crème légère unterrühren und die Sauce kurz cremig einkochen lassen. Zitronenschale unter die Sauce rühren. Mit Frikadellen servieren.

Das schmeckt dazu Frühlingsgemüse (Rezept S. 86) oder Gemüsesalat mit Basilikum-Joghurt (Rezept S. 60)

Saté-Spießchen vom Huhn

für Thai-Liebhaber
30 Min. + 1 Std. Marinieren
pro Portion ca. 195 kcal
24 g Eiweiß · 7 g Fett · 5 g Kohlenhydrate

ZUTATEN FÜR 2 PORTIONEN

200 g Hähnchenbrustfilet
1 Schalotte · 1 kleines Stück Zitronengras (ca. 2 cm)
4 EL ungesüßte Kokosmilch (Dose)
2 TL Sojasauce
2 TL Fischsauce (Asienladen)
1/2 TL flüssiger Honig
Salz · Pfeffer
1 TL gemahlener Koriander · 1 TL Rapsöl
Bambusholzspieße

ZUBEREITUNG

1. Fleisch waschen, abtrocknen und in dünne Streifen schneiden. Schalotte schälen und hacken. Zitronengras fein würfeln. Beides mit Kokosmilch, Soja- und Fischsauce und Honig pürieren. Mit Salz, Pfeffer und Koriander würzen. Fleisch darin 1 Std. marinieren. Holzspieße in kaltem Wasser einweichen.

2. Das Fleisch wellenförmig auf Bambusholzspieße ziehen. Eine beschichtete Grillpfanne mit Öl einpinseln, stark erhitzen, Spießchen darin auf jeder Seite 3–4 Min. braten.

Mehr draus machen Mehr Spieße vorbereiten, auf dem Rost des Gartengrills oder unter dem Backofengrill knusprig rösten.

Tuning-Tipp Die übrige Marinade mit 6 EL Hühnerbrühe und 1 EL Erdnussmus (Reformhaus) in 5 Min. sämig einkochen lassen. Beiseite stellen und 2 EL Joghurt untermischen. Sauce mit Salz, Pfeffer und Limettensaft abschmecken.

Kräuterfrikadellen mit Zitronensauce

Saté-Spießchen vom Huhn

Putenfrikassée mit Spargel

frühlingsfrisch
30 Min.
pro Portion ca. 270 kcal
29 g Eiweiß · 11 g Fett · 11 g Kohlenhydrate

ZUTATEN FÜR 2 PORTIONEN

je 200 g weißer und grüner Spargel
100 g Möhren
200 g Putenbrustfilet
150 ml Gemüsebrühe
1 EL Olivenöl
1 TL Butter
Salz · Pfeffer
100 g Dickmilch
2 TL Weizenmehl (Type 1050)
Muskatnuss, frisch gerieben
1–2 TL Zitronensaft
4 Stängel Basilikum

ZUBEREITUNG

1. Spargel waschen, putzen und schälen, grünen Spargel nur im unteren Drittel schälen. Spargel schräg in Stücke schneiden, Spargelköpfe längs halbieren. Möhren putzen, schälen und schräg in Scheiben schneiden. Putenbrustfilet würfeln. Brühe erhitzen.

2. Öl und Butter in einer großen Pfanne erhitzen. Fleisch darin 3 Min. braun anbraten, salzen und pfeffern. Spargel und Möhren 2–3 Min. mitbraten. Heiße Brühe angießen, aufkochen lassen.

3. Dickmilch mit Mehl verquirlen, unterrühren und alles zugedeckt 5 Min. kochen lassen. Mit Salz, Pfeffer, Muskat und Zitronensaft würzen. Basilikum waschen und trockenschütteln, die Blätter grob hacken und darüber streuen.

GLYX-Tipp Dickmilch unbedingt mit dem Mehl verrühren, bevor sie unter die heiße Sauce gerührt wird, sonst flockt sie aus.

Rinderfilet Stroganoff

klassisch gut und leicht
40 Min.
pro Portion ca. 240 kcal
26 g Eiweiß · 12 g Fett · 7 g Kohlenhydrate

ZUTATEN FÜR 2 PORTIONEN

200 g Rinderfilet
125 g Egerlinge (oder Champignons)
1 kleine grüne Paprikaschote
1 kleine Zwiebel
1 Knoblauchzehe
1 EL Rapsöl
Salz · Pfeffer
2 TL Weizenmehl (Type 1050)
2 TL Tomatenmark
200 ml Rinderfond (oder Fleischbrühe)
1/2 Bund Petersilie
75 g Naturjoghurt

ZUBEREITUNG

1. Filet in dünne Scheiben schneiden. Egerlinge abreiben, putzen, halbieren oder vierteln. Paprikaschote waschen, halbieren, putzen und klein würfeln. Zwiebel schälen und hacken, Knoblauch schälen.

2. Das Öl in einer schweren Pfanne erhitzen, Fleisch darin in 2 Min. braun anbraten. Herausnehmen, salzen und pfeffern, warm halten. Zwiebel zugeben, Knoblauch dazupressen und im übrigen Bratfett glasig dünsten. Egerlinge und Paprikawürfel 3 Min. mitdünsten. Mehl darüber stäuben und kurz anschwitzen, Tomatenmark unterrühren. Fond angießen, aufkochen und offen bei mittlerer Hitze 5 Min. köcheln lassen.

3. Petersilie waschen, trockenschütteln, die Blätter fein hacken. Fleisch in die Sauce geben, kurz erhitzen. Pfanne vom Herd nehmen, Joghurt einrühren und nachwürzen. Mit Petersilie bestreuen.

Hähnchen-Wok mit Brokkoli

China grüßt glyxlich
35 Min.
pro Portion ca. 470 kcal
31 g Eiweiß · 29 g Fett · 20 g Kohlenhydrate

ZUTATEN FÜR 2 PORTIONEN

150 g Hähnchenbrustfilet
50 g Mandelkerne
250 g Brokkoli
70 g Shiitakepilze (ersatzweise Egerlinge)
1 kleine Zwiebel
1 Stück frischer Ingwer (haselnussgroß)
1 Knoblauchzehe
2 EL Erdnussöl
Salz · Pfeffer
2 EL helle Sojasauce
1/8 l Hühnerbrühe
1 Messlöffel Johannisbrotkernmehl (pflanzliches Bindemittel; Reformhaus)

ZUBEREITUNG

1. Fleisch waschen, abtrocknen und in kleine Würfel (etwa 1 cm) schneiden. Mandeln überbrühen, abschrecken und häuten. Brokkoli waschen und putzen, in kleine Röschen teilen, die Stiele klein würfeln. Shiitakepilze abreiben, Stiele entfernen, Hüte vierteln. Zwiebel schälen und würfeln. Ingwer und Knoblauch schälen, beides fein hacken.

2. Wok heiß werden lassen. 1 EL Öl stark erhitzen. Mandeln anbraten, herausnehmen. Fleisch in 3–4 Min. anbraten. Herausnehmen, salzen, pfeffern und warm halten. Im übrigen heißen Öl erst die Zwiebel, dann Ingwer, Knoblauch und Brokkolistiele 1 Min. unter Rühren braten. Brokkoliröschen und Pilze zugeben, 3 Min. pfannenrühren.

3. Sojasauce, Brühe und Bindemittel, Fleisch und Mandeln zugeben, alles 2 Min. pfannenrühren. Mit Salz und Pfeffer würzen.

Das schmeckt dazu Naturreis

Zucchini-Geschnetzeltes

ganz einfach
40 Min.
pro Portion ca. 184 kcal
23 g Eiweiß · 7 g Fett · 3 g Kohlenhydrate

ZUTATEN FÜR 2 PORTIONEN

200 g mageres Kalbfleisch (z. B. Lende)
150 g Zucchini
1 kleine Zwiebel
1 Knoblauchzehe
250 g Tomaten
1 EL Rapsöl
Salz · Pfeffer
2 EL trockener Weißwein
1/2 TL gehackter Thymian
1 EL Kapern
2 EL gemischte gehackte Kräuter (z. B. Schnittlauch, Petersilie, Basilikum)

ZUBEREITUNG

1. Fleisch abtrocknen und in feine Streifen schneiden. Zucchini waschen, putzen und in Stifte schneiden. Zwiebel und Knoblauch schälen und fein würfeln. Stielansätze der Tomaten entfernen. Tomaten kurz überbrühen, häuten und vierteln.

2. Das Öl in einer großen Pfanne erhitzen. Das Fleisch darin unter Wenden in 2–3 Min. scharf anbraten, salzen und pfeffern. Herausnehmen und warm halten. Zucchini und Zwiebel im heißen Bratfett 3 Min. andünsten, Knoblauch zufügen. Tomaten, Wein und Thymian in die Pfanne geben. Zugedeckt bei mittlerer Hitze 5 Min. dünsten. Fleisch, Kapern und Kräuter unterrühren, die Sauce kurz erhitzen, mit Salz und Pfeffer abschmecken.

Das schmeckt dazu Naturreis oder Vollkorn-Bandnudeln (Rezept S. 80)

Kalbsrahmgulasch

ganz was Feines
40 Min. + 45 Min. Garen + 30 Min. Einweichen

pro Portion ca. 520 kcal
45 g Eiweiß · 25 g Fett · 27 g Kohlenhydrate

ZUTATEN FÜR 2 PORTIONEN

10 g getrocknete Steinpilze
1 Zwiebel · 2 Knoblauchzehen · 300 g mageres Kalbfleisch (aus der Oberschale, ohne Knochen)
Salz · Pfeffer · 1 EL Rapsöl
2 Salbeiblätter · 2 TL feines Weizen-Vollkornmehl
200 ml Kalbsfond (Glas, oder Hühnerbrühe)
4 EL Sahne · 2 reife Tomaten · 1/2 Bund Petersilie
1–2 TL Zitronensaft

ZUBEREITUNG

1. Die Steinpilze abbrausen, in 100 ml heißem Wasser 30 Min. einweichen.

2. Zwiebel und Knoblauch schälen, fein würfeln. Das Fleisch würfeln, salzen und pfeffern. Salbei in Streifen schneiden. Pilze ausdrücken, dabei das Wasser auffangen und grob hacken.

3. Das Öl in einem Topf stark erhitzen. Das Fleisch darin portionsweise in 5 Min. braun anbraten, herausnehmen. Zwiebel und Knoblauch im übrigen Bratfett bei mittlerer Hitze glasig dünsten. Pilze, Salbei und Fleisch zugeben, mit Mehl bestäuben. Fond und Pilzwasser unterrühren.

4. Gulasch bei mittlerer Hitze 40 Min. mit halb aufgelegtem Deckel schmoren lassen. Sahne unterrühren, Gulasch offen 5 Min. weiterschmoren.

5. Stielansätze der Tomaten entfernen. Die Tomaten kurz überbrühen, häuten, entkernen und in Streifen schneiden. Die Petersilie waschen und trockenschütteln, die Blätter hacken, mit Tomaten unterheben. Mit Salz, Pfeffer und Zitronensaft würzen.

Austausch-Tipp Schmeckt auch mit Champignons. Die Pilze in 1 TL Butter kurz andünsten und zum Gulasch geben.

Rinderrouladen mit Sellerie

für sonntags
35 Min. + 1 Std. Garen

pro Portion ca. 230 kcal
28 g Eiweiß · 9 g Fett · 4 g Kohlenhydrate

ZUTATEN FÜR 2 PORTIONEN

2 Scheiben Rinderrouladen (à ca. 125 g) · Salz · Pfeffer
1 TL scharfer Senf
100 g Staudensellerie
1 Zwiebel · 1 Knoblauchzehe · 1 Zweig Rosmarin
1 EL Olivenöl
1 TL Tomatenmark
6 EL trockener Rotwein
6 EL Fleischbrühe · Holzspieße oder Küchengarn

ZUBEREITUNG

1. Fleischscheiben leicht klopfen, beidseitig salzen und pfeffern und mit Senf bestreichen.

2. Sellerie waschen, putzen und in etwa 5 cm lange Stifte schneiden. Auf dem Fleisch verteilen, Rouladen aufrollen und mit Holzspießchen feststecken oder mit Küchengarn umwickeln. Zwiebel und Knoblauch schälen und fein hacken. Rosmarin abbrausen.

3. Öl in einem breiten Topf erhitzen, Rouladen darin rundherum bei mittlerer Hitze 5 Min. anbraten. Zwiebel, Knoblauch und Rosmarin zugeben, alles kurz anbraten. Tomatenmark einrühren, Wein und Brühe angießen, aufkochen und die Rouladen zugedeckt bei mittlerer Hitze 1 Std. schmoren lassen. Rosmarin entfernen. Sauce mit Salz und Pfeffer abschmecken und zu den Rouladen servieren.

Das schmeckt dazu Vollkorn-Bandnudeln (Rezept S. 80) und Salat

Mehr draus machen Am besten gleich die doppelte Menge zubereiten – der Aufwand für das Schmoren bleibt gleich.

Coq au vin

für Gäste
40 Min. + 50 Min. Garen

pro Portion ca. 710 kcal
40 g Eiweiß · 48 g Fett · 15 g Kohlenhydrate

ZUTATEN FÜR 4 PORTIONEN

1 Brathähnchen (ca. 1,5 kg)
Salz · Pfeffer · 250 g Schalotten · 2 Knoblauchzehen
2 Möhren · 1 große Stange Lauch · 200 g kleine Champignons · 2 EL Olivenöl
1 TL Butter · 1/4 l trockener Weißwein · 1/8 l Hühnerfond (Glas; oder Hühnerbrühe) · 1 Kräuterstrauß (6 Thymianzweige, 3 Petersilienstängel, 1 Lorbeerblatt) · 1 Bund Petersilie

ZUBEREITUNG

1. Hähnchen in 10 Teile zerlegen, die Haut abziehen. Die Stücke abbrausen und abtrocknen. Rundherum mit Salz und Pfeffer einreiben.

2. Schalotten schälen und ganz lassen oder halbieren. Knoblauchzehen schälen und fein würfeln. Möhren putzen, schälen und in grobe Stücke schneiden. Lauch putzen, gründlich waschen und nur die weißen und hellgrünen Teile schräg in etwa 3 cm lange Stücke schneiden. Champignons putzen und abreiben.

3. In einem breiten Topf 1 EL Öl und Butter erhitzen, die Hähnchenteile darin portionsweise von allen Seiten in 10 Min. braun anbraten, dann herausnehmen.

4. Möhren und Schalotten im restlichen Bratfett 2–3 Min. anbraten. Mit Wein und Fond aufgießen. Kräuterstrauß und alle Hähnchenteile dazugeben und zugedeckt bei mittlerer Hitze 30 Min. schmoren lassen.

5. Etwa 15 Min. vor Ende der Garzeit das übrige Öl erhitzen, Lauch und Pilze darin unter Rühren 5 Min. braten. Gemüse zum Hähnchen geben, salzen und pfeffern. Petersilie waschen und trockenschütteln, die Blätter fein hacken und darüber streuen.

Das schmeckt dazu Vollkorn-Baguette (Rezept S. 144)

Austausch-Tipp Auf die gleiche Art können Sie auch ein Kaninchen, in 10 Teile zerlegt, schmoren.

Rinderrouladen mit Sellerie

Coq au vin

Spitzkohlrouladen mit Tatar

klassisch
1 Std. + 35 Min. Garen

pro Portion ca. 455 kcal · 33 g Eiweiß
21 g Fett · 33 g Kohlenhydrate

ZUTATEN FÜR 2 PORTIONEN

- Salz · Pfeffer
- 1 Spitzkohl (oder 1 junger Weißkohl, ca. 1 kg)
- 150 g Tatar
- 100 g Champignons (oder Egerlinge)
- 1 Schalotte
- 1 EL Kapern · 1 Ei
- 1 TL gehackter Thymian (frisch oder getrocknet)
- 1 EL Olivenöl
- 1 TL Butter
- 1/8 l Kalbsfond (Glas; oder Hühnerbrühe)
- 100 g passierte Tomaten (Tetrapak)
- 2 EL saure Sahne
- 1/2 Bund Schnittlauch
- Küchengarn

ZUBEREITUNG

1. Reichlich Salzwasser aufkochen lassen. Den Kohl putzen, äußere Blätter entfernen, den Strunk keilförmig herausschneiden. Kohl mit dem Strunkende nach oben im Wasser zugedeckt 10 Min. köcheln lassen.

2. Den Kohlkopf mit einer Fleischgabel herausheben, die äußeren 4 Blätter ablösen, eventuell noch 2–3 Min. weitergaren, falls sie zu fest sind. Blätter herausheben, abschrecken und abtropfen lassen. So insgesamt 8 Blätter vorbereiten. Die dicken Mittelrippen flach schneiden, je 2 Blätter überlappend auf ein Küchentuch legen.

3. Tatar in eine Schüssel geben. Champignons abreiben, putzen, fein hacken. Schalotte schälen, sehr fein würfeln. Kapern abtropfen lassen und grob hacken. Champignons, Schalottenwürfel, Kapern und Ei mit dem Tatar verkneten. Mit Salz, Pfeffer und Thymian kräftig würzen. Aus der Tatarmasse 4 Klopse formen und in die Mitte der Kohlblätter setzen. Die Seiten der Blätter über der Füllung einschlagen, die Blätter zu Rouladen aufrollen. Jede Roulade mit Küchengarn umwickeln.

4. Öl und Butter in einem breiten Schmortopf erhitzen. Rouladen bei mittlerer Hitze rundherum 5 Min. anbraten. Fond und Tomaten dazugießen, zugedeckt 30 Min. schmoren lassen.

5. Rouladen herausnehmen, den Topf mit der Sauce beiseite stellen. Saure Sahne unterrühren, nicht mehr kochen lassen. Mit Salz und Pfeffer würzen. Schnittlauch waschen, trockenschütteln, in feine Röllchen schneiden und darüber streuen.

Das schmeckt dazu Roggen-Sauerteigbrot (Rezept S. 140) oder Kartoffelpüree: Für 2 Portionen 200 g Salzkartoffeln kochen, durch die Presse drücken, mit Salz, Pfeffer und 2 TL Olivenöl würzen.

Tuning-Tipp Zusätzlich noch 1 Sardellenfilet (in Salzlake eingelegt) abspülen, fein hacken und unter die Füllung mischen.

Vorrats-Tipp Gleich die doppelte Menge zubereiten und die Hälfte in Portionsschälchen einfrieren.

Vegi-Tipp Tatar durch 100 g geschroteten Grünkern ersetzen. In 1 EL Olivenöl anbraten, mit 150 ml Gemüsebrühe aufgießen und zugedeckt 10 Min. quellen lassen. Den Schrotbrei, wie im Rezept beschrieben, weiter verarbeiten.

Gefüllte Paprikaschoten mit Schafkäse

schmeckt würzig nach Mittelmeer
1 Std. + 40 Min. Garen

pro Portion ca. 340 kcal
26 g Eiweiß · 15 g Fett · 25 g Kohlenhydrate

ZUTATEN FÜR 4 PORTIONEN

- 4 grüne Paprikaschoten (à ca. 180 g)
- Salz · Pfeffer
- 100 g Natur-Langkornreis (parboiled) · 1 Zwiebel
- 2 Knoblauchzehen
- 1 Bund Petersilie
- 150 g mageres Lammfleisch (z. B. Lende)
- 150 g mageres Kalbfleisch (z. B. Schnitzel)
- 100 g Feta · 1 Ei
- 1 TL rosenscharfes Paprikapulver
- 2 Fleischtomaten (ca. 500 g)
- 1 Zweig Rosmarin
- 1 EL Olivenöl
- 2 TL Tomatenmark

ZUBEREITUNG

1. Paprikaschoten waschen, der Länge nach halbieren, putzen und in reichlich kochendem Salzwasser bei schwacher Hitze 2 Min. blanchieren. Mit einem Schaumlöffel herausheben und auf Küchenpapier abtropfen lassen.

2. Reis in 1/4 l kochendes Salzwasser einstreuen und nach Packungsangabe in 18 Min. knapp gar kochen. Inzwischen Zwiebel und Knoblauch schälen und fein würfeln. Petersilie waschen und trockenschütteln, die Blätter fein hacken.

3. Lamm- und Kalbfleisch grob würfeln und durch die mittlere Scheibe vom Fleischwolf drehen oder vom Metzger durchdrehen lassen. Oder das Fleisch mit einem großen Messer ganz fein hacken. Lamm- und Kalbshackfleisch in eine große Schüssel geben. Reis abtropfen lassen. Feta klein würfeln und beides zum Fleisch geben. Zwiebel, Knoblauch, Ei und Petersilie bis auf 2 EL dazugeben und verkneten, mit Salz, Pfeffer und Paprikapulver kräftig würzen. Die Masse in die Paprikahälften füllen.

4. Backofen auf 200° vorheizen. Stielansätze der Tomaten entfernen. Die Tomaten kurz überbrühen, häuten, vierteln, entkernen und hacken. Rosmarin waschen und trockenschütteln, die Nadeln hacken. Öl in einer Pfanne erhitzen, Tomaten, Rosmarin und Tomatenmark einrühren, mit Salz und Pfeffer würzen und 3 Min. schmoren lassen.

5. Die Sauce in eine flache feuerfeste Form geben, die gefüllten Paprikahälften hineinsetzen und zugedeckt – mit Alufolie oder passendem Deckel – im Ofen (Mitte, Umluft 180°) 30–35 Min. schmoren. Dann offen weitere 10 Min. bei 220° (Umluft 200°) bräunen lassen. Übrige Petersilie darüber streuen.

Das schmeckt dazu Naturreis oder Vollkorn-Baguette (Rezept S. 140)

Tuning-Tipp Echt griechisch wird's, wenn Sie die Fleischfüllung zusätzlich mit 1 Messerspitze Zimtpulver und 1 TL Oregano würzen und in der Tomatensauce noch 60 g schwarze Oliven mitschmoren.

Austausch-Tipp Es ist einen Versuch wert – das Kalbfleisch durch Kalbsleber ersetzen.

Kaninchen im Römertopf

Kaninchen im Römertopf

für Gäste
50 Min. + 1 Std. 45 Min. Garen

pro Portion ca. 470 kcal
43 g Eiweiß · 23 g Fett · 21 g Kohlenhydrate

ZUTATEN FÜR 4 PORTIONEN

4 Kaninchenkeulen (à ca. 200 g)
Salz · Pfeffer
2 EL Olivenöl
2 junge Knoblauchknollen
je 1 große rote und gelbe Paprikaschote (ca. 400 g)
200 g Schalotten
150 g Staudensellerie
1/2 Bund Thymian
2 kleine Lorbeerblätter
200 ml Kalbsfond (Glas; oder Hühnerbrühe)
250 g kleine Egerlinge (oder Champignons)
1/2 Bund Petersilie

ZUBEREITUNG

1. Den Römertopf in kaltem Wasser 30 Min. wässern, so dass Topf und Deckel komplett im Wasser liegen. Die Kaninchenkeulen waschen, mit Küchenpapier abtrocknen und jeweils im Gelenk teilen. Mit Salz und Pfeffer rundherum kräftig einreiben.

2. In einer großen Pfanne 1 EL Olivenöl stark erhitzen, die Kaninchenkeulen darin von jeder Seite 4–5 Min. anbraten, dann herausnehmen.

3. Die Knoblauchknollen von den äußeren beiden Blattschichten befreien, jede Knolle der Länge nach halbieren. Die Paprikaschoten waschen, vierteln, putzen und in etwa 2 cm große Stücke schneiden. Schalotten schälen und je nach Größe ganz lassen oder halbieren. Den Staudensellerie waschen, putzen und schräg in etwa 2 cm große Stücke schneiden. Den Thymian waschen und trockenschütteln, die Blätter grob hacken.

4. Die Kaninchenkeulen, das Gemüse, Knoblauch, Lorbeerblätter und Thymian in den Römertopf geben, den Fond angießen. Den Deckel auflegen und den Römertopf auf den Rost in den kalten Ofen (unten, Umluft 200°) schieben. Das Kaninchen bei 220° (Umluft 200°) 1 Std. 45 Min. schmoren lassen.

5. Inzwischen die Egerlinge abreiben, putzen und 10 Min. vor Ende der Garzeit in den Römertopf geben und mitgaren. Die Petersilie waschen und trockenschütteln, die Blätter fein hacken. Das Kaninchen mit Petersilie betreuen, mit dem übrigen Olivenöl beträufeln und servieren.

Das schmeckt dazu Vollkorn-Baguette oder Oliven-Focaccia (beide Rezepte S. 144)

Tuning-Tipp Für eine betont spanische Note noch 75 g geschälte Mandelkerne mit dem Gemüse und Fleisch garen und nach Belieben die Hälfte des Kalbsfonds durch trockenen Sherry (Fino) ersetzen.

Austausch-Tipp Statt Kaninchenkeulen 4 Hähnchenkeulen nehmen. Vor dem Braten die Haut abziehen (S. 114), um Fett und Kalorien einzusparen.

Gebratene Putenkeule mit Chicorée

aus der Folie gezaubert
45 Min. + 1 Std. Garen

pro Portion ca. 420 kcal
35 g Eiweiß · 20 g Fett · 24 g Kohlenhydrate

ZUTATEN FÜR 2 PORTIONEN

1 Putenunterkeule (ca. 400 g)
1 unbehandelte Zitrone
Salz · Pfeffer
Cayennepfeffer
1 1/2 EL Rapsöl
6 EL Hühnerbrühe
3–4 Chicorée (ca. 400 g)
2 TL flüssiger Akazienhonig
1 rote Zwiebel
1 TL Butter
3 EL Orangensaft
1 Hand voll Kerbel
1 Messlöffel Johannisbrotkernmehl (pflanzliches Bindemittel; Reformhaus)
Bratfolienschlauch

ZUBEREITUNG

1. Den Backofen auf 200° vorheizen. Von der Putenkeule die Haut abziehen (S. 114), die Keule waschen und abtrocknen. Die Zitrone heiß waschen, abtrocknen und die Schale von einer Hälfte fein abreiben, 3 EL Zitronensaft auspressen.

2. 1 EL Zitronensaft und -schale mit Salz, Pfeffer, 1 Prise Cayennepfeffer und 1/2 EL Öl verquirlen. Das Fleisch damit rundherum einstreichen und in einen Bratfolienschlauch legen. 3 EL Brühe und übrige Marinade dazugießen. Den Bratschlauch nach Packungsvorschrift verschließen, auf dem kalten Rost in den heißen Ofen (Mitte, Umluft 180°) schieben und 1 Std. braten.

3. Inzwischen den Chicorée von den äußeren Blättern befreien, waschen, halbieren und den Strunk keilförmig herausschneiden. Die Chicoréehälften in feine Streifen schneiden, mit 2 EL Zitronensaft beträufeln und mit dem Honig vermischen. Die Zwiebel schälen, halbieren und in feine Streifen schneiden.

4. Etwa 10 Min. vor Ende der Garzeit das übrige Öl und die Butter erhitzen, Zwiebelstreifen darin glasig dünsten. Chicoréestreifen hinzufügen und kurz mitdünsten. Orangensaft und übrige Brühe dazugießen und bei schwacher Hitze im geschlossenen Topf 5 Min. schmoren. Salzen und pfeffern. Kerbel waschen und trockenschütteln, die Blättchen abzupfen.

5. Den Bratbeutel mit dem Fleisch aus dem Ofen nehmen, die Folie aufschneiden, die Keule herausnehmen und warm halten. Die Schmorflüssigkeit in einen Topf gießen, mit dem Johannisbrotkernmehl verrühren und so lange köcheln lassen, bis die Sauce gebunden ist, mit Salz und Pfeffer abschmecken. Die Putenkeule mit der Sauce und dem Gemüse anrichten, mit Kerbel bestreuen.

Das schmeckt dazu Naturreis mit Wildreis

Mehr draus machen In einem großen Bratfolienschlauch können Sie problemlos zwei Putenkeulen braten – dann einfach die Zutatenmengen verdoppeln.

Lammkeule mit Joghurtkruste

Lammkeule mit Joghurtkruste

ZUTATEN FÜR 6 PORTIONEN

1 Lammkeule mit Knochen (ca. 1,5 kg) · Salz
150 g Naturjoghurt
1 TL Weizenmehl (Type 1050) · frisch gemahlener schwarzer Pfeffer
1 TL rosenscharfes Paprikapulver
2 TL gemahlener Koriander · 8 Stängel Thymian (oder 2 TL getrockneter)
2 Knoblauchzehen
2 Zweige Rosmarin
300 g Aprikosen (ersatzweise 200 g getrocknete)
500 g kleine ovale Strauchtomaten
1 Bund Frühlingszwiebeln · 2 EL Olivenöl zum Bestreichen

orientalisch gewürzt
40 Min. + 2 Std. 15 Min. Garen

pro Portion ca. 480 kcal
32 g Eiweiß · 35 g Fett · 8 g Kohlenhydrate

ZUBEREITUNG

1. Den Backofen auf 200° vorheizen. Die Lammkeule von Fett und groben Sehnen befreien, waschen und mit Küchenpapier abtrocknen. Die Keule in einen Bräter mit Deckel legen, 1/4 l kochend heißes Wasser mit 1 TL Salz angießen. Zugedeckt im heißen Backofen (Mitte, Umluft 180°) 45 Min. garen.

2. Inzwischen den Joghurt mit Mehl, je 1 TL Salz und frisch gemahlenem Pfeffer, Paprikapulver und Koriander verrühren. Thymian waschen und trockenschütteln, die Blättchen hacken. Knoblauch schälen und zerdrücken. Thymian und Knoblauch ebenfalls unter den Joghurt rühren.

3. Die Lammkeule aus dem Ofen nehmen und aus dem Bräter heben. Den ausgekochten Sud abgießen und entfetten. Die Temperatur auf 180° reduzieren. Die Keule salzen und pfeffern, wieder in den Bräter legen und außen dick mit der Joghurtmischung bestreichen. Rosmarinzweige hinzufügen. Lammkeule im Ofen (2. Schiene von unten, Umluft nicht geeignet) 1 1/2 Std. offen braten, nach und nach den aufgefangenen Sud und eventuell noch 1/8 l Wasser angießen.

4. Aprikosen waschen, vierteln und entsteinen. Trockenaprikosen je nach Größe längs halbieren oder vierteln. Tomaten waschen und längs halbieren. Frühlingszwiebeln waschen, putzen und schräg in ca. 5 cm lange Stück schneiden. Aprikosen, Tomaten und Frühlingszwiebeln 15 Min. vor dem Ende der Garzeit um das Fleisch legen. Mit Salz und Pfeffer würzen. Falls die Keule zu dunkel wird, mit Backpapier abdecken. Gegen Ende der Bratzeit die Keule mit Olivenöl bestreichen.

5. Die Lammkeule tranchieren, auf einer vorgewärmten Platte anrichten, mit dem Aprikosen-Tomaten-Gemüse umlegen.

Das schmeckt dazu Bulgur oder **Gewürz-Reis:** 1 gewürfelte Zwiebel in 1 EL Olivenöl glasig dünsten. 300 g Naturreis kurz mitbraten. 1 Stück Zimtstange, 2–3 Gewürznelken, 3 Kardamomkapseln und Salz dazugeben, alles gut vermischen. 600 ml heiße Gemüsebrühe angießen, zugedeckt nach Packungsangabe in 35–40 Min. quellen lassen, bis der Reis bissfest ist. 2 EL geröstete Pinienkerne unterheben und mit 3–4 gehackten Minzeblättchen bestreut servieren.

Austausch-Tipp Joghurt durch Dickmilch ersetzen.

Marinierter Kräuter-Rehrücken mit Selleriepüree

ZUTATEN FÜR 4 PORTIONEN

1/2 Rehrücken (am Knochen, küchenfertig ohne Haut und Sehnen, ca. 800 g) · Salz · Pfeffer
2 TL körniger Senf
1 Bund Petersilie
6 Stängel Thymian
4 Salbeiblätter
3 Wacholderbeeren
4 EL Olivenöl · 1 Knollensellerie (ca. 600 g)
200 g mehlig kochende Kartoffeln · 1/8 l Milch
Muskatnuss, frisch gerieben · 2 EL Crème légère
1 Messlöffel Johannisbrotkernmehl (pflanzliches Bindemittel; Reformhaus) · Küchengarn

was Feines für Gäste
50 Min. + 12 Std. Marinieren + 50 Min. Garen

pro Portion ca. 370 kcal
35 g Eiweiß · 20 g Fett · 11 g Kohlenhydrate

ZUBEREITUNG

1. Den Rehrücken waschen, abtrocknen und mit einem scharfen Messer auf beiden Seiten des Rückgrats etwa 3 cm tief am Knochen entlang einschneiden, so dass sich die Filets aufklappen lassen. Das Fleisch salzen und pfeffern und mit dem Senf bestreichen.

2. Die Kräuter waschen und trockenschütteln. Petersilien- und Thymianblättchen, Salbei und Wacholderbeeren fein hacken. 3 EL Olivenöl untermischen. Die Mischung gleichmäßig erst in den Einschnitt, dann auf die Filets streichen. Den Rehrücken in Folie wickeln und 12 Std., am besten über Nacht, kalt stellen.

3. Am nächsten Tag den Backofen auf 160° vorheizen. Den Rehrücken aus der Folie nehmen und mit Küchengarn umwickeln. Auf das Backblech legen und im heißen Ofen (Mitte, Umluft nicht geeignet) 50–60 Min. braten, ab und zu mit Wasser bepinseln.

4. Inzwischen für das Püree den Sellerie und die Kartoffeln waschen, schälen und in kleine Würfel schneiden. Salzwasser aufkochen lassen, Sellerie- und Kartoffelwürfel darin in 20–25 Min. garen.

5. Die Milch mit Salz, Pfeffer und Muskat bis kurz vor den Siedepunkt erhitzen. Kartoffeln und Sellerie abgießen, durch die Kartoffelpresse drücken und mit der heißen Milch und dem übrigen Olivenöl zügig verrühren. Mit Salz und Pfeffer abschmecken, warm halten.

6. Das Küchengarn entfernen, das Fleisch warm stellen. Den Bratensatz auf dem Blech mit 200 ml Wasser lösen, in einen Topf gießen und bei starker Hitze 5 Min. einkochen lassen. Die Crème légère und Johannisbrotkernmehl einrühren, mit Salz und Pfeffer würzen.

7. Rückenfilets vom Knochen lösen und in Medaillons schneiden und mit der Bratensauce auf vorgewärmten Tellern anrichten. Das Selleriepüree dazu servieren.

GLYX-Tipp Den marinierten Rehrücken im Backofen bei 90° in 6–7 Std. garen – ein saftiges Vergnügen.

Das schmeckt dazu Pro Portion 2 TL Wildpreiselbeeren mit Apfeldicksaft (Reformhaus) verrühren und dazureichen. Statt Selleriepüree passt auch das Preiselbeer-Rotkraut (Rezept S. 87) prima dazu.

Kräuter-würzig und zart

4 EL Olivenöl mit 2 TL Sojasauce, grob zerstoßenen schwarzen Pfefferkörnern verrühren. Rinderlende damit bestreichen, mit einigen Zweigen Rosmarin und Salbei belegen und in einem Gefrierbeutel im Kühlschrank 1–2 Tage marinieren. Dann ab in den Ofen.

Auch kalt lecker!

Roastbeef ist mager und schmeckt auch kalt als Snack. Einfach in dünne Scheiben schneiden, anrichten und mit Kapernsauce oder Petersilienpesto und Vollkorn-Baguette (Rezept S. 144) servieren.

Roastbeef

unkompliziert
25 Min. + 1 Std. 5 Min. Braten
pro Portion ca. 320 kcal
38 g Eiweiß · 17 g Fett · 2 g Kohlenhydrate

ZUTATEN FÜR 6 PORTIONEN

1 kg Rinderlende
2 EL Sojasauce
1/4 TL Cayennepfeffer
3 EL Rapsöl
200 g saure Sahne
1 EL Zitronensaft
1 EL Kapern
Salz · Pfeffer
1 EL gehackte Petersilie
(oder gehackter Estragon)

ZUBEREITUNG

1. Den Backofen auf 250° vorheizen. Die Rinderlende mit Küchenpapier abtrocknen. Sojasauce mit Cayennepfeffer und Rapsöl verrühren. Die Rinderlende damit bestreichen.

2. Die Fettpfanne des Backofens in die untere Schiene schieben, den Rost darüber schieben. Das Fleisch darauf legen und 15 Min. braten.

3. Die Temperatur auf 175° reduzieren. Etwa 150 ml Wasser in die Fettpfanne gießen. Die Rinderlende weitere 30–40 Min. braten. Das Roastbeef bei 100° noch etwa 10 Min. ziehen lassen.

4. Inzwischen die saure Sahne mit Zitronensaft, Kapern, Salz, Pfeffer und Petersilie verrühren. Das Fleisch in Scheiben schneiden, anrichten und mit Kapernsauce servieren.

Das schmeckt dazu Blattsalat mit Asia-Marinade (Rezept S. 57), Vollkorn-Baguette (Rezept S. 144)

Austausch-Tipp **Petersilienpesto:** 4 EL gehackte Petersilie mit 2 EL gehackten Haselnüssen, 1 gehackten Knoblauchzehe und 5 EL Olivenöl im Mixer pürieren. 2 EL Parmesan unterrühren, mit Salz würzen. Statt Kapernsauce zum Roastbeef servieren.

Putenbrust mit Wurzelgemüse

preiswert
1 Std. 15 Min.
Bei 4 Portionen pro Portion ca. 340 kcal
48 g Eiweiß · 12 g Fett · 9 g Kohlenhydrate

ZUTATEN FÜR 4–6 PORTIONEN

3 EL Rapsöl
750 g Putenbrust
Salz · Pfeffer
1 Stange Lauch
500 g Möhren
250 g Knollensellerie
2 Petersilienwurzeln
200 ml Gemüsebrühe
1 Bund Schnittlauch
1 EL frisch geriebener Meerrettich

ZUBEREITUNG

1. Den Backofen auf 160° vorheizen. Das Öl in einem Bräter mit Deckel erhitzen, die Putenbrust darin rundherum zartbraun anbraten. Mit Salz und Pfeffer würzen. Zugedeckt im Ofen (Mitte, Umluft 140°) 50 Min. garen.

2. Lauch putzen, längs aufschneiden, gründlich waschen und in Ringe schneiden. Möhren, Sellerie und Petersilienwurzeln waschen, schälen und in feine Streifen schneiden. Das Gemüse nach 20 Min. zum Fleisch in den Bräter geben, die Gemüsebrühe angießen.

3. Den Schnittlauch waschen, trockenschütteln und in feine Röllchen schneiden. Das Fleisch aus dem Bräter nehmen, kurz ruhen lassen und in Scheiben schneiden. Das Gemüse mit Salz und Pfeffer abschmecken. Mit dem Fleisch auf Tellern anrichten und mit Schnittlauch und Meerrettich bestreuen.

Italienischer Kalbsbraten

mediterran
1 Std. 30 Min.
pro Portion ca. 365 kcal
47 g Eiweiß · 18 g Fett · 5 g Kohlenhydrate

ZUTATEN FÜR 4 PORTIONEN

750 g Kalbfleisch (Rose oder Kalbsschulter)
4 EL Olivenöl
2 Scheiben Parmaschinken
2 Stängel Salbei
2 Zweige Rosmarin
1 Knoblauchzehe
200 g Schalotten
1 kg Eiertomaten
Salz · Pfeffer

ZUBEREITUNG

1. Backofen auf 220° (Umluft 200°) vorheizen. Fleisch mit 2 EL Öl bestreichen, mit Parmaschinken belegen. Übriges Öl mit dem Fleisch in einen Bräter mit Deckel geben. Offen im Ofen (Mitte) 20 Min. braten.

2. Salbei und Rosmarin waschen, trockenschütteln. Knoblauch und Schalotten schälen, beides halbieren. Tomaten waschen und grob würfeln. Knoblauch, Schalotten, Kräuter und Tomaten zum Fleisch geben. Temperatur auf 140° (Umluft 120°) reduzieren. Zugedeckt 1 Std. 20 Min. schmoren lassen.

3. Fleisch aus dem Bräter nehmen, salzen und pfeffern, zugedeckt warm stellen. Die Sauce pürieren, wenn nötig, durch ein Sieb streichen, salzen und pfeffern. Fleisch in Scheiben schneiden, mit der Sauce anrichten.

Das schmeckt dazu Vollkorn-Nudeln (Rezept S. 80)

Tuning-Tipp Je 1 EL grüne und schwarze Oliven ohne Stein in die Sauce geben.

Hirschbraten mit Wirsing-Nuss-Gemüse

gut vorzubereiten
30 Min. + 2 Std. 15 Min. Braten
pro Portion ca. 490 kcal
46 g Eiweiß · 27 g Fett · 9 g Kohlenhydrate

ZUTATEN FÜR 6 PORTIONEN

1,2 kg Hirschbraten (Schulter oder Keule)
5 EL Olivenöl
3 Pimentkörner
3 Wacholderbeeren
1 Lorbeerblatt
1 getrocknete Chilischote
200 ml trockener Rotwein (oder Gemüsefond)
750 g Wirsing · Salz
100 g Haselnusskerne
Muskatnuss, frisch gerieben
Pfeffer
2 EL Hagebuttenmus (Reformhaus)

ZUBEREITUNG

1. Backofen auf 220° vorheizen. Fleisch abtrocknen. 3 EL Öl in einem Bräter mit Deckel erhitzen. Das Fleisch darin bei starker Hitze rundherum kräftig anbraten.

2. Piment, Wacholderbeeren, Lorbeerblatt und Chilischote dazugeben. Das Fleisch im Ofen (Mitte, Umluft 200°) 15 Min. braten. Temperatur auf 160° (Umluft 140°) reduzieren. Rotwein angießen und alles 2 Std. schmoren lassen. Ab und zu mit Bratfond begießen.

3. Wirsing putzen, von den äußeren Blättern befreien, vierteln, vom Strunk befreien und in schmale Streifen schneiden. Salzwasser aufkochen lassen, Wirsing darin in 10. Min. bissfest garen. Herausnehmen, eiskalt abschrecken und abtropfen lassen.

4. Haselnusskerne in einer trockenen Pfanne ohne Fett rösten, herausnehmen und beiseite stellen. Übriges Öl in die Pfanne geben. Wirsing darin kurz andünsten. Mit Salz und Muskat würzen. Haselnusskerne unterheben.

5. Den Braten aus dem Bräter nehmen, salzen und pfeffern, in Folie gewickelt warm halten. Fleischfond mit Hagebuttenmus unter Rühren aufkochen und 3 Min. köcheln lassen, durch ein Sieb streichen. Fleisch in Scheiben schneiden, mit Sauce und Wirsinggemüse anrichten.

Das schmeckt dazu Vollkornspätzle

Italienischer Kalbsbraten

Grundrezept Hähnchen vom Blech

Kinderhit
45 Min. + 45 Min. Garen

pro Portion ca. 740 kcal
33 g Eiweiß · 52 g Fett · 31 g Kohlenhydrate

ZUTATEN FÜR 4 PORTIONEN

1 Brathähnchen (ca. 1,2 kg) · Salz · Pfeffer
400 g Schalotten
400 g kleine fest kochende Kartoffeln · 2 säuerliche Äpfel (z. B. Boskoop)
1 Bund Thymian · 3 Stängel Majoran (oder 2 TL getrockneter) · 2–3 Zitronen
5 EL Rapsöl · 1/8 l Hühnerfond (Glas; oder Hühnerbrühe · 2 Knoblauchzehen
1 Bund Petersilie

ZUBEREITUNG

1. Das Hähnchen in 10 Stücke teilen, die Haut abziehen (S. 114). Geflügelteile waschen, abtrocknen und mit Salz und Pfeffer einreiben. Auf der Fettpfanne des Backofens verteilen.

2. Den Backofen auf 200° vorheizen. Die Schalotten schälen, je nach Größe halbieren. Die Kartoffeln schälen und in Spalten schneiden. Die Äpfel waschen, abtrocknen, in dicke Spalten schneiden und entkernen. Schalotten, Kartoffeln und Äpfel zwischen den Geflügelstücken verteilen. Die Kräuter waschen und trockenschütteln, die Blättchen grob hacken und über die Mischung streuen.

3. Den Saft der Zitronen auspressen (etwa 1/8 l). Mit Salz, Pfeffer, Rapsöl, Fond verrühren. Knoblauch schälen und dazudrücken. Zitronen-Öl-Marinade über die Hähnchenteile träufeln.

4. Im heißen Backofen (Mitte, Umluft nicht geeignet) 35–40 Min. braten, dann 10 Min. bei 250° bräunen. Petersilie waschen und trockenschütteln, die Blättchen hacken und vor dem Servieren darüber streuen.

Austausch-Tipps Für ein **Gemüsehähnchen** die Äpfel durch 100 g Möhren und 200 g Staudensellerie ersetzen – das Gemüse in etwa 5 cm lange Stifte schneiden. Statt Zucchini blanchierte Brokkoliröschen oder grüne Spargelstücke aufs Blech geben.

Orangen-Hähnchenbrustfilets

mediterran
30 Min. + 40 Min. Garen

pro Portion ca. 360 kcal
29 g Eiweiß · 18 g Fett · 20 g Kohlenhydrate

ZUTATEN FÜR 4 PORTIONEN

4 Hähnchenbrustfilets (à ca. 100 g) · 1 rote Pfefferschote · 1 1/2 unbehandelte Orangen · 2 EL Zitronensaft 4 EL Olivenöl · 1 TL Fenchelsamen · Salz · Pfeffer · 600 g rote und gelbe Paprikaschoten · 150 g weiße Zwiebeln 2 Knoblauchzehen · 1 Zweig Rosmarin · 2 TL Tomatenmark · 150 ml Geflügelfond (Glas; oder Hühnerbrühe 60 g schwarze Oliven

ZUBEREITUNG

1. Das Fleisch waschen und abtrocknen. Pfefferschote waschen, längs halbieren, putzen, fein würfeln. Orangen waschen, abtrocknen, von der Hälfte die Schale fein abreiben. Pfefferschote und Orangenschale mit Zitronensaft, Öl, zerstoßenen Fenchelsamen, Salz und Pfeffer verrühren. Fleisch damit rundum einpinseln.

2. Paprikaschoten waschen, halbieren, putzen und in etwa 2 cm große Stücke schneiden. Zwiebeln und Knoblauch schälen, Zwiebeln in Spalten und Knoblauch in Scheibchen schneiden. Rosmarin waschen und trockenschütteln, die Nadeln hacken. Die ganze Orange in dicke Spalten schneiden.

3. Backofen auf 200° vorheizen. Fleisch auf dem Backblech verteilen. Paprikastücke, Zwiebeln, Knoblauch, Rosmarin und Orangenspalten dazulegen. Saft der übrigen Orange auspressen, mit übriger Marinade, Tomatenmark, Fond, Salz und Pfeffer verrühren. Tomatenmischung über das Hähnchen träufeln, im Ofen (Mitte, Umluft nicht geeignet) 40 Min. garen. Nach 20 Min. die Oliven dazugeben.

Tuning-Tipp Für mehr Schärfe 2 getrocknete und fein zerriebene Chilischoten unter die Tomatenmischung rühren.

Lammlende mit Tomaten

Sommerhit für Gäste
25 Min. + 4–12 Std. Marinieren + 15 Min. Garen

pro Portion ca. 420 kcal
26 g Eiweiß · 26 g Fett · 17 g Kohlenhydrate

ZUTATEN FÜR 4 PORTIONEN

400 g Lammlende (ausgelöstes Lammrückenfilet)
4 EL Olivenöl
4 EL trockener Weißwein
Salz · Pfeffer · 2 Knoblauchzehen · 2 Zweige Rosmarin
500 g kleine reife Tomaten
1 Bund Frühlingszwiebeln
400 g weiße Riesenbohnen (Dose, Abtropfgewicht)
100 ml Lammfond (Glas; oder Fleischbrühe)

ZUBEREITUNG

1. Fleisch waschen, abtrocknen und in etwa 2 cm dicke Scheiben schneiden, diese etwas flach streichen. Öl und Wein mit Salz und Pfeffer verrühren. Knoblauch schälen und in Scheibchen schneiden. Rosmarin waschen und trockenschütteln, die Nadeln hacken. Knoblauch und die Hälfte des Rosmarins unter die Marinade rühren. Das Fleisch darin mindestens 4 Std., besser über Nacht, im Kühlschrank marinieren.

2. Später oder am nächsten Tag den Ofen auf 220° vorheizen. Tomaten waschen und quer halbieren. Frühlingszwiebeln waschen, putzen und grob zerkleinern. Bohnen abbrausen und abtropfen lassen. Fleisch aus der Marinade nehmen und abtropfen lassen. Mit Tomaten, Frühlingszwiebeln, Bohnen und übrigem Rosmarin auf dem Blech verteilen. Salzen und pfeffern. Übrige Marinade mit Fond verrühren, darüber träufeln. Im Ofen (2. Schiene von unten, Umluft nicht geeignet) 15 Min. braten.

Das schmeckt dazu Vollkorn-Baguette oder Flocken-Fladen (beide Rezepte S. 144)

Tuning-Tipp Vor dem Servieren 4 EL frisch geriebenen Parmesan darüber streuen.

Überbackene Kalbsschnitzel

schmeckt auch Kindern
45 Min. + 15 Min. Garen

pro Portion ca. 280 kcal
30 g Eiweiß · 15 g Fett · 7 g Kohlenhydrate

ZUTATEN FÜR 4 PORTIONEN

600 g kleine Zucchini
Salz · Pfeffer
1 Bund Schnittlauch
1 Bund Petersilie
4 dünne Kalbsschnitzel (à ca. 80 g)
1 EL Olivenöl
400 g Naturjoghurt
100 g Frischkäse
80 g mittelalter Gouda
Olivenöl zum Einfetten

ZUBEREITUNG

1. Zucchini waschen, putzen und in etwa 1/2 cm dicke Scheiben schneiden, salzen und pfeffern. Schnittlauch und Petersilie waschen und trockenschütteln. Schnittlauch in Röllchen schneiden, Petersilie fein hacken.

2. Backofen auf 220° vorheizen. Kalbsschnitzel waschen, abtrocknen und mit dem Handballen flach streichen.

3. Das Öl erhitzen, die Schnitzel darin von jeder Seite kurz anbraten, herausnehmen und mit Salz und Pfeffer würzen. Joghurt mit Frischkäse verrühren. Käse grob reiben und unterrühren.

4. Die Fettpfanne des Ofens einfetten, die Zucchinischeiben darauf verteilen. Im Ofen (2. Schiene von unten, Umluft nicht geeignet) 5–7 Min. braten.

5. Das Blech herausnehmen, Schnitzel darauf legen, mit Kräutern bis auf 2 EL bestreuen. Joghurt-Käse-Creme darauf verteilen. Schnitzel im Ofen (Mitte, Umluft ungeeignet) 10 Min. überbacken. Übrige Kräuter darüber streuen.

Das schmeckt dazu Grüner Salat mit GLYX-Vinaigrette (Rezept S. 56), Vollkorn-Baguette (Rezept S. 144)

Brot und Gebäck

Wer glaubt, Brot taugt nur als Wurstunterlage, der hat noch nicht das **GLYX-Sauerteigbrot** mit Nüssen, Kürbiskernen und Leinsamen geknabbert. Wer denkt, **der Linie zuliebe** auf sein Käsepastetchen

verzichten zu müssen, der hat noch nicht vom leichten GLYX-Gebäck genascht. Wer fürchtet, Pizza schlage sich sofort in Pfunden nieder, der liest hier Rezepte, die jeden Pizzabäcker blass vor Neid und **schlank wie Spaghettini** machen. Wer jetzt noch argwöhnt, selber backen sei umständlich, dem beweisen die folgenden Seiten das Gegenteil.

VON BROT BIS PIZZA: VOLLES KORN – VOLL GESUND

Getreide und Wasser heißt die Basis für Pizza & Brot, Quiche und Kleingebäck. Mit Teigwaren ist es ähnlich wie mit dem Fett: Es gibt gesunde und ziemlich ungesunde. Kommt darauf an, mit wie viel vom Korn Brot, Bagel, Quiche oder Pizza aufwarten. In der Kornschale steckt nämlich das Beste: Ballaststoffe, Eiweiß, Vitamine und Mineralien. Abgesehen davon machen ganze oder geschrotete Körner weniger dick als raffiniertes Mehl, aus dem man z. B. Brezeln, Baguette und die neuerdings so beliebten Backsnacks (Minipizza, Mini-Quiche, Schinken-Käse-Croissants, Schoko-Muffin) herstellt. Zugegeben: Selber backen kostet Zeit. Selber backen macht Arbeit. Aber es macht riesig Spaß und schmeckt unvergleichlich gut und man weiß, was drin steckt: Gesundheit statt Backhilfsmittel.

→ **GLYX-Brot-Backstube** Backen Sie auf Seite 140 Ihr eigenes Roggen-Sauerteigbrot. Das GLYX-niedrigste aller Brotsorten – in drei Variationen. Wenn Sie Lust haben auf Nussbrot, Grahambrot oder Sechskornbrot aus dem Tontopf, blättern Sie einfach weiter. Auch kleine Flockenfladen oder Focaccia mit Oliven freuen den Gaumen und ärgern die Fettzellen ebenso wie unsere Power-Bagels, Vollkornbrezeln oder Dinkel-Zucchini-Brötchen.

→ **Pizza & Quiche** Auch für diesen herzhaften Genuss hat die GLYX-Küche schlanke Rezepte parat von Gemüsequiche über Zwiebelkuchen bis Calzone mit Mangold – da freuen sich auch Gäste und Kinder.

→ **Kleines Gebäck** Kürbiskern-Käsetörtchen, Pastetchen mit Tofu-Sprossenfüllung, Spinat-Schafkäse-Taschen … hmmmmm! Alles mit niedrigem GLYX ab S. 152.

Wie viel Brot darf's denn sein?

Brot liefert in erster Linie Kohlenhydrate – und darum sollte man hier vor allem GLYX-niedrig wählen. Dann kommt man nämlich auf gesunde Art und Weise auch in den Genuss von pflanzlichem Eiweiß. Das können Sie biologisch verbessern, indem Sie zum Brot Käse essen, Quark, Eier, Fisch oder mageren Schinken.

Auch das liefert Vollkornbrot: B-Vitamine, Calcium, Phosphor, Eisen, Kupfer, Mangan, Zink und Ballaststoffe. Und die unverdaulichen Kornbestandteile machen satt und bringen den Darm in Schwung. Wie viel Brot sollte man essen? Kommt ganz darauf an:

→ Ein Zweihundert-Kilo-Mensch darf zum Frühstück ruhig vier bis fünf Scheiben Vollkornbrot essen – mit gesundem Belag (nicht tierisch viel Fette!). Weil er mit seinem Stoffwechsel auch mit 2000 Kalorien täglich abnimmt. Wer nur fünf, zehn, zwanzig Kilo abnehmen will, dem reichen in der Regel ein bis zwei Scheiben pro Tag.

→ Wer nicht gerne Fisch, Eier oder Fleisch isst und Getreide gut verträgt, kann, um satt zu werden, im GLYX-niedrig-Brotkorb auch ruhig kräftiger zugreifen.

→ Viele Menschen nehmen ab, indem sie einfach auf die GLYX-niedrigen Lebensmittel umstellen, sich satt essen – und sich überhaupt keine Gedanken um die Mengen machen. So würde ich es als Erstes ausprobieren.

Was Heimbäcker wissen

→ **Was steckt im Teig** für Brot, Pizza & Co.? Im Brot nicht viel mehr als Mehl/Schrot/Korn, Wasser, Gewürze, eventuell Nüsse und Samen und ein Triebmittel. Außerdem wird in der GLYX-Backstube Quark, gute pflanzliche Öle und gesunde Süßmittel verwendet (siehe Seite 157).

→ **Ausmahlungsgrad** Er gibt an, wie viel Prozent Mehl aus 100 kg Getreide anfallen. Je höher, desto mehr vom ganzen Korn ist drin, desto gesünder. Weißes Mehl hat einen niedrigen Ausmahlungsgrad von 60–70 Prozent, ein dunkles Mehl von 75–85 Prozent. Und Vollkornmehl besteht aus dem ganzen Korn und hat somit einen Ausmahlungsgrad von 100 Prozent.

→ **Die Mehl-Type** Weizen- und Roggenmehl haben eine Typen-Nummer. Die zeigt den Gehalt an Mineralstoffen im Mehl. Beispiel Type 405 hat 0,405 g Mineralstoffe pro 100 g. Also wenig. Je höher die Typennummer, desto mehr Mineralstoffe, desto vollkörniger das Brot.

→ **Das Triebmittel Sauerteig** eignet sich für Roggen- und Vollkornbrote. Lässt sich gut mit Hefeteig kombinieren. Sauerteig selber ansetzen – siehe Seite 141. Alternativen: gibt's auch beim Bäcker oder im Reformhaus. Achtung: Sauerteig-Extrakt in Pulverform nur im Notfall verwenden. Brote gehen nicht gut auf damit. Backferment gibt es als Granulat oder Pulver. Nimmt man als Triebmittel für kleberarme Getreide. Ist ein guter Ersatz für Sauerteig und Hefe, daher ideal für Hefeallergiker. Hefe bringt man am besten bei zimmerwarmen Temperaturen zum Gehen. Frischhefe verwenden, solange sie elastisch und hell ist. Trockenhefe kann man mal nehmen, wenn's schnell gehen muss. Backpulver braucht man zum Kuchenbacken. Gesunde Alternative: Weinstein-Backpulver. Ist phosphatfrei und enthält weinsaure Salze.

Das Auge knuspert mit

Für die Brotform und das typische Rillenmuster auf der Oberfläche gibt es im Haushaltswarengeschäft längliche und runde Backkörbe aus Weide oder Peddigrohr. Einfach den Teig in die bemehlte Form geben und gehen lassen. Dann auf das Backblech stürzen und ab in den Ofen. Alternativ können Sie das Brot mit einem Tortenring in Form bringen.

Und das Brot aus dem Automaten? Erlaubt ebenfalls Schönheitskorrekturen. Indem man z. B. mit eingemehlten Fingern die Knethaken vor dem Backen aus dem Teig herauszieht. So vermeidet man hässliche Löcher im Laib. Bei der Gelegenheit kann man die Masse mit Wasser oder einer Mischung aus Eigelb und süßer oder saurer Sahne bestreichen. Dadurch bekommt das Brot eine schönere Farbe.

Tipp: Brot nach dem Backen nur kurz abkühlen lassen und gleich aus der Backform stülpen. So bildet sich kein Kondenswasser und das Brot bleibt knusprig.

Backen nach den GLYX-Prinzipien ...

→ **... heißt genießen** Von Roggen-Zwiebelbrot über Vollkorn-Brezeln zu GLYX-Pizza und Gemüsequiche. Ganz ohne schlechtes Gewissen. Mit optimalem GLYX.

→ **Naturbelassene, frische Zutaten.** Die GLYX-Backstube verwendet statt Weißmehl frisches Vollkornmehl- oder Schrot. Warum das Korn nicht selbst blitzschnell durch die Mühle lassen? Auch Honig oder Obstdicksaft statt raffiniertem Zucker optimieren den GLYX. Und kaltgepresste Öle ersetzen auf gesunde Art und Weise die Billigmargarine.

→ **Clevere Kombinationen** Den GLYX eines Lebensmittels kann man runterdimmen, indem man es mit GLYX-niedrigen Zutaten kombiniert: Gemüse auf dem Pizzateig, Nüsse im Brot, Quark in der Quiche...

→ **Lustfreundliche Ess-Philosophie** Erlaubt ist alles – aber manches nur in Maßen. Es muss ja nicht gerade eine wagenradgroße Pizza sein.

Wichtiges aus der GLYX-Backstube

→ **Die große Mehl-Frage** Puder oder Körner? Das Angebot vom Müller bringt den GLYX-Genießer in die Zwickmühle: Fein gemahlenes Mehl, zum Beispiel Type 405, hat hohe GLYX-Werte. Die sinken, je gröber das Korn gemahlen ist. In grobem Mehl, z. B. Type 1700, sind mehr Schalen- und Keimlingsanteile sowie Mineralstoffe enthalten. Andererseits hält sich grobes Mehl nicht so gut. Nach vier Wochen wird es ranzig. Die GLYX-Lösung: Ganze Körner kaufen, die kann man ewig aufbewahren. Und selber mahlen. Die Küchen-Mühle spuckt das Mehl für Brot, Pizza, Quiche & Co. aufs Gramm genau in die Schüssel. Ohne jeglichen Verlust von Inhaltsstoffen. Die gehen nämlich auch verloren. Mit jeder Stunde, die das frische Mehl Licht, Wärme und Sauerstoff ausgesetzt ist.

→ **Der Stein der Schlanken** – die GLYX-Mühle. Wer selber mahlen will, braucht einen extrem guten Mahlstein. So einen wie den der GLYX-Mühle. Der besteht aus einer Korund-Keramik-Mischung und ist fast so hart wie ein Diamant. Er kann sich nicht abnutzen und mahlt Körner und Samen (Ausnahme: ölhaltige Samen wie Mohn und Leinsamen) je nach Wunsch grob oder fein – ein Leben lang. Mit heimeligem Gerumpel. Eine spezielle Aufhängung des Mahlwerks aus Gummi sorgt dafür, dass die Mühle leise arbeitet. Reinigen? Müssen Sie nicht. Die Mühle reinigt sich selbst, wenn Sie ab und zu grob mahlen. Bezugsquelle siehe Seite 192.

→ **Kleine GLYX-Mehlkunde** Getreide hat unterschiedlich viel Kleber-Eiweiß. Dinkel und Weizen sind kleberreich, und damit am besten zum Backen geeignet. Kleberarme Sorten wie Amaranth, Buchweizen, Gerste, Grünkern, Hafer, Hirse, Roggen und Quinoa sollte man daher beim Backen mit kleberreichem Getreide mischen. Man kann etwa ein Drittel des Mehls durch ein kleberarmes Getreide ersetzen. Fein oder grob? Mit fein gemahlenem Vollkornmehl backen Sie Kuchen, Torten und Feingebäck. Für Brot eignet sich grob gemahlenes Mehl und Schrot. Oder Schrot mit feinem Mehl gemischt.

→ **Basis-Backzeug** Waage, Messbecher, Holzlöffel, Backpinsel, Teigroller, Rührschüssel, Teigschaber, Mörser für Brotgewürze und ein Kuchengitter zum Abkühlen von Broten und Gebäck. Zudem empfiehlt sich ein Handrührer. Mit dem kann man Kuchenteig kneten. Für Brotteig gibt es spezielle Rührmaschinen mit starkem Motor und großen Schüsseln. Oder man knetet den Teig von Hand. Die neuen Brotbackformen sind speziell beschichtet und sauerteigbeständig. Gibt's rund, oval und in Kastenform für kleine und große Brote.

→ **Der Brotbackautomat** Er macht Sie in jedem Fall glücklich, wenn Ihr täglich Brot aus eigener Herstellung stammen soll. Mit dem Automaten geht Backen so schnell wie ein Spiegelei. Einfach die Zutaten einfüllen, ab dann geht alles automatisch: rühren, kneten, backen. Kaufen Sie ein Qualitätsprodukt mit einem Fassungsvermögen von mindestens 750 Gramm. Ein guter Automat lässt sich 13 Stunden vor dem Backen programmieren – das macht Sie flexibler. Kostet ungefähr 100 Euro.

→ **So bleibt Brot frisch** Vollkornbrot und Sauerteigbrot bleiben etwa fünf bis sieben Tage frisch; länger als Weiß- und Mischbrot. Die halten ein bis drei Tage. Am besten lagert man Brot bei Zimmertemperatur in sauberen, luftdichten und trockenen Behältern wie Brottopf oder Brotkasten. Ab und zu mit Essigwasser gegen Schimmelbildung auswaschen. Praktisch: Brot in kleinen Portionen, ganz oder in Scheiben, einfrieren. Hält etwa drei Monate. Im Toaster ist es dann schnell aufgetaut.

Grundrezept Roggen-Sauerteigbrot

ZUTATEN FÜR 1 GROSSES BROT (ca. 1,5 kg)

800 g fein gemahlenes Roggen Vollkornmehl
300 g Sauerteig (selbst gemacht, Rezept im Kasten S. 141)
2 TL Salz
feines Roggen-Vollkornmehl zum Bestäuben
Backpapier für das Backblech

würzig, deftig, kräftig
30 Min. + 3 Std. Gehen + 1 Std. Backen

pro Scheibe à 60 g ca. 120 kcal
4 Eiweiß · 1 g Fett · 24 g Kohlenhydrate

ZUBEREITUNG

1. Mehl in eine Schüssel geben, in die Mitte eine Mulde drücken. Sauerteig dazugeben, von der Mitte aus mit Mehl vermengen. 450 ml lauwarmes Wasser und Salz unterkneten. Den Teig in der Küchenmaschine 10 Min. oder mit der Hand 15 Min. kneten, bis er geschmeidig ist und sich von der Schüssel löst. Mit Mehl bestäuben, zugedeckt 2 Std. gehen lassen.

2. Den Teig auf einer bemehlten Arbeitsfläche kurz kneten, zu einem länglichen Laib formen. Zugedeckt 1 Std. ruhen lassen.

3. Ofen auf 250° vorheizen. Backblech mit Backpapier belegen. Das Brot darauf setzen, mit einer Gabel mehrmals einstechen. Rundum mit Wasser bestreichen. Im Ofen (unten, Umluft 220°) 15 Min. backen, dabei eine feuerfeste Schale mit Wasser dazustellen. Temperatur auf 200° reduzieren, 30 Min. weiterbacken. Ofen ausschalten und das Brot 15 Min. ruhen lassen. Beim Klopfen auf die Unterseite sollte es hohl klingen.

GLYX-Tipp Das Brot abkühlen lassen und erst am nächsten Tag anschneiden.

Tuning-Tipp Nach Belieben 250 g Roggenmehl durch geschroteten Roggen oder einen anderen Getreideschrot ersetzen, z. B. Weizen, Dinkel, Gerste oder auch Hafer.

Gewürzbrot

gelingt leicht
35 Min. + 4 Std. Gehen + 1 Std. Backen
pro Scheibe à 60 g ca. 80 kcal
3 g Eiweiß · 1 g Fett · 15 g Kohlenhydrate

ZUTATEN FÜR 1 RUNDES BROT (ca. 1,5 kg)

1 Grundrezept Roggen-Sauerteigbrot (Rezept S. 140, aus 200 g feinem Roggen-Vollkornmehl, 400 g feinem Weizen-Vollkornmehl und 200 g geschrotetem Roggen) · 1 Würfel Hefe (42 g) · 1 TL flüssiger Akazienhonig Salz · je 1 TL gemahlener Koriander, Anis und Kümmel · Backpapier für das Backblech

ZUBEREITUNG

1. Das Roggen- und Weizenmehl mit dem Schrot in einer Schüssel mischen, in die Mitte eine Mulde drücken, Sauerteig (Grundrezept S. 140) und Hefe hineinbröckeln. Mit Honig und etwas Mehl vermengen. Nach dem Grundrezept Wasser, Salz und Gewürze hinzufügen und alles zu einem geschmeidigen Teig verkneten. Zugedeckt an einem warmen Ort 3 Std. gehen lassen.

2. Den Teig, wie im Grundrezept beschrieben, kurz kneten, zu einem runden Laib formen, auf ein mit Backpapier belegtes Blech setzen und 1 Std. gehen lassen.

3. Die Oberfläche gitterartig einritzen, mit Wasser bestreichen und im vorgeheizten Ofen nach dem Grundrezept backen.

So wird ein Sauerteig angesetzt

Rechnen Sie 3 Tage, bis der Säuerling reif ist zum Brotbacken.

1. Tag 100 g feines Roggen-Vollkornmehl mit 100 ml lauwarmem Wasser in einer Schüssel oder Glas mit Deckel mischen. An einem warmen Ort 24 Std. stehen lassen.

2. Tag Ansatz umrühren und weitere 24 Std. bei ca. 20° ruhen lassen.

3. Tag Den Ansatz erneut mit 100 g Roggen-Vollkornmehl und 100 ml warmem Wasser »füttern« und weitere 24 Std. reifen lassen. Dann ist der »Natursauer« fertig.

Vorrat fürs nächste Brotbacken Bevor Sie den Sauerteig zum Brotteig verarbeiten, etwa eine Hand voll Sauerteig abnehmen. Beim ersten Roggen-Sauerteigbrot zusätzlich 10 g Hefe mit einarbeiten – der Teig geht dann besser auf. In einem Schraubglas im Kühlschrank etwa 1–2 Wochen oder in einem Gefrierbeutel im Tiefkühlfach bis zu 3 Monaten aufbewahren.

Mehrkornbrot

urgesund
30 Min. + 3 Std. Gehen + 1 Std. Backen
pro Scheibe à 60 g ca. 120 kcal
3 g Eiweiß · 1 g Fett · 23 g Kohlenhydrate

ZUTATEN FÜR 1 OVALES BROT (ca. 1,6 kg)

50 g Leinsamen
1 Grundrezept Roggen-Sauerteigbrot (Rezept S. 140, aus 600 g feinem Roggen-Vollkornmehl und 200 g grob geschrotetem Sechskorngetreide, z. B. Weizen, Roggen, Hafer, Gerste, Dinkel, Buchweizen) · 1 Würfel Hefe (42 g) · Salz
2 TL gemahlenes Brotgewürz
1 EL Zuckerrübensirup (Rübenkraut)
20 g grob geschrotetes Sechskorngetreide
Backpapier für das Backblech

ZUBEREITUNG

1. Leinsamen mit kochendem Wasser begießen, 30 Min. quellen und abtropfen lassen.

2. Roggenmehl, Schrot und Leinsamen in einer großen Schüssel mischen, in die Mitte eine Mulde drücken, die Hefe hineinbröckeln. Sauerteig und Salz, Brotgewürz und Rübenkraut nach dem Grundrezept hinzufügen und alles von der Mitte aus mit 400 ml lauwarmem Wasser verkneten. Zugedeckt an einem warmen Ort 2 Std. gehen lassen.

3. Den Teig, wie im Grundrezept S. 140 beschrieben, kurz kneten, zu einem ovalen Laib formen, auf ein mit Backpapier belegtes Blech setzen und 1 Std. gehen lassen.

4. Den Backofen auf 250° vorheizen. Das Brot mit einer Gabel mehrmals einstechen. Mit Wasser bestreichen, mit übrigem Schrot bestreuen. Im heißen Ofen, wie im Grundrezept S. 140 beschrieben, backen.

Mehr draus machen Wenn Sie zwei Brote aus dem Teig machen, verkürzt sich die Backzeit um etwa 10 Min.

Pumpernickel

braucht Zeit
30 Min. + 3 Std. 15 Min. Gehen + 6 Std. Backen
pro Scheibe à 40 g ca. 90 kcal
3 g Eiweiß · 1 g Fett · 18 g Kohlenhydrate

ZUTATEN FÜR 1 BROT-KASTENFORM VON 30 cm LÄNGE (ca. 1,4 kg)

500 g feines Roggen-Vollkornmehl
300 g geschroteter Roggen
300 g Sauerteig (Rezept im Kasten oben oder Natursauerteig aus dem Reformhaus)
1 EL Salz
75 g Zuckerrübensirup (Rübenkraut)
feines Roggen-Vollkornmehl zum Bestäuben
Rapsöl zum Einfetten

ZUBEREITUNG

1. Mehl und Schrot mischen, in die Mitte eine Mulde drücken. Sauerteig hineingeben und mit dem Mehl vermengen. Nach und nach 3/8 l lauwarmes Wasser, Salz und Rübenkraut unterkneten. Den Teig auf einer bemehlten Arbeitsfläche kneten und mit Mehl bestäuben. Zugedeckt 3 Std. gehen lassen.

2. Teig kneten, zu einer dicken 30 cm langen Rolle formen. Die Form mit Öl einpinseln und mit Mehl bestäuben. Teigrolle hineinlegen, zugedeckt 15–20 Min. gehen lassen.

3. Backofen auf 120° vorheizen. Die Teigoberfläche mit Wasser bestreichen und mit Alufolie fest verschließen. Im heißen Ofen (unten, Umluft 100°) 6 Std. backen. Ein Holzstäbchen hineinstechen. Wenn kein Teig mehr kleben bleibt, ist das Brot fertig gebacken. Die Alufolie abnehmen, das Brot im Ofen 1 Std. auskühlen lassen. Aus dem Ofen nehmen und in dünne Scheiben schneiden.

Das schmeckt dazu Käse, Meeresfrüchte, Quark mit GLYX-Marmelade (Rezept S. 35).

Dampf ablassen

Legen Sie das Brot nach dem Backen kopfüber auf ein Brot- oder Kuchengitter und lassen Sie es in der noch warmen Küche ausdampfen und abkühlen. So kann die Hitze durch den Teigboden abziehen, und die Oberseite der Kruste bleibt knusprig.

Tiefkühlen für den Vorrat

Brot und Brötchen sobald wie möglich nach dem Backen, aber unbedingt abgekühlt, einfrieren. Große Laibe in Hälften oder Viertel geschnitten, Brötchen portioniert in Gefrierbeutel verpacken.

Gerolltes Nussbrot

würzig zur Brotzeit
40 Min. + 1 Std. 45 Min. Gehen
+ 1 Std. Backen
pro Scheibe à 50 g ca. 170 kcal
6 g Eiweiß · 9 g Fett · 16 g Kohlenhydrate

ZUTATEN FÜR 1 BROT-KASTENFORM VON 30 cm LÄNGE (ca. 750 g)

250 g feines Weizen-Vollkornmehl
100 g Roggen-Vollkornmehl
100 g fein gemahlene gelbe Sojabohnen (ersatzweise Sojamehl)
1 Würfel Hefe (42 g)
1 TL flüssiger Akazienhonig
3 EL Olivenöl
2 TL Salz
120 g Walnusskerne
2 Bund Petersilie
1 Knoblauchzehe
Olivenöl für die Form
feines Vollkornmehl zum Arbeiten

ZUBEREITUNG

1. Alle Mehlsorten mischen, in die Mitte eine Mulde drücken, Hefe hineinbröckeln. Mit Honig und 75 ml lauwarmem Wasser glatt rühren, Mehl darüber stäuben. Zugedeckt an einem warmen Ort 15 Min. gehen lassen.

2. 175 ml lauwarmes Wasser, 2 EL Olivenöl und Salz zugeben, mit Hefeansatz und übrigem Mehl verkneten. Den Teig zugedeckt 1 Std. gehen lassen.

3. Walnusskerne hacken. Petersilie waschen und trockenschütteln, Blättchen fein hacken. Übriges Öl erhitzen, Walnusskerne darin anrösten. Knoblauch schälen und dazupressen, salzen. Petersilie untermischen, etwas abkühlen lassen. Die Form einfetten.

4. Den Teig kurz kneten und auf einem bemehlten Küchentuch zu einem Rechteck von ca. 50 x 30 cm ausrollen.

5. Die Nussmischung darauf verteilen, dabei einen Rand von etwa 2 cm frei lassen. Den Teig von der Schmalseite her aufrollen, in die Form legen, mehrmals schräg einschneiden und 30 Min. gehen lassen. Im heißen Backofen (Mitte, Umluft 180°) 1 Std. backen.

GLYX-Tipp Sojabohnen werden wie Getreide zu Vollsojamehl vermahlen. Dieses ist eine gute Ergänzung zu Getreide, da es die Brote haltbarer macht, Schnittfestigkeit und Struktur der Krume verbessert und den Nährwert erhöht. Da die Sojabohnen keinen Kleber enthalten, werden sie mit Weizenmehl gemischt.

Grahambrot mit Sesam

fein zu Käse

35 Min. + 1 Std. 20 Min. Gehen + 40 Min. Backen

pro Scheibe à 30 g ca. 70 kcal
3 g Eiweiß · 2 g Fett · 11 g Kohlenhydrate

ZUTATEN FÜR 2 BROTE (à ca. 600 g)

100 g Sesamsamen
300 g feines Weizen-Vollkornmehl
400 g geschroteter Weizen · 2 TL Salz
1 Würfel Hefe (42 g)
1 TL flüssiger Akazienhonig
25 g Weizenkeime
Backpapier für das Backblech

ZUBEREITUNG

1. Sesamsamen in einer Pfanne ohne Fett leicht rösten, herausnehmen und abkühlen lassen. Mehl, Schrot und Salz mischen, in die Mitte eine Mulde drücken, Hefe hineinbröckeln. Mit Honig und 5 EL lauwarmem Wasser glatt rühren. Zugedeckt an einem warmen Ort 10 Min. gehen lassen.

2. Weizenkeime und 400 ml lauwarmes Wasser dazugeben, alle Zutaten mit dem Hefeansatz zu einem glatten Teig verkneten. 2 EL Sesam beiseite legen, den Rest unterkneten. Den Teig zugedeckt 1 Std. gehen lassen.

3. Den Teig kurz kneten, zu 2 länglichen Laiben formen und auf ein mit Backpapier belegtes Blech setzen. Laibe mit Wasser bestreichen, mit übrigem Sesam bestreuen und 10 Min. gehen lassen. Backofen auf 200° vorheizen. Brote im Ofen (Mitte, Umluft 180°) 40–45 Min. backen.

Austausch-Tipp Hälfte des Sesams durch gequollene Leinsamen ersetzen.

Sechskornbrot aus dem Tontopf

ganz einfach

30 Min. + 2 Std. 15 Min. Gehen + 1 Std. 10 Min. Backen

pro Scheibe à 50 g ca. 130 kcal
5 g Eiweiß · 4 g Fett · 19 g Kohlenhydrate

ZUTATEN FÜR 1 LAIB (ca. 1,5 kg)

500 g feines Weizen-Vollkornmehl · 400 g grob geschrotetes Sechskorngetreide (z. B. Weizen, Roggen, Hafer, Gerste, Dinkel, Buchweizen)
1 1/2 Würfel Hefe (60 g) · 2 TL flüssiger Akazienhonig
125 g Sonnenblumenkerne · 2 EL Rapsöl
4 TL Salz · 1 Tontopf oder Römertopf · Rapsöl zum Bestreichen

ZUBEREITUNG

1. Mehl und Schrot mischen, in die Mitte eine Mulde drücken, die Hefe hineinbröckeln. Mit Honig und 1/8 l lauwarmem Wasser verrühren. Zugedeckt 15 Min. gehen lassen. 100 g Sonnenblumenkerne grob hacken. Zum Vorteig geben, alles mit übrigem Mehl, 3/8 l lauwarmem Wasser, Öl und Salz verkneten. Den Teig 1 Std. gehen lassen.

2. Tontopf mit Deckel 20 Min. wässern, mit Öl einpinseln. Teig kneten, in den Topf füllen, glatt streichen und übrige Kerne darauf verteilen und andrücken. 1 Std. gehen lassen.

3. Deckel auflegen, Tontopf in den kalten Ofen (unten) schieben und bei 200° (Umluft 180°) 40 Min. backen. Deckel abnehmen, Brot in weiteren 30 Min. fertig backen.

Quark-Aprikosen-Brot

schmeckt auch Kindern

30 Min. + 45 Min. Gehen + 45 Min. Backen

pro Scheibe à 50 g ca. 130 kcal
5 g Eiweiß · 5 g Fett · 18 g Kohlenhydrate

ZUTATEN FÜR 1 BROT-KASTEN-FORM VON 30 cm LÄNGE (ca. 1,2 kg)

120 g ungeschwefelte getrocknete Aprikosen
4 EL ungesüßter Apfelsaft
500 g feines Dinkel-Vollkornmehl
1 Würfel Hefe (42 g)
170 ml lauwarme Milch
3 EL Ahornsirup
5 EL Rapsöl
200 g Magerquark
2 Eier + 1 Eigelb
1 Prise Salz
Öl für die Form

ZUBEREITUNG

1. Die Aprikosen klein würfeln und im Apfelsaft einweichen. Mehl in eine Schüssel geben, in die Mitte eine Mulde drücken, Hefe hineinbröckeln, mit 5 EL lauwarmer Milch und 1 EL Sirup verrühren. Mit etwas Mehl bestäuben, zugedeckt an einem warmen Ort 15 Min. gehen lassen.

2. 100 ml lauwarme Milch, übrigen Sirup, Öl, Quark, 2 Eier und Salz zufügen, alles zu einem glatten Teig verkneten. Zugedeckt 30 Min. gehen lassen. Die Form einfetten.

3. Backofen auf 200° vorheizen. Aprikosen abtropfen lassen, unter den Teig kneten. In die Form füllen und mehrfach diagonal einritzen. Eigelb mit übriger Milch verquirlen, Brot damit bepinseln. Im Ofen (unten, Umluft 180°) 45 Min. backen.

Mehr draus machen **Aprikosenbrötchen:** Teig in 10 Stücke teilen, zu Kugeln formen, 30 Min. gehen lassen, mit Milch und Eigelb bestreichen und 25–30 Min. backen.

Das schmeckt dazu Quark und GLYX-Marmelade (Rezept S. 35)

Sechskornbrot aus dem Tontopf

Flockenfladen

kräuterwürzig und knusprig
40 Min. + 30 Min. Ruhen + 20 Min. Backen
pro Stück ca. 150 kcal
5 g Eiweiß · 2 g Fett · 19 g Kohlenhydrate

ZUTATEN FÜR 12 STÜCK (à ca. 60 g)

250 g Weizen-Vollkornflocken (frisch gequetscht) · 250 g Roggen-Vollkornflocken (frisch gequetscht)
50 g zarte Hafer-Vollkornflocken · 1 Bund Schnittlauch · Salz
frisch gemahlener Pfeffer · 2 TL Kräuter der Provence · 1/2 TL gemahlener Koriander
400 ml Molke
1–2 EL feines Weizen-Vollkornmehl (nach Bedarf) · 1 Eigelb
Backpapier für das Backblech

ZUBEREITUNG

1. Alle drei Flockensorten mischen. Schnittlauch waschen und in feine Röllchen schneiden. Mit 2 TL Salz, je 1 TL Pfeffer und Kräutern der Provence sowie Koriander zu den Flocken geben. Molke bis auf 3 EL dazugeben, alles kneten, bis der Teig geschmeidig ist. 30 Min. quellen lassen.

2. Den Backofen auf 220° vorheizen. Den Teig in 12 Portionen teilen; falls er noch klebt, 1–2 EL Mehl einarbeiten. Den Teig zu Kugeln formen. Diese auf zwei mit Backpapier belegten Blechen dünn ausrollen.

3. Eigelb mit übriger Molke verquirlen, Fladen damit bestreichen und mit den übrigen Kräutern der Provence bestreuen. Im heißen Backofen (Mitte, Umluft 200°) 20 Min. backen.

Focaccia mit Oliven

schmeckt nach Urlaub im Süden
45 Min. + 1 Std. Gehen + 40 Min. Backen
pro Scheibe à 40 g ca. 95 kcal
3 g Eiweiß · 2 g Fett · 16 g Kohlenhydrate

ZUTATEN FÜR 2 LAIBE (à ca. 400 g)

300 g feines Weizen-Vollkornmehl
150 g feines Grünkernmehl · Salz · frisch gemahlener Pfeffer
1 Würfel Hefe (42 g)
1 TL flüssiger Honig
100 g schwarze Oliven mit Stein
50 g getrocknete in Öl eingelegte Tomaten
2 Zweige Rosmarin
2 EL Olivenöl
feines Vollkornmehl zum Arbeiten
Backpapier für das Backblech

ZUBEREITUNG

1. Weizen- und Grünkernmehl mit 2 TL Salz und 1 TL Pfeffer mischen, in die Mitte eine Mulde drücken, Hefe hineinbröckeln. Mit Honig und 100 ml lauwarmem Wasser verrühren, mit etwas Mehl bestäuben. Zugedeckt an einem warmen Ort 15 Min. gehen lassen.

2. Oliven entsteinen, fein hacken. Tomaten klein würfeln. Rosmarin waschen, die Nadeln hacken. Alles mit Mehl, Hefeansatz und 150 ml lauwarmem Wasser zu einem glatten Teig verkneten. 30 Min. gehen lassen.

3. Ofen auf 220° vorheizen. Blech mit Backpapier belegen. 2 ovale Laibe von etwa 20 cm Länge formen, auf das Blech setzen, Teigoberfläche im Abstand von 2 cm rautenförmig einschneiden. Laibe 15 Min. gehen lassen. Mit je 1 EL Öl bestreichen. Im Ofen (Mitte, Umluft 200°) 40–45 Min. backen.

Vollkorn-Baguette

gelingt leicht
30 Min. + 1 Std. 10 Min. Gehen + 30 Min. Backen
pro Scheibe à 30 g ca. 70 kcal
3 g Eiweiß · 1 g Fett · 13 g Kohlenhydrate

ZUTATEN FÜR 2 BROTE (à ca. 500 g)

500 g feines Weizen-Vollkornmehl
200 g feines Roggen-Vollkornmehl
2 TL Meersalz
1 Würfel Hefe (42 g)
2 TL flüssiger Akazienhonig
feines Vollkornmehl zum Arbeiten
Backpapier für das Backblech
Milch zum Bestreichen

ZUBEREITUNG

1. Beide Mehlsorten mischen, Salz darüber streuen. In die Mitte eine Mulde drücken, Hefe hineinbröckeln, mit Honig und 5 EL lauwarmem Wasser verrühren. Mit Mehl bestäuben. Zugedeckt 15 Min. gehen lassen.

2. Mit 200 ml lauwarmem Wasser vermischen. Teig auf einer bemehlten Arbeitsfläche kräftig schlagen, 45 Min. gehen lassen. 2 Bleche mit Backpier belegen. Teig gründlich kneten, in 2 Portionen teilen. Von der Mitte aus zu etwa 50 cm langen Stangen rollen, auf den Blechen zugedeckt 10 Min. gehen lassen.

3. Ofen auf 220° vorheizen. Teigstangen schräg einschneiden, mit Milch bestreichen und im Ofen (Mitte, Umluft 200°) nacheinander in 30 Min. backen, dabei eine feuerfeste Schale mit Wasser in den Ofen stellen.

Mehr draus machen Für **Baguettebrötchen** den Teig in 12 Portionen teilen, länglich formen und 25 Min. backen.

Roggen-Zwiebel-Brot

Partyhit fürs Büfett
35 Min. + 50 Min. Gehen + 30 Min. Backen
pro Scheibe à 30 g ca. 60 kcal
3 g Eiweiß · 1 g Fett · 10 g Kohlenhydrate

ZUTATEN FÜR 2 LAIBE (à ca. 500 g)

300 g feines Weizen-Vollkornmehl
150 g feines Roggen-Vollkornmehl
1 Würfel Hefe (42 g)
1 TL flüssiger Akazienhonig
1/2 Päckchen Natursauerteig (75 g)
2 TL Salz
1 TL gemahlenes Brotgewürz
250 g lauwarmer Magerquark
200 g Zwiebeln
2 EL Olivenöl
feines Vollkornmehl zum Ausrollen
Backpapier für das Backblech

ZUBEREITUNG

1. Beide Mehlsorten mischen, in die Mitte eine Mulde drücken, Hefe hineinbröckeln, mit Honig und 100 ml lauwarmem Wasser verrühren. Mehl darüber stäuben, zugedeckt 10 Min. gehen lassen. Sauerteig, 2 TL Salz, Brotgewürz, Quark und 1/8 l lauwarmes Wasser zugeben und zu einem glatten Teig verkneten. Zugedeckt 30 Min. gehen lassen.

2. Zwiebeln schälen und fein würfeln. Öl erhitzen. Zwiebeln darin glasig dünsten, beiseite stellen und etwas abkühlen lassen. Samt Bratfett unter den Teig kneten. Auf einer bemehlten Arbeitsfläche 2 längliche Laibe formen und 10 Min. gehen lassen.

3. Ofen auf 200° vorheizen. Eine feuerfeste Schale mit kochend heißem Wasser hineinstellen. Brote auf ein mit Backpapier belegtes Blech legen, mit einer Gabel mehrmals tief einstechen, mit Wasser bestreichen. Im Ofen (Mitte, Umluft 180°) 30 Min. backen.

Vollkorn-Baguette (vorne), Focaccia mit Oliven (hinten)

Power-Bagels

zum Mitnehmen
30 Min. + 50 Min. Gehen
+ 25 Min. Backen
pro Stück ca. 240 kcal
8 g Eiweiß · 8 g Fett · 33 g Kohlenhydrate

ZUTATEN FÜR 10 STÜCK (à ca. 100 g)

300 g feines Weizen-Vollkornmehl
100 g feines Hafer-Vollkornmehl · 1 Würfel Hefe (42 g) · 1 EL Apfeldicksaft (oder Birnendicksaft) · 200 g Naturjoghurt · 2 EL Rapsöl
1 TL Salz · 1 Ei
100 g kernige Müslimischung (z. B. Grundrezept Müsli-Mischung S. 36) · 1 Eiweiß
30 g gehackte Haselnüsse · feines Vollkornmehl zum Arbeiten
Backpapier für das Backblech

ZUBEREITUNG

1. Weizen- und Hafermehl mischen, in die Mitte eine Mulde drücken. Hefe mit Dicksaft in 100 ml lauwarmem Wasser auflösen, in die Mulde gießen und mit Mehl vom Rand bestreuen. Zugedeckt an einem warmen Ort 10 Min. gehen lassen. Joghurt, Öl, Salz, Ei und Müsli-Mischung gut unterkneten. Zugedeckt an einem warmen Ort 30 Min. gehen lassen.

2. 2 Bleche mit Backpapier belegen. Den Teig auf einer bemehlten Arbeitsfläche kurz kneten, in 10 gleich große Portionen teilen. Jede Portion zu einem dicken 15 cm langen Strang formen. Die Enden jeweils zu einem Kringel zusammenfügen. Und auf die Bleche setzen. Zugedeckt 10 Min. gehen lassen.

3. Backofen auf 200° vorheizen. Bagels mit Eiweiß bepinseln, mit Nüssen bestreuen. Nacheinander im Ofen (Mitte, Umluft 180°) 25–30 Min. backen.

Roggenbrötchen

herzhaft
30 Min. + 1 Std. 50 Min. Gehen
+ 30 Min. Backen
pro Stück ca. 165 kcal
6 g Eiweiß · 2 g Fett · 31 g Kohlenhydrate

ZUTATEN FÜR 16 STÜCK (à ca. 75 g)

400 g feines Roggen-Vollkornmehl
150 g feines Weizen-Vollkornmehl
200 g geschroteter Roggen · 1 Würfel Hefe (42 g) · 1 TL flüssiger Honig · 100 g saure Sahne · 1 TL Salz
je 1/2 TL gemahlener Kümmel und Koriander
150 g Sauerteig (Rezept S. 141 oder Natursauerteig) · feines Vollkornmehl zum Arbeiten
Backpapier für das Backblech

ZUBEREITUNG

1. Beide Mehlsorten und Schrot mischen, in die Mitte eine Mulde drücken, Hefe hineinbröckeln. Mit Honig und 50 ml lauwarmem Wasser verrühren. Zugedeckt 20 Min. gehen lassen.

2. Saure Sahne, Salz, Gewürze, Sauerteig und 400 ml lauwarmes Wasser dazugeben, mit Mehl und Vorteig verrühren und kneten, bis der Teig elastisch ist. 1 Std. gehen lassen. Backblech mit Backpapier belegen. Teig auf einer bemehlten Arbeitsfläche kneten, in 12 Stücke teilen, zu länglichen Rollen formen, diese auf das Blech setzen und 30 Min. gehen lassen.

3. Ofen auf 200° vorheizen. Eine feuerfeste Schale mit kochend heißem Wasser dazustellen. Brötchen längs einschneiden. Im Ofen (Mitte, Umluft 180°) 30–35 Min. backen.

Tuning-Tipp Brötchen mit Wasser bestreichen, mit Sonnenblumenkernen bestreuen.

Vollkornbrezeln

schmeckt auch Kindern
30 Min. + 40 Min. Gehen + 15–20 Min. Backen
pro Stück ca. 235 kcal
7 g Eiweiß · 10 g Fett · 29 g Kohlenhydrate

ZUTATEN FÜR 8 STÜCK (à ca. 80 g)

250 g feines Weizen-Vollkornmehl
100 g geschrotete Sechskornmischung
1/2 Würfel Hefe (20 g)
1 TL flüssiger Akazienhonig · 4 EL Rapsöl
1 1/2 TL Salz
1/8 l Milch · 1 Eigelb
30 g Kerne nach Belieben, z. B. Sesamsamen, Sonnenblumenkerne, Mohnsamen · feines Vollkornmehl zum Arbeiten

ZUBEREITUNG

1. Mehl und Schrot vermischen, in die Mitte eine Mulde drücken, Hefe hineinbröckeln und mit Honig und 3 EL lauwarmem Wasser verrühren. Mit Mehl bestäuben, zugedeckt 10 Min. gehen lassen. 75 ml lauwarmes Wasser, Öl, Salz und Milch zugeben. Alles verkneten, zugedeckt 30 Min. gehen lassen.

2. Ofen auf 200° vorheizen. Teig auf einer bemehlten Arbeitsfläche kneten, in 8 gleich große Portionen teilen, diese zu 50 cm langen Strängen rollen, zu Brezeln formen. Eigelb mit 2 EL Wasser verrühren, Brezeln damit bestreichen, mit Kernen bestreuen. Im Ofen (Mitte, Umluft 180°) 15–20 Min. backen.

Austausch-Tipp Statt Brezeln Brötchen, Stangen oder Knoten formen.

Tuning-Tipp **Käsebrezeln:** Statt mit Kernen mit 30 g geriebenem Gouda bestreuen.

Dinkel-Zucchini-Brötchen

zum Mitnehmen
40 Min. + 1 Std. Gehen + 20 Min. Backen + 12 Std. Einweichen
pro Stück ca. 150 kcal
6 g Eiweiß · 1 g Fett · 29 g Kohlenhydrate

ZUTATEN FÜR 10 STÜCK (à ca. 70 g)

100 g Dinkel
350 g feines Dinkel-Vollkornmehl
1 Würfel Hefe (40 g)
1 TL flüssiger Akazienhonig
1 kleiner Zucchino (ca. 125 g) · 1 TL getrockneter Thymian
Salz · feines Vollkornmehl zum Arbeiten · Backpapier für das Backblech

ZUBEREITUNG

1. Den Dinkel über Nacht in reichlich Wasser einweichen. Am nächsten Tag abgießen und abtropfen lassen.

2. Dinkelmehl in eine Schüssel geben, in die Mitte eine Mulde drücken, Hefe hineinbröckeln. Mit Honig, etwas Mehl und 1/8 l lauwarmem Wasser verrühren. Vorteig zugedeckt an einem warmen Ort 10 Min. gehen lassen. Zucchino waschen, putzen und grob raspeln, mit Dinkel, Thymian und 1 TL Salz unter den Vorteig kneten. Teig auf einer bemehlten Arbeitsfläche kneten, zu einer Kugel formen und zugedeckt 45 Min. gehen lassen.

3. Ofen auf 200° vorheizen. Blech mit Backpapier belegen. Teig kneten, in 8 Stücke schneiden und diese rund formen. Auf dem Blech 10 Min. gehen lassen. Teigoberfläche mit einem scharfen Messer einschneiden. Im Ofen (Mitte, Umluft 180°) 20 Min. backen.

Grundrezept Gemüsequiche

Grundrezept Gemüsequiche

sommerlich leicht
45 Min. + 40 Min. Backzeit
pro Stück ca. 200 kcal
9 g Eiweiß · 11 g Fett · 16 g Kohlenhydrate

ZUTATEN FÜR 1 QUICHEFORM VON 30 cm Ø (12 STÜCK)

Für den Quark-Öl-Teig:
120 g Magerquark · 4 EL Milch · 4 EL Rapsöl
1/2 TL Salz · 220 g Dinkel-Vollkornmehl
1 TL Weinstein-Backpulver

Für den Belag:
200 g Möhren · 4 Stangen Staudensellerie
2 Stangen Lauch · 200 g Erbsen (frische oder TK-Ware) · 2 EL Olivenöl · Salz · Pfeffer
1 EL Zitronensaft · 1 EL gehackte Petersilie
100 g Gouda · 2 Eier · 150 g saure Sahne
Muskatnuss, frisch gerieben · Öl für die Form
feines Vollkornmehl zum Arbeiten

ZUBEREITUNG

1. Den Quark in einem Tuch ausdrücken. Mit Milch, Rapsöl und Salz in einer Schüssel cremig rühren. Die Hälfte von dem Mehl mit Backpulver unterrühren. Das übrige Mehl unterkneten.

2. Möhren putzen, schälen und in dünne Scheiben hobeln. Staudensellerie waschen, putzen, in feine Scheiben schneiden. Lauch putzen, längs halbieren, gründlich waschen und in Streifen schneiden. Erbsen aus den Hülsen streifen.

3. Olivenöl erhitzen, Gemüse darin 5 Min. dünsten. Mit Salz, Pfeffer und Zitronensaft würzen. Petersilie unterrühren.

4. Backofen auf 200° vorheizen. Die Form einfetten. Den Teig auf einer bemehlten Arbeitsfläche ausrollen. Die Form damit auskleiden. Den Käse reiben.

5. Das Gemüse auf dem Teig verteilen. Eier mit saurer Sahne und Käse verrühren. Mit Salz und Muskat würzen. Den Guss über das Gemüse gießen. Die Quiche im Backofen (Mitte, Umluft 180°) 40 Min. backen.

Räucherfischquiche

raffiniert für Gäste
30 Min. + 40 Min. Backen
pro Portion ca. 240 kcal
12 g Eiweiß · 15 g Fett · 14 g Kohlenhydrate

ZUTATEN FÜR 1 QUICHEFORM VON 30 cm Ø (12 STÜCK)

1 Grundrezept Quark-Öl-Teig (Rezept oben)

Für den Belag:
2 Räuchermakrelenfilets mit Haut (à 200 g)
1/4 l Milch · 1 Bund Frühlingszwiebeln
2 EL Olivenöl · 100 g Crème légère · 2 Eigelbe
Salz · Pfeffer · Muskatnuss, frisch gerieben
1 EL Schnittlauchröllchen · Öl für die Form
feines Vollkornmehl zum Arbeiten

ZUBEREITUNG

1. Teig nach dem Grundrezept oben zubereiten. Form einfetten. Teig auf einer bemehlten Arbeitsfläche ausrollen, die Form damit auskleiden. Den Backofen auf 200° vorheizen.

2. Die Haut von den Räuchermakrelen abziehen und mit Milch in einem Topf aufkochen und 5 Min. ziehen lassen. Makrelenfilets in etwa 3 cm große Stücke schneiden. Frühlingszwiebeln putzen, waschen, in feine Ringe schneiden und mit Olivenöl vermischen.

3. Die Milch durch ein Sieb gießen. 100 ml mit Crème légère und Eigelben verrühren. Mit Salz, Pfeffer und Muskat würzen.

4. Frühlingszwiebeln und Makrelen auf dem Teig verteilen, Eierguss darüber gießen. Im Backofen (Mitte, Umluft 180°) 30–40 Min. backen. Mit Schnittlauch bestreut servieren.

Austernpilzquiche

einfach
25 Min. + 40 Min. Backen
pro Stück ca. 210 kcal
9 g Eiweiß · 12 g Fett · 15 g Kohlenhydrate

ZUTATEN FÜR 1 QUICHEFORM VON 30 cm Ø (12 STÜCK)

1 Grundrezept Quark-Öl-Teig (Rezept oben)

Für den Belag:
500 g Austernpilze · 2 dünne Stangen Lauch
1 Fenchelknolle · 1 Bund Petersilie · 30 g gehackte Haselnüsse · 2 EL Rapsöl · 1 TL Worcestersauce · Salz · Pfeffer · Muskatnuss, frisch gerieben · 2 Eier · 200 g saure Sahne
50 g geriebener Emmentaler · Öl für die Form

ZUBEREITUNG

1. Teig nach dem Grundrezept oben zubereiten. Form einfetten. Teig ausrollen, die Form damit auskleiden. Ofen auf 180° vorheizen.

2. Pilze putzen, in Streifen schneiden. Lauch putzen, waschen, in Ringe schneiden. Fenchel waschen, putzen, fein würfeln. Etwas Fenchelgrün hacken. Petersilie waschen, fein hacken. Haselnüsse leicht anrösten.

3. Öl erhitzen, Pilze darin andünsten. Lauch und Fenchel zugeben und 5 Min. dünsten. Mit Worcestersauce, Salz und Muskat würzen. Petersilie, Fenchelgrün und Nüsse untermischen. Eier mit saurer Sahne und Käse verrühren. Mit Salz, Pfeffer und Muskat würzen. Pilzmischung auf den Teig verteilen. Eierguss darüber gießen. Im heißen Backofen (Mitte, Umluft 160°) 30–40 Min. backen.

Grüne Spargel-Quiche

saisonal
25 Min. + 35 Min. Backen
pro Portion ca. 200 kcal
8 g Eiweiß · 12 g Fett · 14 g Kohlenhydrate

ZUTATEN FÜR 1 QUICHEFORM VON 30 cm Ø (12 STÜCK)

1 Grundrezept Quark-Öl-Teig (oben)

Für den Belag:
750 g grüner Spargel · Salz · 1 EL Rapsöl
30 g Pinienkerne · 100 g Gorgonzola
150 g saure Sahne · 2 Eier · 1 EL Zitronensaft
Pfeffer · Öl für die Form · feines Vollkornmehl zum Arbeiten

ZUBEREITUNG

1. Teig nach dem Grundrezept oben zubereiten. Form einfetten. Teig auf einer bemehlten Arbeitsfläche ausrollen, die Form damit auskleiden. Den Backofen auf 200° vorheizen.

2. Spargel waschen, putzen, das untere Drittel schälen, Spargelspitzen abschneiden. Spargelstangen in etwa 3 cm große Stücke schneiden.

3. Spargelstücke in kochendem Salzwasser 5 Min. blanchieren. Spargelspitzen dazugeben und weitere 2 Min. garen. Herausnehmen, eiskalt abschrecken, abtropfen lassen, mit Öl vermischen. Pinienkerne rösten. Gorgonzola fein zerdrücken, mit saurer Sahne, Eiern und Zitronensaft verrühren, salzen und pfeffern.

4. Spargel auf den Teig geben. Guss darüber gießen, mit Pinienkernen bestreuen. Im Ofen (Mitte, Umluft 180°) 30–35 Min. backen.

Grundrezept GLYX-Pizza (vorne), Calzone mit Mangold (hinten)

Formsache für Vollkornteig

Statt 1 großes Blech 4 runde Pizzen von 25 cm backen. Den Teig vierteln und 4 Pizzaformen, dunkel und mit niedrigem Rand, auskleiden. Ihr Vorzug: Sie nehmen die Hitze schnell auf und geben sie gleichmäßig ab.

Mini-Pizzen als Vorspeise

Grundteig in 4 Kugeln für jeweils 12 kleine Pizzaböden teilen. Jede Teigkugel ausrollen und 12 runde Platten ausstechen. Mit 4 verschiedenen Belägen krönen, backen. Fertig sind Pizzettes, kleine Pizzahappen!

Grundrezept GLYX-Pizza

urgesund und wandelbar

45 Min. + 45 Min. Gehen + 20 Min. Backen

pro Stück ca. 75 kcal

2 g Eiweiß · 2 g Fett · 12 g Kohlenhydrate

ZUTATEN FÜR 1 GROSSES BACKBLECH (ca. 20 STÜCK)

Für den Pizzateig:

400 g feines Weizen-Vollkornmehl
Salz
1 Würfel Hefe (42 g)
1 TL flüssiger Honig
2 EL Olivenöl
Öl zum Einfetten

Für den Belag:

4 EL Tomatenmark
1 TL getrockneter Oregano
3 EL Olivenöl
200 g Mozzarella
400 g Eiertomaten
2 Knoblauchzehen
Salz · Pfeffer
2 Stängel Basilikum

ZUBEREITUNG

1. Mehl und 1 TL Salz in eine Schüssel geben, in die Mitte eine Mulde drücken. Hefe hineinbröckeln, mit Honig und 100 ml lauwarmem Wasser auflösen. Etwas Mehl darüber streuen, den Vorteig an einem warmen Ort 15 Min. gehen lassen.

2. Mehl, Vorteig, 1/8 l lauwarmes Wasser und Olivenöl verkneten. Auf einer bemehlten Arbeitsfläche 10 Min. kräftig weiterkneten, bis der Teig elastisch ist. Zugedeckt 30 Min. gehen lassen, bis sich das Volumen verdoppelt hat.

3. Backofen auf 220° vorheizen. Backblech mit Öl einfetten. Teig darauf ausrollen.Für den Belag Tomatenmark mit Oregano, 2 EL Öl und 4 EL Wasser verrühren und auf den Pizzaboden streichen. Mozzarella halbieren und in Scheiben schneiden.Tomaten waschen, quer in Scheiben schneiden. Knoblauch schälen und fein würfeln.

4. Alles auf dem Pizzaboden verteilen. Kräftig mit Salz und Pfeffer würzen, mit übrigem Olivenöl beträufeln. Im Ofen (Mitte, Umluft 200°) 20 Min. backen. Basilikumblättchen abzupfen, hacken und über die Pizza streuen.

Austausch-Tipp Kerniger wird der Teig, wenn Sie 250 g fein gemahlenen und 150 g geschroteten Weizen mischen.

Gemüsepizza mit Tofu

knackig frisch
1 Std. + 45 Min. Gehen + 20 Min. Backen
pro Stück ca. 125 kcal
5 g Eiweiß · 5 g Fett · 14 g Kohlenhydrate

ZUTATEN FÜR 1 GROSSES BACKBLECH (ca. 20 STÜCK)

1 Grundrezept Pizzateig (Rezept S. 150)

Für den Belag:
200 g fester Tofu · 1 Knoblauchzehe
2 EL Zitronensaft · 1/2 TL edelsüßes Paprikapulver · Salz · Pfeffer
300 g reife Tomaten · 1 Stange Lauch
1 rote Paprikaschote · 200 g Austernpilze
100 g frische Mungobohnensprossen
1 Bund Petersilie · 3 EL Olivenöl
2 EL Sonnenblumenkerne · Öl für das Blech

ZUBEREITUNG

1. Den Pizzateig nach dem Grundrezept auf S. 150 zubereiten. Tofu klein würfeln. Knoblauch schälen und zerdrücken. Mit Zitronensaft, Paprikapulver, Salz und Pfeffer verrühren. Die Tofuwürfel darin 30 Min. marinieren.

2. Tomaten häuten, halbieren, entkernen und klein würfeln. Lauch putzen, längs aufschneiden, gründlich waschen, in Ringe schneiden. Paprikaschote waschen, halbieren, putzen und in dünne Streifen schneiden. Pilze putzen, abreiben, zerteilen. Sprossen abbrausen, abtropfen lassen. Petersilie waschen und trockenschütteln, die Blättchen hacken.

3. 1 EL Öl erhitzen. Gemüse bis auf die Tomaten 3 Min. braten, salzen und pfeffern. Hälfte der Petersilie untermischen.

4. Tofu abtropfen lassen. Ofen auf 220° vorheizen. Blech einfetten. Teig darauf ausrollen. Tomatenwürfel, Gemüse und Tofu darauf verteilen. Mit Sonnenblumenkernen bestreuen, mit übrigem Öl beträufeln. Im Ofen (Mitte, Umluft 180°) 20–25 Min. backen.

Austausch-Tipp Auch gebratene Zucchini, Möhren, Brokkoli, Fenchel oder Kohlrabi (alle blanchiert) schmecken super.

Zwiebelkuchen

würzig, kräftig, gut
1 Std. 20 Min. + 45 Min. Gehen + 30 Min. Backen
pro Stück ca. 140 kcal
5 g Eiweiß · 6 g Fett · 17 g Kohlenhydrate

ZUTATEN FÜR 1 BACKBLECH (ca. 20 STÜCK)

1 Grundrezept Pizzateig (Rezept S. 150) aus 200 g geschrotetem Roggen und 200 g feinem Weizen-Vollkornmehl

Für den Belag:
1 1/4 kg Zwiebeln · 2 EL Rapsöl
400 g saure Sahne · 1/4 l Milch
4 Eier (Größe L) · 1 EL Weizenmehl (Type 1050) · 1 Bund Schnittlauch · Salz
Pfeffer · Muskatnuss, frisch gerieben
feines Vollkornmehl zum Arbeiten
Öl für das Blech

ZUBEREITUNG

1. Den Pizzateig nach dem Grundrezept auf S. 150 mit Roggenschrot und Weizenmehl zubereiten. Zwiebeln schälen, längs halbieren, in dünne Streifen schneiden. Das Öl in einer großen Pfanne erhitzen, Zwiebeln darin bei mittlerer Hitze 10 Min. goldbraun dünsten, dann beiseite stellen und abkühlen lassen.

2. Saure Sahne, Milch, Eier und Mehl verrühren. Schnittlauch waschen, trockenschütteln, in Röllchen schneiden. Zwei Drittel davon mit Eiermilch und Zwiebeln mischen, mit Salz, Pfeffer und Muskat pikant würzen.

3. Ofen auf 200° vorheizen. Teig auf einer bemehlten Arbeitsfläche ausrollen. Blech einfetten, Teig darauf ausrollen, dabei einen Rand hochdrücken. Zwiebelmasse darauf glatt streichen. Im Ofen (Mitte, Umluft 180°) 30–35 Min. backen. Übrigen Schnittlauch darüber streuen und lauwarm servieren.

Tuning-Tipp Für eine nicht vegetarische Zwiebelkuchen-Variante 100 g Wildschwein- oder Lachsschinken klein würfeln und unter die Zwiebelmasse mischen.

Calzone mit Mangold

kross und saftig gefüllt
1 Std. 15 Min. + 45 Min. Gehen + 35 Min. Backen
pro Stück ca. 180 kcal
8 g Eiweiß · 9 g Fett · 17 g Kohlenhydrate

ZUTATEN FÜR 1 BACKBLECH (16 STÜCK)

1 Grundrezept Pizzateig (Rezept S. 150) aus feinem Dinkel-Vollkornmehl

Für die Füllung:
600 g Mangold · Salz · Pfeffer
1 Zwiebel · 2 Knoblauchzehen
3 EL Olivenöl · 250 g Ricotta
50 g geriebener Parmesan
2 Eier · 2 EL Pinienkerne
Muskatnuss, frisch gerieben
Öl für das Blech
feines Vollkornmehl zum Arbeiten

ZUBEREITUNG

1. Den Pizzateig nach dem Grundrezept auf S. 150 mit Dinkel-Vollkornmehl zubereiten. Mangold in Blätter zerlegen, waschen und die Stiele entfernen. Mangoldblätter in reichlich kochendem Salzwasser 30 Sek. blanchieren, abschrecken, abtropfen lassen, ausdrücken und hacken.

2. Zwiebel und Knoblauch schälen, Zwiebel, Knoblauch und Mangoldstiele fein würfeln. 2 EL Öl erhitzen, Zwiebel, Knoblauch und Mangoldstiele darin 3 Min. andünsten. Mangoldgrün 2–3 Min. darin wenden. Etwas abkühlen lassen. Ricotta, Parmesan, Eier und Pinienkerne unterrühren. Mit Salz, Pfeffer und Muskat kräftig würzen.

3. Ofen auf 220° vorheizen. Blech einfetten. Teig kneten, auf einer bemehlten Arbeitsfläche zu einer großen runden Platte ausrollen und auf das Blech legen. Bis zur Hälfte mit der Mangoldmasse belegen, dabei einen etwa 2 cm breiten Rand lassen. Ränder mit Wasser bestreichen. Die andere Hälfte über die Füllung klappen, den Rand mit einer Gabel fest zusammendrücken. Mit übrigem Öl einpinseln. Im Ofen (Mitte, Umluft 200°) 35 Min. backen.

Austausch-Tipp Anstelle von Mangold können Sie auch Spinat verwenden.

Spinat-Schafkäse-Taschen

zum Mitnehmen
30 Min. + 25 Min. Backen
pro Stück ca. 280 kcal
13 g Eiweiß · 15 g Fett · 25 g Kohlenhydrate

ZUTATEN FÜR 8 STÜCK

150 g Weizen-Vollkornmehl
100 g Buchweizenmehl
75 ml Rapsöl
200 g Magerquark
1/2 TL Salz
300 g frischer Blattspinat
1 Gemüsezwiebel
1 Knoblauchzehe
2 EL Olivenöl
Pfeffer
200 g Schafkäse
2 getrocknete in Öl eingelegte Tomaten
1 Eigelb · 1 EL Sesamsamen · Backpapier für das Backblech

ZUBEREITUNG

1. Beide Mehlsorten mischen, mit Öl, Quark und Salz verkneten. In Klarsichtfolie gewickelt 20 Min. kühl stellen. Spinat verlesen, waschen und abtropfen lassen. Zwiebel und Knoblauch schälen, beides fein hacken.

2. Öl erhitzen, Zwiebel- und Knoblauch glasig dünsten. Spinat zugeben und zusammenfallen lassen. Mit Salz und Pfeffer würzen, abkühlen lassen. Schafkäse und Tomaten klein würfeln und unter den Spinat heben.

3. Ofen auf 200° vorheizen. Blech mit Backpapier belegen. Eigelb mit 2 EL Wasser verrühren. Teig etwa 3 mm dick ausrollen, in 8 etwa 10 x 10 cm große Quadrate schneiden. Je 1 EL Spinatmischung auf die Quadrate geben. Eigelb verquirlen, Teigränder damit bestreichen. Zusammenklappen, die Ränder fest andrücken. Die Taschen auf das Blech setzen, mit übrigem Eigelb bestreichen, mit Sesam bestreuen. Im Ofen (Mitte, Umluft 180°) 25 Min. backen.

Pasteten mit Tofu-Sprossenfüllung

pikant
30 Min. + 25 Min. Backen
pro Stück ca. 160 kcal
8 g Eiweiß · 10 g Fett · 10 g Kohlenhydrate

ZUTATEN FÜR 12 STÜCK

150 g Dinkelmehl (Type 1050) · 100 g Sojamehl
5 EL Rapsöl
1/2 TL Salz · 1 Ei
200 g Räuchertofu
1 EL Sesamöl
1 TL Sambal oelek
1 EL Sojasauce
2 Frühlingszwiebeln
100 g Mungobohnensprossen · 2 Stängel Koriandergrün
2 EL Sojabohnenkerne
Backpapier für das Backblech

ZUBEREITUNG

1. Beide Mehlsorten mischen. Mit Öl, Salz, Ei und 5 EL lauwarmem Wasser verkneten. Im Gefrierbeutel 30 Min. ruhen lassen.

2. Tofu in etwa 1 cm groß würfeln. Sesamöl mit Sambal oelek und Sojasauce verrühren, mit Tofu vermischen. Frühlingszwiebeln putzen, waschen und winzig klein schneiden. Sprossen waschen, grob hacken. Koriandergrün waschen und trockenschütteln, die Blättchen fein hacken. Frühlingszwiebeln, Sprossen und Koriandergrün unter den Tofu mischen. Sojabohnenkerne fein hacken.

3. Ofen auf 180° vorheizen. Blech mit Backpapier belegen. Teig etwa 3 mm dick ausrollen, Kreise von etwa 10 cm Durchmesser ausstechen. Sojabohnenkerne und etwas Füllung auf die Kreise geben, zusammenklappen, andrücken und auf das Blech setzen. Im Ofen (Mitte, Umluft 160°) 20 Min. backen.

Brokkoli-Nuss-Törtchen

vegetarisch
25 Min. + 25 Min. Backen
pro Stück ca. 505 kcal
19 g Eiweiß · 39 g Fett · 21 g Kohlenhydrate

ZUTATEN FÜR 4 TORTELETTFÖRMCHEN VON 12 cm Ø

100 g Magerquark
100 g Dinkelmehl (Type 1050) · 50 g gemahlene Mandeln
1/2 TL Salz · 3 EL Rapsöl · 350 g Brokkoli
2 EL Olivenöl
1 EL weißes Mandelmus (Bioladen, ersatzweise 30 g abgezogene gemahlene Mandeln)
100 g Schmand · 1 Ei
30 g geriebenen Parmesan · Pfeffer · Muskatnuss, frisch gerieben
30 g Mandelblättchen
Öl für die Förmchen

ZUBEREITUNG

1. Förmchen einfetten. Quark in einem Tuch ausdrücken. Mehl mit Mandeln und Salz mischen. Quark und Öl dazugeben und zu einem glatten Teig verkneten.

2. Den Teig zwischen Klarsichtfolie ausrollen. 4 Kreise in der Größe der Förmchen ausstechen, hineinlegen. Förmchen kühl stellen.

3. Ofen auf 200° vorheizen. Brokkoli waschen, putzen und in Röschen teilen, die Stiele fein würfeln. In kochendem Salzwasser 5 Min. blanchieren, eiskalt abschrecken, mit Öl vermischen.

4. Mandelmus mit Schmand, Ei und Parmesan verrühren. Mit Salz, Pfeffer und Muskat würzen. Brokkoli auf dem Teig verteilen, den Eierguss darauf geben. Im Ofen (Mitte, Umluft 180°) 20–25 Min. backen. Mandelblättchen rösten, über die Törtchen streuen.

Kürbiskern-Quark-Törtchen

ganz einfach
10 Min. + 30 Min. Backen
pro Stück ca. 505 kcal
19 g Eiweiß · 39 g Fett · 21 g Kohlenhydrate

ZUTATEN FÜR 4 TORTELETTFÖRMCHEN VON 12 cm Ø

100 g Kürbiskerne
1 Bund gemischte Kräuter (z. B. Zitronenthymian, Minze, Basilikum)
3 EL Olivenöl
500 g Magerquark
2 EL Vollkorngrieß
2 Eier
1 EL Zitronensaft
30 g geriebener Parmesan
Salz · Cayennepfeffer
Öl für die Förmchen

ZUBEREITUNG

1. Ofen auf 200° vorheizen. Die Förmchen einfetten. 75 g Kürbiskerne mahlen. Kräuter waschen und trockenschütteln, die Blättchen fein hacken. Mit 1 EL Öl vermischen.

2. Magerquark mit übrigem Olivenöl und Grieß verrühren. Eier und Zitronensaft unterrühren. Kräuter, gemahlene Kürbiskerne und Parmesan unterheben. Mit Salz und Cayennepfeffer würzen.

3. Quarkcreme in die Förmchen füllen und mit den übrigen Kürbiskernen bestreuen. Im Ofen (Mitte, Umluft 180°) in 30 Min. goldbraun backen. Törtchen etwas abkühlen lassen und auf Dessertteller stürzen.

Austausch-Tipp Falls Sie keine runden Tortelettförmchen haben, können Sie auch 8 Papier-Backförmchen verwenden. Dann je zwei Förmchen ineinander stellen.

Desserts

& süßes Gebäck

GLYX heißt genießen – sich auch mal ganz dem süßen Leben hingeben. In diesem Kapitel kitzeln die feinsten Aromen der Natur Ihren Gaumen. Getreide aus vollem Schrot & Korn geht mit Nüssen und Honig eine GLYX-taugliche Liaison ein und

verführt mit Hefekuchen, Mürbeteigtartelettes und saftigen Rührkuchen. Süße Früchte schmiegen sich an Bitterschokolade oder bereiten uns gepaart mit Quark, Tofu oder Joghurt cremige Dessertfreuden. Tauchen Sie ein in die Welt der süßen GLYX-Sünden.

Schon gewusst? Wer gesund naschen will, greift zur Bitterschokolade. Sie enthält jede Menge Polyphenole, die das Herz schützen und sogar das Leben verlängern. Und die beste Nachricht: Bitterschokolade hat auch noch einen niedrigen GLYX. Passt daher wunderbar in unsere Backstube.

Blitzschnelles zum Naschen

→ Erdbeeren, getrocknete Apfelringe oder Dörraprikosen jeweils zur Hälfte in flüssige Bitterschokolade (sanft im Wasserbad schmelzen!) tauchen. Erkalten lassen. Naschen.

→ Direktfruchtsaft in Eis-am-Stiel-Behälter füllen, gefrieren. Schlecken.

→ TK-Beeren pürieren. Mit Akazienhonig süßen. Im Joghurt oder Quark löffeln. Oder statt Püree 1 EL kalt gerührte Beerenmarmelade (Rezept S. 35) nehmen.

→ Weichen Pfirsich oder Birne pürieren. Mit Vollrohrzucker süßen. Zu Sorbet gefrieren. Angetaut löffeln.

→ Gefrorene TK-Beeren mit Akazienhonig und Buttermilch oder Kefir zum Smoothie mixen. Aus dem Glas löffeln oder mit dickem Trinkhalm schlürfen.

VON DER KUNST SÜSSES ZU GENIESSEN

Zuckersüße Schlemmereien gehören zu den Lebensmitteln, die in der GLYX-Essen-&-Trinken-Pyramide das oberste Stockwerk bewohnen. Wo »selten essen« daneben steht, kann man gut ein »hin und wieder genießen« draus machen. Wenn der Kuchen oder die Mousse liefert, was der Körper braucht: z. B. Obst, Quark oder fitte Fette aus der Nuss und Bitterschokolade.

→ **Wann macht ein Dessert dick?** Die Verbindung Fett – aus der Sahne oder (Kakao-) Butter – plus hoher GLYX (Weißmehl, Zucker) lässt Tiramisu & Co. sofort auf die Hüften springen.

→ **Wann macht Dessert nicht dick?** Wenn die Zutaten so natürlich wie möglich sind, und wenn Getreide mit seinem ganzen Korn, Früchte, Tofu und Milchprodukte mit Volumen und Vitalstoffen zum Genuss beitragen – und die Portion einen Gourmet glücklich gucken lässt, und ein Gourmand wenigstens nicht verzweifelt.

→ **Kann Kuchen denn gesund sein?** Der modernen Frau ist Backen so fremd geworden wie Spitzenklöppeln oder Sockenstopfen. Und die Männer? Würden sich sofort fürs Backen begeistern, könnte man Kuchen und Torten auch auf einem Holzkohlegrill zubereiten. So treffen sich heute aber alle im Supermarkt. Wo süße Kekse, Schnitten oder Pausensnacks im Regal locken – oder die Fertigbackmischung. Damit man wenigstens das Gefühl hat, selbst Hand anzulegen. Nein, ich bin keine Haus- und Küchen-Fundamentalistin, die das Rad wieder zurückdrehen will. Ich sage nur: Wer selber backt, kontrolliert, was er isst. Wer backt, erntet Lob und Spaß – ohne chemische Backhilfsmittel. Ausprobieren und genießen: Zwetschgen-, Grieß- oder Hefekuchen mit Nuss-Sesam-Streuseln oder die herrliche Beeren-Joghurt-Tarte.

Gut geknetet, schnell gerührt

→ **Mürbeteig** Für Obstkuchen, Kuchen und mürbes Gebäck wie Torteletts und Plätzchen. Die GLYX-Bäckerin nimmt statt Weißmehl Vollkornmehl oder eine Mischung aus Vollkornmehl und gemahlenen Nüssen oder Mandeln. Einen Teil der Butter ersetzt Magerquark oder Rapsöl und saure Sahne. Statt Haushaltszucker süßt Fruchtzucker, Vollrohrzucker, Honig, Ahornsirup oder Obstdicksaft.
Wichtig Vollkorn-Mürbeteig nicht wie gewohnt zur Kugel rollen und kalt stellen. Die Form mit dem Teig auskleiden und das Ganze in den Kühlschrank stellen. Dunkler Mürbeteig wird so fest, dass er sich nicht mehr ausrollen lässt.

→ **Rührteig** Für Rührkuchen, kleine Törtchen, Kastenkuchen. Einen Teil der Butter durch Rapsöl, Quark oder ungesüßte Kokosmilch ersetzen und schaumig schlagen. Fruchtzucker oder anderen GLYX-Süßer zugeben. Nach und nach Eier dazugeben. Dazu kommt das Vollkornmehl – nach Belieben einen Teil durch gemahlene Mandeln oder Nüsse ersetzen – und Weinstein-Backpulver. Wann ist der Kuchen fertig? Ein Holzstäbchen in die Mitte des Kuchens stecken und wieder herausziehen. Bleiben kleine Teigreste hängen, muss der Kuchen noch ein paar Minuten backen.
Tipp Eier trennen. Erst Eigelbe, dann das steif geschlagene Eiweiß unter die Masse heben. So wird der Teig lockerer.

→ **Biskuitteig** Ideal für Obsttorten. Eier trennen. Eigelbe mit 2 EL lauwarmem Wasser im warmen Wasserbad schaumig schlagen. Vollrohr- oder Fruchtzucker einrieseln lassen, bis eine feste helle Creme entsteht. Eiweiß mit einer Prise Salz zu steifem Schnee schlagen. Statt Weißmehl sehr fein gemahlenes Vollkornmehl oder Weizenmehl Type 1050 (zur Abwechslung mit gemahlenen Nüsse oder Buchweizen) und Weinstein-Backpulver mischen und mit dem Eischnee unter die Eigelbmasse heben. In eine Form geben und backen. Auf ein Kuchengitter stürzen und den Boden ablösen.

DIE SÜSSEN DER GLYX-KÜCHE

Die Natur liefert neben Haushaltszucker genügend süße Alternativen, die der Fettzelle nicht ganz so zusagen wie der raffinierte Zucker. Süßstoffe sind Medizin für Diabetiker, ein gesunder Mensch braucht sie nicht.

Fruchtzucker

Auch der gerät immer wieder in die Negativ-Schlagzeilen. Einmal schlägt er in rauen Mengen genossen auf die Leber und kürzlich machte er in einem Experiment Mäuse fett. Meine Meinung? Immer, immer ist es die Dosis. Ein Softdrink ist nicht gesünder oder besser oder fürs Abnehmen zuträglicher, weil er mit Fruchtzucker gesüßt ist. Viele Diabetiker-Produkte sind mit Fruchtzucker gesüßt. Und das gute Gewissen verleitet zum mehr Essen. Zu viel Fruchtzucker ist nicht gesund. Nur: Er süßt intensiver als Haushaltszucker, man braucht weniger – und er hat einen niedrigeren GLYX. Also: Einfach in Maßen weitergenießen. Am optimalsten natürlich in der Frucht.

Frutilose

Eine flüssige Obstsüße, die aus reifem Kernobst (z. B. Apfel, Birne) gewonnen wird. Dem Fruchtsaft entzieht man die Säure, so dass die Frutilose milder schmeckt, nicht ganz so säuerlich, wie Dicksaft. Passt wunderbar in Desserts oder auch ins Müsli.

Obstdicksaft

Für Apfeldicksaft wird biologischer Apfelsaft schonend erhitzt und zum goldbraunen Sirup eingedickt. Birnendicksaft schmeckt etwas milder und süßer als Apfeldicksaft, der wiederum mit seinem säuerlichen Aroma besticht. Beide passen hervorragend in die süße Dessert- und Kuchenküche.

Obstkraut

Äpfel oder Birnen kocht man weich, presst den Saft heraus und dickt ihn ein, bis er streichfähig ist. Ein Teil des Fruchtzuckers karamellisiert und verleiht dem Kraut die dunkle Farbe und das würzige Aroma. Es gibt Apfel- und Birnenkraut, Mischungen aus beiden, manchmal auch kombiniert mit Rübenkraut oder Datteln. Passt sehr gut in die GLYX-Backstube.

Brauner Zucker

Hier muss man unterscheiden. Da gibt es den Rohzucker – ein ungereinigter Zucker, auch brauner Zucker genannt. Er enthält noch ein paar Vitalstoffe. Schmeckt sehr intensiv, treibt aber wie weißer Zucker den Insulinspiegel hoch. Dann gibt es daneben den Rohrzucker – mit »r«, auch Vollrohrzucker genannt (auf den Begriff haben wir uns bei den Rezepten geeinigt). Aus Zuckerrohr. In der Regel auch unraffinierter als Rohzucker. Auch Ursüße aus dem Reformhaus sollten Sie kennen. Das ist ein hellbraunes, feinkörniges Granulat, das leicht nach Karamell und Malz schmeckt. Passt gut als Würze in Getränke, Desserts und Gebäck, aber auch für pikante Gerichte.

Honig

Nicht aus der GLYX-Küche wegzudenken. Dunkler Honig hat die meisten Vitalstoffe. Ein guter Honig wird ohne Insektengifte geerntet, schonend erwärmt und gelagert. Honig ist nicht nur Kalorienspender wie Zucker, sondern er gilt als Medizin mit seinen Enzymen, Vitaminen, Mineralstoffen, Säuren, Eiweißsubstanzen, Botenstoffen, Gerbstoffen und einer ganzen Zahl von antibakteriellen Wirksubstanzen. Besonders GLYX-niedrig ist Akazienhonig, der sich schon alleine deshalb gut für Desserts und Kuchen eignet, weil er mild und flüssig ist. Bitte sparsam verwenden. Zu viel Honig macht das Gebäck dunkel.

Ahornsirup

Der Saft der kanadischen Zuckerahornbäume besteht zu 62 Prozent aus Zucker, er liefert aber auch Kalium, Magnesium, Mangan und B-Vitamine. Je heller der Sirup, desto aromatischer und milder. Sein karamellartiger Geschmack passt zu vielen kleinen süßen Sünden.

Zuckerrübensirup

Der eingedickte zähflüssige Saft aus unserer Zuckerrübe enthält noch Mineralien und B-Vitamine. Er ist kräftig im Geschmack, süßt Desserts, würzt Gebäck.

Trockenfrüchte

Sie gehören zum Standardsortiment in der GLYX-Backstube und ergänzen das Winterobst. Außerdem liefern Trockenfrüchte einen intensiven Geschmack und sie süßen auf GLYX-niedrige Weise – wenn man von den sehr süßen Rosinen, getrockneten Ananasscheiben, Papaya, Mango (sind meist gezuckert!) und Datteln absieht. Die bitte nur sparsam verwenden.

Kerniges

Egal, ob Sie sie ganz auf den Teig streuen, oder gehackt oder gemahlen darunter mischen: Nüsse, Kerne und Samen bereichern Gebäck mit köstlichen Aromen. Dazu liefern sie gesunde Fette, die das Herz schützen und wichtige Vitalstoffe – solange man sie unbehandelt kauft, ohne Zucker oder Salz. Kaufen Sie qualitativ hochwertige geschälte Nüsse, z. B. im Reformhaus, Bioladen, Fruchthaus. Im Supermarkt unbedingt auf das Mindesthaltbarkeitsdatum achten.

Zum Backen eignen sich Walnüsse, Haselnüsse, Mandeln, Cashewkerne, Paranüsse, Pecannüsse, Makadamianüsse und Erdnüsse, Pistazien, Kürbiskerne, Sonnenblumenkerne, Sesam, Pinienkerne und Mohnsamen. Direkt verwenden oder vorher in einer Pfanne ohne Fett rösten. Durch das Rösten kommen sie geschmacklich erst richtig auf Touren. Leinsamen sollten Sie vorher in Wasser einweichen oder mahlen. Und Kokosnüsse? Da dürfen Sie maßvoll geraspelte Nüsse oder geröstete Chips aus der Tüte hernehmen.

Blaue Grütze

für Gäste
30 Min. + 2 Std. Kühlen
pro Portion ca. 155 kcal
2 g Eiweiß · 1 g Fett · 33 g Kohlenhydrate

ZUTATEN FÜR 4 PORTIONEN

je 200 g Brombeeren, Heidelbeeren und schwarze Johannisbeeren · 250 g Pflaumen (oder Zwetschgen)
1/8 l ungesüßter roter Traubensaft (oder schwarzer Johannisbeersaft)
50 g Fruchtzucker
1 Stück unbehandelte Zitronenschale
1 Stange Zimt
5 Messlöffel Johannisbrotkernmehl (pflanzliches Bindemittel; Reformhaus)

ZUBEREITUNG

1. Beeren abbrausen, trockentupfen und verlesen. Pflaumen waschen, entsteinen, halbieren oder vierteln. Die Hälfte der Beeren mit Saft, 1/8 l Wasser, Fruchtzucker, Zitronenschale und Zimt aufkochen und 10 Min. köcheln lassen. Vom Herd nehmen, Gewürze entfernen, die Beeren pürieren. Bindemittel einrühren, erneut aufkochen und 1–2 Min. unter Rühren kochen lassen. Die übrigen Früchte unterrühren. Grütze etwas abkühlen lassen. In eine kalt ausgespülte Schüssel füllen und mindestens 2 Std. kalt stellen.

GLYX-Tipp **Vanillesauce:** Für 4 Portionen 1/4 l Milch mit 2 Messlöffel Johannisbrotkernmehl (pflanzliches Bindemittel; Reformhaus) verrühren. Mark von 1 Vanilleschote in die Milch kratzen. 2 Eigelbe oder 1 Ei mit 1 EL Fruchtzucker verquirlen, in die Milch rühren. Milch erwärmen, unter Rühren bis kurz vor den Siedepunkt erhitzen, bis die Sauce dicklich wird.

Pfirsich nach Melba Art

schmeckt auch Kindern
40 Min. + 30 Min. Kühlen
pro Portion ca. 240 kcal
12 g Eiweiß · 7 g Fett · 31 g Kohlenhydrate

ZUTATEN FÜR 2 PORTIONEN

2 reife Pfirsiche
1/4 Vanilleschote
2 TL Vollrohrzucker
150 g Magerquark
2 TL flüssiger Akazienhonig
40 g Sahne
125 g Himbeeren (frische oder tiefgekühlte)
1 Stängel Minze

ZUBEREITUNG

1. Pfirsiche waschen, mit einem Holzstäbchen einige Male einstechen. Vanilleschote längs aufschlitzen, das Mark herauskratzen. 1/4 l Wasser mit Zucker, Vanillemark und -schote aufkochen lassen. Pfirsiche darin 5 Min. ziehen lassen. Herausnehmen, abkühlen lassen.

2. Quark in einem Tuch ausdrücken, mit dem Honig verrühren. Sahne steif schlagen und unterheben. Den Quark 30 Min. kalt stellen. Himbeeren verlesen, gefrorene Beeren antauen lassen. Mit 2 EL Pfirsichsud pürieren.

3. Pfirsiche häuten, halbieren, entsteinen und in Spalten schneiden. Von der Quarkmasse mit einem nassen Eisportionierer 4 Kugeln abstechen, mit den Pfirsichen auf zwei Desserttellern dekorativ anrichten. Mit Himbeerpüree überziehen, mit Minze garnieren.

Austausch-Tipp Vanille-Eis (Rezept S. 160) statt Quark nehmen.

Orangen-Kaltschale mit Feigen

Vitamin-C-Knaller
20 Min. + 30 Min. Kühlen
pro Portion ca. 115 kcal
2 g Eiweiß · 1 g Fett · 25 g Kohlenhydrate

ZUTATEN FÜR 2 PORTIONEN

3 Orangen
2 EL Zitronensaft
1 EL flüssiger Akazienhonig
3 Messlöffel Johannisbrotkernmehl (pflanzliches Bindemittel; Reformhaus)
2 blaue Feigen
1 Stängel Zitronenmelisse

ZUBEREITUNG

1. 1 Orange samt der weißen Haut schälen und in kleine Stücke schneiden. Den Saft der übrigen Orangen auspressen. Orangenstücke und die Hälfte des Orangensaft mit dem Pürierstab oder im Mixer fein pürieren.

2. Den übrigen Orangensaft, Zitronensaft und Honig zum Orangenpüree geben, mit 50–75 ml Wasser auf 1/2 l auffüllen. Johannisbrotkernmehl unterrühren. Im Kühlschrank 30 Min. kalt stellen, bis die Kaltschale leicht andickt.

3. Vor dem Servieren die Feigen waschen, vorsichtig trockentupfen und quer in Scheiben schneiden. Kaltschale auf zwei tiefe Teller verteilen und mit den Feigen belegen und mit etwas Zitronenmelisse garnieren.

Austausch-Tipp Herber schmeckt's mit rosa Grapefruit, süßlicher mit Mandarinen.

Obstsalat mit Mandel-Dickmilch

schmeckt auch Kindern
25 Min.
pro Portion ca. 210 kcal
6 g Eiweiß · 9 g Fett · 25 g Kohlenhydrate

ZUTATEN FÜR 2 PORTIONEN

1 EL gehackte Mandeln
200 g kleine Erdbeeren
1 Kiwi · 1 kleiner Apfel (oder Birne)
1 EL Zitronensaft
1 EL Apfeldicksaft
200 g Dickmilch (oder Naturjoghurt)
1 TL Mandelmus (Reformhaus)

ZUBEREITUNG

1. Die Mandeln in einer trockenen Pfanne ohne Fett goldbraun rösten, beiseite stellen und abkühlen lassen.

2. Die Erdbeeren waschen und putzen, die Kiwi schälen, längs halbieren und in Scheiben schneiden. Den Apfel waschen, vierteln, entkernen und in dünne Scheiben schneiden. Die Früchte vorsichtig mischen, mit dem Zitronensaft und Apfeldicksaft beträufeln.

3. Dickmilch mit Mandelmus cremig rühren. Früchte abtropfen lassen, dabei den Saft auffangen und unter die Mandel-Dickmilch rühren. Obstsalat mit Mandel-Dickmilch anrichten. Mit den Mandeln bestreuen.

Austausch-Tipp Für einen **Herbstsalat** Orange, Birne oder Apfel und grüne Weintrauben mit Haselnuss-Dickmilch kombinieren, mit gehackten und gerösteten Haselnüssen bestreuen.

Grundrezept Vanilleeis

cremig und mild
25 Min.
+ 30–40 Min. bis 4–5 Std. Gefrieren
pro Portion à 60 g ca. 120 kcal
5 g Eiweiß · 7 g Fett · 11 g Kohlenhydrate

ZUTATEN FÜR 4 PORTIONEN (ca. 240 g)

3 Eigelbe
30 g Fruchtzucker
1/2 Vanilleschote
1/4 l Milch
1 Prise Salz

ZUBEREITUNG

1. Die Eigelbe mit dem Fruchtzucker in einer Schlagschüssel oder einer Edelstahl-Rührschüssel mit rundem Boden über dem warmen Wasserbad schaumig rühren.

2. Die Vanilleschote längs aufschlitzen, das Mark herauskratzen. Vanillemark und -schote in der Milch mit dem Salz zum Kochen bringen. Die Eigelbmischung unterrühren und mit dem Schneebesen so lange weiterschlagen, bis die Flüssigkeit kurz vor dem Kochen ist und dicklich wird. Die Mischung durch ein feines Sieb passieren und kalt werden lassen.

3. Alles in eine Metallschüssel gießen und 4–5 Std. ins Gefrierfach stellen, dabei die Masse zwischendurch immer mal wieder kräftig durchrühren. Oder 30–40 Min. in der Eismaschine gefrieren lassen. Kugeln abstechen und in vorgekühlte Gläser geben.

Tuning-Tipps Für **Nusseis** 50 g geröstete und fein geriebene Hasel- oder Walnüsse unter die Grundmasse rühren, für **Pistazieneis** 30 g fein gemahlene Pistazien zufügen. Ein **Stracciatellaeis** wird's, wenn Sie 50 g gehackte Bitterschokolade (mindestens 70 % Kakaoanteil) untermischen.

Das schmeckt dazu **Himbeersauce:** 200 g Himbeeren pürieren, mit 1 EL Ahornsirup und 1 TL Zitronensaft abschmecken. Heiß oder kalt zum Eis servieren.

Sorbets: Eiskalter Genuss aus Früchten

Mit einem erfrischenden Sorbet liegen Sie immer richtig! Aus gefrorenen Früchten ist es im Handumdrehen gemacht, hat wenig Kalorien und viel Geschmack. Mal säuerlich-frisch mit rosa Grapefruit, Kiwi oder Zitrone, mal süß und mild mit Pfirsichen, Birne, Feigen oder Heidelbeeren – Sorbets lassen sich aus allen Obstsorten nach einem einfachen Grundrezept zubereiten.

So wird's gemacht: Eine Form kalt ausspülen und ins Gefrierfach stellen. 100 g weiche Früchte oder Beeren pürieren oder Früchte auspressen. Mit 30–50 g Frucht- oder Vollrohrzucker (je nach Süße der Früchte) verrühren. Masse in die vorgekühlte Metallform gießen, zugedeckt im Gefrierfach in 3–4 Std. fest werden lassen. Dabei alle 30 Min. mit dem Schneebesen durchrühren, damit es cremig gefriert und sich keine Eiskristalle bilden. Vor dem Servieren kurz antauen lassen, durchrühren und mit einem Löffel in Gläser füllen.

Kokos-Limetten-Eis

exotischer Genuss pur
20 Min.
+ 30–40 Min. bis 4–5 Std. Gefrieren
pro Portion à 80 g ca. 120 kcal
3 g Eiweiß · 8 g Fett · 9 g Kohlenhydrate

ZUTATEN FÜR 6 PORTIONEN (ca. 480 g)

2 Limetten
2 Eigelbe
2 1/2 EL flüssiger Akazienhonig
200 g ungesüßte Kokosmilch (Dose)
200 g Seidentofu (Reformhaus)
2 Stängel Minze

ZUBEREITUNG

1. Limetten heiß waschen, abtrocknen und die Schale fein abreiben, den Saft auspressen. Eigelbe und Honig im warmen Wasserbad schaumig rühren. Die Kokosmilch bis zum Kochen erhitzen, Eigelbmischung unterrühren und mit dem Schneebesen so lange weiterschlagen, bis die Flüssigkeit dicklich wird. Die Mischung durch ein Sieb passieren, Tofu, Limettenschale und -saft unter die Masse mischen.

2. Alles in eine Metallschüssel gießen und 4–5 Std. ins Gefrierfach stellen. Die Masse zwischendurch immer mal wieder kräftig durchrühren. Oder 30–40 Min. in der Eismaschine gefrieren lassen. Kugeln abstechen und mit etwas Minze garnieren.

Das schmeckt dazu Exotische Früchte wie Mango, Papaya und Karambole

Himbeer-Joghurt-Eis

schmeckt auch Kindern
25 Min.
+ 30–40 Min. bis 4–5 Std. Gefrieren
pro Portion à 100 g ca. 95 kcal
3 g Eiweiß · 4 g Fett · 11 g Kohlenhydrate

ZUTATEN FÜR 6 PORTIONEN (ca. 600 g)

500 g Himbeeren
2 EL flüssiger Akazienhonig
1 EL Zitronensaft
250 g Naturjoghurt
50 g Schmand (oder Sahne)

ZUBEREITUNG

1. Himbeeren verlesen, nur wenn nötig waschen, vorsichtig trockentupfen. Die Hälfte der Beeren beiseite legen, die übrigen mit Honig und Zitronensaft fein pürieren. Durch ein feines Sieb passieren, um die Kerne zu entfernen.

2. Joghurt und Schmand unterrühren. Die Masse in eine gefrierbeständige Form umfüllen und zugedeckt im Gefrierfach 4–5 Std. (zwischendurch mehrfach mit dem Schneebesen durchrühren!) oder 30–40 Min. in der Eismaschine gefrieren lassen.

3. Das Eis in Kugeln abstechen und in vorgekühlten Bechern anrichten. Mit den übrigen Himbeeren dekorieren.

Austausch-Tipp Je nach Saison können Sie Brombeer-, Heidelbeer- oder Erdbeereis zubereiten. Im Sommer mit Pfirsichen oder Sauerkirschen.

Latte-Macchiato-Eis

Muntermacher aus Italien
25 Min.
+ 30–40 Min. bis 4–5 Std. Gefrieren
pro Portion à 75 g ca. 90 kcal
3 g Eiweiß · 4 g Fett · 9 g Kohlenhydrate

ZUTATEN FÜR 4 PORTIONEN (ca. 300 g)

1 Ei · 2 Eigelbe
30 g Vollrohrzucker
1/8 l Milch
1/8 l heißer Espresso
Kakaopulver zum Bestäuben

ZUBEREITUNG

1. Ei und Eigelbe mit dem Zucker in einer Schlagschüssel oder Edelstahl-Rührschüssel mit rundem Boden verrühren und über dem warmen Wasserbad schaumig schlagen.

2. Die Milch in einem Topf erhitzen, nicht kochen lassen. Im Mixer kräftig aufschäumen, dabei den heißen Espresso einlaufen lassen.

3. Die Espresso-Milch unter ständigem Rühren in die Eigelb-Zucker-Mischung gießen, dann die Mischung über dem warmen Wasserbad langsam, unter ständigem Rühren erhitzen, bis die Masse anfängt dicklich zu werden. Sofort durch ein feines Sieb gießen und schnell abkühlen lassen.

4. In eine Metallschüssel umfüllen und im Gefrierfach 4–5 Std. (zwischendurch mehrmals durchrühren!) oder in der Eismaschine 30–40 Min. gefrieren lassen.

5. Vor dem Servieren Kugeln abstechen und mit Kakaopulver bestäuben.

Tuning-Tipp Die Espresso-Milch mit 1/2 Stange Zimt und 1 EL Mandelmus (Reformhaus) erhitzen.

Latte-Macchiato-Eis

Beeren auf Quarkcreme

schmeckt auch Kindern
30 Min. + 30 Min. Kühlen
pro Portion ca. 230 kcal
15 g Eiweiß · 4 g Fett · 25 g Kohlenhydrate

ZUTATEN FÜR 6 PORTIONEN

1/8 l frisch gepresster Orangensaft
100 g Dinkel-Mandel-Biscotti (oder andere Vollkornkekse)
500 g Magerquark
150 g Sahnejoghurt
2 1/2 EL Vollrohrzucker
1/2 Vanilleschote (oder 1/4 TL gemahlene Vanille; Reformhaus)
2 Eiweiße
je 250 g Himbeeren und Blaubeeren
1 EL Zitronensaft
Minzeblättchen

ZUBEREITUNG

1. Orangensaft in einem kleinen Topf bei mittlerer Hitze 5 Min. einkochen lassen. Eine flache Schüssel mit Keksen auslegen, Orangensaft darüber träufeln.

2. Den Quark in einem Tuch ausdrücken. Mit Joghurt, 2 EL Zucker und dem ausgekratzten Mark der Vanilleschote verrühren. Die Eiweiße steif schlagen und unterheben. Die Quarkcreme wolkenartig auf den Keksen verteilen, 30 Min. kalt stellen.

3. Beeren verlesen, nur wenn nötig waschen, vorsichtig mischen. Mit übrigem Zucker und Zitronensaft marinieren.

4. Kurz vor dem Servieren die Beeren auf dem Quark verteilen. Mit Minze garnieren.

Vorrats-Tipp Schmeckt auch im Winter – mit aufgetauten Beeren.

Avocadocreme

gelingt leicht
30 Min. + 2 Std. Kühlen
pro Portion ca. 240 kcal
5 g Eiweiß · 19 g Fett · 12 g Kohlenhydrate

ZUTATEN FÜR 2 PORTIONEN

2 Blatt weiße Gelatine
1/2 reife Avocado
1 EL Limettensaft
2 TL flüssiger Akazienhonig
75 g Naturjoghurt
2 TL Kokosraspel
1 Kiwi

ZUBEREITUNG

1. Gelatine in kaltem Wasser einweichen. Avocado vom Stein befreien, Fruchtfleisch aus der Schale lösen, sofort mit Limettensaft beträufeln. Mit Honig und Joghurt glatt pürieren. Gelatine tropfnass in einem Topf bei schwacher Hitze unter Rühren auflösen, unter das Püree heben.

2. Im Kühlschrank in 2 Std. fest werden lassen. Kokosraspel in einer trockenen Pfanne ohne Fett goldbraun rösten. Abkühlen lassen.

3. In einen Spitzbeutel mit großer Sterntülle füllen. Große Tupfer auf zwei Dessertteller spritzen. Kiwi schälen, längs halbieren, quer in Scheiben schneiden, neben der Creme anrichten. Mit Kokosraspeln bestreuen.

Tuning-Tipp Besonders aromatisch wird die Avocadocreme mit fein abgeriebener Limettenschale.

Erdbeer-Tofu-Mousse

fruchtig und sommerleicht
30 Min. + 3 Std. 20 Min. Kühlen
pro Portion ca. 150 kcal
6 g Eiweiß · 7 g Fett · 16 g Kohlenhydrate

ZUTATEN FÜR 4 PORTIONEN

4 Blatt weiße Gelatine
500 g Erdbeeren
2 EL Ahornsirup
2 TL Zitronensaft
200 g Seidentofu (Reformhaus)
50 g Sahne
1 EL gehackte Pistazien

ZUBEREITUNG

1. Gelatine in kaltem Wasser einweichen. Erdbeeren waschen, trockentupfen, putzen und 200 g beiseite legen. Die übrigen Beeren klein schneiden, mit Ahornsirup und Zitronensaft pürieren, nach Belieben durch ein Sieb streichen.

2. Ein Viertel des Erdbeerpürees leicht erwärmen, Gelatine ausdrücken und unter Rühren in dem Püree auflösen. Unter das übrige Püree mischen und 20 Min. kalt stellen, bis es zu gelieren beginnt. Tofu unterrühren. Sahne steif schlagen und unterheben.

3. Die restlichen Erdbeeren in dünne Scheiben schneiden. Mousse und Erdbeeren abwechselnd in Cocktailgläser oder Dessertschalen schichten und 3 Std. kalt stellen. Mit Pistazien bestreut servieren.

Austausch-Tipp Besonders aromatisch wird die Mousse, wenn Sie die Hälfte der Erdbeeren durch Himbeeren ersetzen.

Kefirmousse mit Grapefruitkompott

belebend, herb und frisch
30 Min. + 3 Std. Kühlen
pro Portion ca. 180 kcal
6 g Eiweiß · 9 g Fett · 14 g Kohlenhydrate

ZUTATEN FÜR 2 PORTIONEN

180 g Kefir
1 EL Zitronensaft
2 EL Frutilose (flüssige Obstsüße; Reformhaus)
3 Blatt weiße Gelatine
50 g Sahne
1 rosa Grapefruit
100 ml ungesüßter Birnensaft (oder Apfelsaft)
1/2 TL Zimtpulver
2 Messlöffel Johannisbrotkernmehl (pflanzliches Bindemittel; Reformhaus)
Zitronenmelisseblätter

ZUBEREITUNG

1. Kefir, Zitronensaft und 1 EL Frutilose verrühren. Gelatine in kaltem Wasser einweichen, dann tropfnass in einem kleinen Topf bei schwacher Hitze auflösen und schnell unter den Kefir rühren. Sahne steif schlagen und unterheben. Die Mousse im Kühlschrank mindestens 3 Std. kalt stellen.

2. Grapefruit samt der weißen Haut schälen, Filets zwischen den Trennwänden herauslösen, dabei den abtropfenden Saft auffangen. Grapefruitsaft mit Birnensaft, übriger Frutilose und Zimt aufkochen lassen. Johannisbrotkernmehl einrühren, 1–2 Min. köcheln lassen. Sauce beiseite stellen, Grapefruitfilets dazugeben. Das Kompott im Kühlschrank erkalten lassen.

3. Die Mousse mit einem Esslöffel oval abstechen, dazu den Löffel in heißes Wasser tauchen. Nocken auf zwei Desserttellern anrichten, Kompott drumherum verteilen. Mit Zitronenmelisse garnieren.

Beeren auf Quarkcreme (vorne), Erdbeer-Tofu-Mousse (hinten)

Mohnflammeri mit Orangensauce

macht was her
30 Min. + 2–3 Std. Kühlen
pro Portion ca. 140 kcal
6 g Eiweiß · 4 g Fett · 18 g Kohlenhydrate

ZUTATEN FÜR 4 PORTIONEN

1/4 l Milch
1/2 TL Agar-Agar (pflanzliches Bindemittel; Reformhaus)
1 Prise Salz
70 g Weizen-Vollkorngrieß · 2 EL frisch gemahlener Mohn
2 unbehandelte Orangen · 1 1/2 EL flüssiger Akazienhonig
1/2 Vanilleschote (oder 1/4 TL gemahlene Vanille; Reformhaus)
2 Eier · 3 Messlöffel Johannisbrotkernmehl (pflanzliches Bindemittel; Reformhaus)
Zitronenmelisseblättchen

ZUBEREITUNG

1. Milch mit Agar-Agar und Salz aufkochen lassen, Grieß und Mohn einstreuen, dabei bei schwacher Hitze unter ständigem Rühren 3–4 Min. köcheln lassen.

2. 1 Orange heiß waschen, abtrocknen und die Schale fein abreiben, mit Honig und ausgekratztem Vanillemark untermischen. Vom Herd nehmen.

3. Die Eier trennen, die Eigelbe unter die Grießmasse rühren. Die Eiweiße steif schlagen und unterheben. Vier kleine Förmchen kalt ausspülen, den Flammeri hineinfüllen und 2–3 Std. kalt stellen.

4. Den Saft der übrigen Orange auspressen, mit dem Bindemittel verrühren und quellen lassen.

5. Die Sauce vor dem Servieren auf vier Dessertteller gießen. Den Mohnflammeri aus den Förmchen lösen und auf die Orangensauce setzen. Mit Zitronenmelisse garnieren.

Austausch-Tipp Für einen **Limettenflammeri** den Mohn durch 30 g Vollkorngrieß ersetzen. Fein abgeriebene Limettenschale statt Orangenschale verwenden.

Quarkpudding mit Pflaumensauce

schmeckt Kindern
1 Std. + 1 Std. 10 Min. Garen + 10 Min. Ruhen
pro Portion ca. 184 gcal
8 g Eiweiß · 7 g Fett · 20 g Kohlenhydrate

ZUTATEN FÜR 12 PORTIONEN

500 g Magerquark
30 g ungeschwefelte getrocknete Aprikosen
20 g Korinthen
40 g gehackte Mandeln
2 EL Zitronensaft · 2 Eier
60 g weiche Butter
75 g Vollrohrzucker
50 g feine Vollkorn-Haferflocken · 1 TL fein abgeriebene Zitronenschale (unbehandelt)
5 Messlöffel Johannisbrotkernmehl (pflanzliches Bindemittel; Reformhaus)
750 g blaue Pflaumen
1/8 l ungesüßter Pflaumensaft · 1 Stange Zimt
Butter zum Einfetten
Vollkorn-Semmelbrösel für die Form

ZUBEREITUNG

1. Den Quark in einem Tuch ausdrücken. Eine Puddingform mit Deckel (1 1/2 l Inhalt) mit Butter einfetten und mit Semmelbröseln ausstreuen. Aprikosen sehr klein würfeln, mit Korinthen und Mandeln mischen und mit dem Zitronensaft beträufeln.

2. Die Eier trennen. Eigelbe, Butter und Zucker schaumig schlagen, nach und nach Quark, Haferflocken, Zitronenschale und die Früchte-Mandel-Mischung unterrühren. Eiweiße mit dem Bindemittel steif schlagen und unterheben. Puddingmasse in die Form füllen, mit dem Deckel fest verschließen. In einen Topf mit kochendem Wasser stellen und bei schwacher Hitze 1 Std. 10 Min. garen.

3. Für die Sauce die Pflaumen waschen, halbieren, entsteinen und klein schneiden. Mit Pflaumensaft und Zimtstange aufkochen lassen, bei mittlerer Hitze 5 Min. köcheln lassen. Zimtstange entfernen, Pflaumen mit dem Pürierstab pürieren. Zugedeckt kalt stellen.

4. Die Puddingform aus dem Topf nehmen, 10 Min. stehen lassen, dann öffnen. Den Pudding vom Rand lösen, auf eine Platte stürzen. In Scheiben schneiden und mit der Pflaumensauce anrichten.

GLYX-Tipp Statt als Dessert den Pudding als süßes Hauptgericht für 6 servieren.

Schokoladenflammeri

Kinderliebling
20 Min. + 2–3 Std. Kühlen
pro Portion ca. 160 kcal
4 g Eiweiß · 8 g Fett · 19 g Kohlenhydrate

ZUTATEN FÜR 4 PORTIONEN

330 ml Milch
1 EL Kakaopulver
2 EL Vollrohrzucker
1 Prise Salz · 1 gestrichener TL Agar-Agar (pflanzliches Geliermittel; Reformhaus)
50 g gehackte Bitterschokolade (mindestens 70 % Kakaoanteil)
2 TL gehackte Haselnüsse

ZUBEREITUNG

1. In einem Topf 1/4 l Milch mit dem Kakao, Zucker und Salz aufkochen lassen. Übrige Milch mit dem Agar-Agar verquirlen, in die heiße Kakao-Milch geben und 2 Min. köcheln lassen. Beiseite stellen und die Schokolade unterrühren.

2. Den Flammeri in eine kleine kalt ausgespülte Puddingform (ca. 3/4 l Inhalt) füllen, kalt stellen und in 2–3 Std. fest werden lassen.

3. Inzwischen die Nüsse in einer trockenen Pfanne ohne Fett goldbraun rösten, beiseite stellen und abkühlen lassen. Den Flammeri stürzen und mit den gerösteten Haselnüssen bestreut servieren.

Das schmeckt dazu Vanillesauce (Rezept S. 158)

Austausch-Tipp Wenn keine Kinder mitessen, können Sie 80 ml Milch durch starken Kaffee ersetzen.

Schokoladenflammeri

Quarkpudding mit Pflaumensauce

Sauerkirsch-Clafoutis

ganz einfach
30 Min. + 20 Min. Backen
pro Portion ca. 205 kcal
7 g Eiweiß · 6 g Fett · 29 g Kohlenhydrate

ZUTATEN FÜR 4 PORTIONEN

- 2 Eier
- 2 EL flüssiger Akazienhonig
- 80 g feines Dinkel-Vollkornmehl
- 150 ml Milch
- 1 Prise Salz
- 1/2 TL abgeriebene Zitronenschale (unbehandelt)
- 300 g Sauerkirschen (ersatzweise aufgetaute TK-Schattenmorellen)
- 1 TL Butter

ZUBEREITUNG

1. Die Eier trennen. Eigelbe mit Honig im warmen Wasserbad schaumig rühren. Mehl, Milch, Salz und Zitronenschale unterrühren, den Teig 20 Min. quellen lassen.

2. Die Kirschen waschen, entstielen und entsteinen. Aufgetaute TK-Kirschen abtropfen lassen. Eiweiße steif schlagen und unter den Teig heben.

3. Den Backofen auf 200° vorheizen. Eine kleine Gratinform mit Butter einfetten, den Teig hineingeben und die Kirschen darauf verteilen. Im heißen Backofen (Mitte, Umluft 180°) 20 Min. backen.

GLYX-Tipp Dessert oder Mehlspeise? Sie können beides draus machen! Der Clafoutis reicht für 4 Personen als Nachspeise, für 2 Personen als süßes Hauptgericht.

Das schmeckt dazu 1 kleine Kugel Vanilleeis (Rezept S. 160)

Bratäpfel mit Backpflaumen

schmeckt auch Kindern
30 Min. + 30 Min. Backen
pro Portion ca. 170 kcal
2 g Eiweiß · 5 g Fett · 29 g Kohlenhydrate

ZUTATEN FÜR 4 PORTIONEN

- 80 g Backpflaumen (ohne Stein)
- 1/8 l Apfelsaft
- 4 kleine säuerliche Äpfel (z. B. Boskoop)
- 1 EL Zitronensaft
- 30 g Walnüsse
- 1 EL flüssiger Akazienhonig
- 1/4 TL Zimtpulver
- etwas abgeriebene Zitronenschale (unbehandelt)

ZUBEREITUNG

1. Backpflaumen klein würfeln und im Saft 15 Min. einweichen. Äpfel waschen, am Stielende einen flachen Deckel abschneiden. Die Kerngehäuse mit einem Apfelausstecher entfernen. Öffnungen mit einem Teelöffel etwas vergrößern und mit Zitronensaft beträufeln.

2. Den Backofen auf 180° vorheizen. Pflaumen abgießen, Saft auffangen und in eine kleine Gratinform gießen.

3. Nüsse fein hacken, mit Pflaumen und Honig verrühren, mit Zimtpulver und Zitronenschale würzen. In die Äpfel füllen, im Ofen (Mitte, Umluft 160°) 30 Min. braten.

Das schmeckt dazu Vanillesauce (Rezept S. 158) oder Vanilleeis (Rezept S. 160)

Tuning-Tipp Für **Baiser-Äpfel** 1 Eiweiß mit je 1 TL flüssigem Honig und Zitronensaft sehr steif schlagen. Nach Ende der Garzeit den Eischnee auf die Äpfel geben und 3–5 Min. übergrillen.

Fruchtsalat mit Kokos-Baiser

farbenfroh und aromatisch
25 Min. + 5–7 Min. Backen
pro Portion ca. 155 kcal
4 g Eiweiß · 5 g Fett · 23 g Kohlenhydrate

ZUTATEN FÜR 4 PORTIONEN

- 750 g gemischte Früchte (z. B. Mango, Stachelbeeren, Erdbeeren, Feigen)
- 2 EL Zitronensaft
- 2 Eiweiße
- 2 EL Fruchtzucker
- 30 g Kokosraspel

ZUBEREITUNG

1. Das Obst je nach Sorte schälen oder waschen. Mango grob würfeln, Stachelbeeren ganz lassen. Erdbeeren je nach Größe halbieren oder ganz lassen. Feigen in Spalten schneiden. Mit 1 1/2 EL Zitronensaft beträufeln.

2. Backofen auf 220° vorheizen. Eiweiße mit übrigem Zitronensaft sehr steif schlagen, dabei nach und nach den Zucker einrieseln lassen. Kokosraspel unterheben.

3. Die Früchte abtropfen lassen und in einer Gratinform verteilen. Kokos-Eischnee darauf geben. Im Ofen (Mitte, Umluft nicht geeignet!) 5–7 Min. überbacken, bis das Baiser goldbraun ist. Sofort servieren.

Austausch-Tipp Statt Kokosraspel fein gemahlene Mandeln unter den Eischnee heben.

Birnen-Brombeer-Gratin

blitzschnell
20 Min. + 10–15 Min. Backen
pro Portion ca. 250 kcal
4 g Eiweiß · 9 g Fett · 32 g Kohlenhydrate

ZUTATEN FÜR 2 PORTIONEN

- 1 unbehandelte Orange
- 2 TL flüssiger Akazienhonig
- 2 kleine feste Birnen
- 100 g Brombeeren (frisch oder aufgetaute TK-Beeren)
- 30 g Mandelblättchen
- 2 EL Sahnejoghurt

ZUBEREITUNG

1. Orange heiß waschen und abtrocknen. Die Schale fein abreiben, den Saft auspressen. Orangensaft und -schale mit Honig erwärmen, nicht kochen.

2. Backofen auf 220° vorheizen. Birnen waschen, vierteln, entkernen und in Spalten schneiden. Brombeeren abbrausen, trockentupfen, verlesen. Birnen und Brombeeren in eine kleine Gratinform geben, mit Orangen-Honigsud begießen. Mandelblättchen darüber streuen. Im Ofen (Mitte, Umluft nicht geeignet) 10–15 Min. überbacken. Früchte mit je 1 Klecks Sahnejoghurt anrichten.

Austausch-Tipp Das Gratin lässt sich prima variieren. Gute Kombinationen sind Aprikosen mit Himbeeren, Äpfel mit Heidelbeeren, Feigen mit schwarzen Johannisbeeren.

Bratäpfel mit Backpflaumen (hinten), Birnen-Brombeer-Gratin (vorne)

Zwetschgenknödel mit Nussbröseln

schmeckt auch Kindern
45 Min. + 20 Min. Garen
pro Stück ca. 395 kcal
11 g Eiweiß · 23 g Fett · 35 g Kohlenhydrate

ZUTATEN FÜR 4 PORTIONEN (12 STÜCK)

40 g Butter · Salz
150 g feines Dinkel-Vollkornmehl · 2 Eier
12 Zwetschgen
12 geschälte Mandeln
50 g fein gemahlene Haselnüsse

ZUBEREITUNG

1. Butter mit 1/2 TL Salz und 200 ml Wasser aufkochen lassen. Mehl dazugeben und so lange rühren, bis sich der Teig vom Topfboden löst. Die Eier einzeln unterrühren.

2. Zwetschgen waschen, längs einschneiden und entsteinen. In jede Frucht 1 Mandel legen. Aus dem Brandteig 12 Knödel formen, diese etwas flach drücken, je 1 Zwetschge darauf legen und mit dem Teig umhüllen.

3. Salzwasser zum Kochen bringen. Die Knödel darin 20 Min. ziehen lassen. Nüsse goldbraun rösten. Die Knödel mit einem Schaumlöffel auf eine Platte legen. Mit den Nüssen bestreuen und heiß servieren.

Austausch-Tipp Statt Zwetschgen kleine frische Aprikosen nehmen.

Das schmeckt dazu **Zabaione:** 2 Eigelbe, 1 EL Akazienhonig und 100 g saure Sahne im Wasserbad schlagen, bis alles dicklich ist. Zu den Zwetschgenknödeln servieren.

Kaiserschmarren

schmeckt auch Kindern
20 Min. + 20 Min. Quellen
pro Portion ca. 605 kcal
20 g Eiweiß · 37 g Fett · 51 g Kohlenhydrate

ZUTATEN FÜR 2 PORTIONEN

2 Eier · 200 ml Milch
1 EL Akazienhonig
100 g Weizenmehl (Type 1050)
1 Prise Salz
10 g Butter
2 EL Rapsöl
40 g Mandelblättchen

ZUBEREITUNG

1. Die Eier trennen. Eigelbe mit Milch und Honig schaumig schlagen. Das Mehl unterrühren und 20 Min. quellen lassen. Eiweiße mit Salz steif schlagen. Eischnee unter die Eiermasse heben.

2. Ofen auf 100° vorheizen. Butter schmelzen lassen, mit Öl vermischen. Etwas von dem Öl-Buttergemisch in einer beschichteten Pfanne erhitzen. Aus dem Teig nacheinander etwa 1/2 cm dicke Pfannkuchen backen, jeweils Mandelblättchen mit in die Pfanne geben und die Pfannkuchen mit einer Gabel zerrupfen, weiterbacken, bis die Pfannkuchenstückchen goldbraun sind. Auf eine Platte im Ofen warm halten, bis der Teig verbraucht ist.

Das schmeckt dazu **Nektarinenkompott:** 500 g Nektarinen waschen, entsteinen und vierteln. 2 EL Agavendicksaft mit 4 EL Orangensaft erwärmen, Nektarinen und einige Lavendelblüten dazugeben, 6–8 Min. köcheln lassen. Warm dazu servieren.

Dampfnudeln

braucht etwas Zeit
40 Min. + 1 Std. 20 Min. Ruhen
pro Portion ca. 480 kcal
18 g Eiweiß · 17 g Fett · 63 g Kohlenhydrate

ZUTATEN FÜR 6 PORTIONEN

40 g Butter
500 g Dinkelmehl (Type 1050)
1 Würfel Hefe (42 g)
375 ml lauwarme Milch · 3 Eier
1 EL Akazienhonig
feines Vollkornmehl zum Arbeiten
Außerdem:
1 EL Vollrohrzucker
20 g Butter
200 ml Milch

ZUBEREITUNG

1. Butter schmelzen lassen. Mehl in eine Schüssel sieben, in die Mitte eine Mulde drücken. Hefe hineinbröckeln, mit 4 EL lauwarmer Milch glatt rühren und leicht mit Mehl bestäuben. Zugedeckt 30 Min. gehen lassen.

2. Übrige Milch mit Eiern und Honig verrühren. Zum Vorteig geben und alles so lange kneten, bis sich der Teig vom Schüsselrand löst. Den Teig 40 Min. gehen lassen.

3. Teig auf bemehlter Arbeitsfläche kneten, in 8 gleich große Stücke teilen und diese zu Kugeln formen. Zugedeckt. 10 Min. ruhen lassen.

4. Rohrzucker mit Butter und Milch in einer Kasserolle mit Deckel aufkochen lassen. Die Dampfnudeln dicht nebeneinander hineinsetzen und zugedeckt bei mittlerer Hitze 8–10 Min. ziehen lassen.

Tuning-Tipp Die Dampfnudeln mit flüssiger Butter bestreichen und mit 2 EL gemahlenem Mohn bestreuen.

Blini

für Gäste
25 Min. + 12 Std. Ruhen
pro Stück ca. 300 kcal
10 g Eiweiß · 16 g Fett · 29 g Kohlenhydrate

ZUTATEN FÜR 4 PORTIONEN (16 STÜCK)

75 g Buchweizenmehl
75 g Weizenmehl (Type 1050)
1 Prise Salz
10 g frische Hefe
1/4 l lauwarme Milch
2 EL saure Sahne
2 Eier · 3 EL Rapsöl

ZUBEREITUNG

1. Beide Mehlsorten mit Salz mischen. Hefe zerkrümeln, mit Milch verrühren. Hefemilch mit saurer Sahne und Mehl verrühren. Zugedeckt über Nacht in den Kühlschrank stellen.

2. Am nächsten Tag die Eier trennen. Eigelbe unter den Teig rühren. Eiweiße steif schlagen und unter den Teig ziehen.

3. Backofen auf 100° vorheizen. Etwas Öl erhitzen. Von dem Teig mit einem Esslöffel kleine Fladen in die Pfanne geben und von beiden Seiten in 2 Min. goldgelb backen. Im Ofen warm halten. Aus dem übrigen Teig nacheinander 16 Blini backen.

Das schmeckt dazu Süß: 100 g saure Sahne mit 2 EL Joghurt und 1 EL Akazienhonig verrühren. Mit Heidelbeeren, Sauerkirschen oder Brombeeren zu den Blini servieren. Pikant: 2 Scheiben Räucherlachsstreifen mit 1 TL Limettensaft beträufeln. Je 100 g saure Sahne mit Joghurt verrühren. Jeweils auf die Blini geben.

Apfel-Karamell-Kuchen

Grundrezept Hefekuchen mit Mandelguss

ZUTATEN FÜR 1 BACKBLECH (20 STÜCK)

Für den Hefeteig:
300 g Weizen-Vollkornmehl
50 g grob geschroteter Leinsamen · Salz · 1/2 Würfel Hefe (21 g) · 175 ml Milch
50 g Akazienhonig · 1 Ei · 50 g saure Sahne · 2 EL Rapsöl

Für den Mandelguss:
2 EL Honig · 100 g saure Sahne · 150 g Mandelblättchen
50 g Sonnenblumenkerne
Öl für das Backblech · feines Vollkornmehl zum Arbeiten

lohnt sich
45 Min. + 1 Std. Ruhen + 30 Min. Backen
pro Stück ca. 160 kcal
5 g Eiweiß · 9 g Fett · 15 g Kohlenhydrate

ZUBEREITUNG

1. Mehl mit Leinsamen und 1 Prise Salz in einer Schüssel mischen und in die Mitte eine Mulde drücken. Hefe mit 3 EL lauwarmem Wasser verrühren und in die Mulde gießen. Etwas Mehl vom Rand darüber stäuben. Zugedeckt 15 Min. gehen lassen.

2. Die Milch erwärmen, mit Honig, Ei, saurer Sahne und Öl verrühren. Mit dem Vorteig und der Mehlmischung zu einem glatten Teig verarbeiten. Den Teig kneten, bis er glatt und elastisch ist und sich vom Schüsselrand löst.

3. Zugedeckt an einem warmen Ort 30 Min. gehen lassen, bis sich das Volumen verdoppelt hat.

4. Backofen auf 175° vorheizen. Das Backblech einfetten. Den Teig auf einer bemehlten Arbeitsfläche oder auf dem Blech ausrollen.

5. Für den Mandelguss Honig mit saurer Sahne erhitzen, Mandelblättchen und Sonnenblumenkerne dazugeben, kurz aufkochen lassen. Den Guss auf dem Hefeteig verteilen. Den Kuchen im Ofen (Mitte, Umluft 160°) 30 Min. backen. Abkühlen lassen und in Stücke teilen.

Nuss-Streusel-Kuchen

Zum Mitnehmen
1 Std. + 1 Std. Ruhen + 30 Min. Backen
pro Stück ca. 245 kcal
7 g Eiweiß · 12 g Fett · 27 g Kohlenhydrate

ZUTATEN FÜR 1 BACKBLECH (20 STÜCK)

1 Grundrezept Hefeteig (oben) · 2 EL Aprikosen-Fruchtaufstrich (Reformhaus) · 1 kg tiefgekühlte entsteinte Schattenmorellen
100 g gemahlene Haselnüsse · 50 g gehackte Haselnüsse · 50 g Sesamsamen · 100 g kernige Haferflocken · 100 g feines Weizen-Vollkornmehl · 1 Ei · 3 EL Rapsöl · 50 g Akazienhonig · 1 TL gemahlene Vanille (Reformhaus)
1/4 TL Zimtpulver · Öl für das Blech
feines Vollkornmehl zum Arbeiten

ZUBEREITUNG

1. Den Hefeteig nach dem Grundrezept oben zubereiten. Den Teig auf bemehlter Arbeitsfläche oder auf dem Blech ausrollen.

2. Mit Aprikosen-Fruchtaufstrich bestreichen. Kirschen darauf verteilen. Ofen auf 175° vorheizen. Die gemahlenen und gehackten Haselnüsse mit den Sesamsamen rösten, beiseite stellen und leicht abkühlen lassen. Mit Haferflocken und Mehl vermischen.

3. Das Ei mit Rapsöl, Honig, Vanille und Zimtpulver verrühren. Mit der Mehl-Nuss-mischung zu Streuseln verarbeiten. Die Streusel auf den Kirschen verteilen. Den Kuchen im Ofen (Mitte, Umluft 160°) 30 Min. backen.

Zwetschgenkuchen

saisonal
1 Std. + 1 Std. Ruhen + 30 Min. Backen
pro Stück ca. 170 kcal
6 g Eiweiß · 7 g Fett · 20 g Kohlenhydrate

ZUTATEN FÜR 1 BACKBLECH (20 STÜCK)

1 Grundrezept Hefeteig (oben)
750 g Zwetschgen · 400 ml Milch
60 g Vollkorngrieß · 2 EL Ahornsirup
1 TL abgeriebene Zitronenschale (unbehandelt) · 2 Eier · 100 g Mandelstifte
Öl für das Backblech · Mehl zum Arbeiten

ZUBEREITUNG

1. Blech einfetten. Teig nach dem Grundrezept oben zubereiten. Auf bemehlter Fläche ausrollen. Zugedeckt stehen lassen.

2. Ofen auf 175° vorheizen. Zwetschgen waschen, halbieren und entsteinen. Milch aufkochen lassen. Grieß, Ahornsirup und Zitronenschale einrühren, unter Rühren aufkochen lassen. Kurz abkühlen lassen.

3. Die Eier trennen. Eiweiße steif schlagen. Eigelbe unter die Grießmasse rühren. Den Eischnee unterheben. Grießmasse auf dem Hefeteig verteilen. Zwetschgen mit der Schnittfläche nach oben darauf setzen. Die Mandelstifte darüber streuen. Im Ofen (Mitte, Umluft 160°) 30 Min. backen.

Mehr draus machen 1 TL gemahlene Vanille und 1/2 TL Zimtpulver vermischen, über den abgekühlten Kuchen streuen.

Apfel-Karamell-Kuchen

für Gäste
1 Std. + 1 Std. Ruhen + 30 Min. Backen
pro Stück ca. 175 kcal
4 g Eiweiß · 8 g Fett · 23 g Kohlenhydrate

ZUTATEN FÜR 1 BACKBLECH (20 STÜCK)

1 Grundrezept Hefeteig (oben) · 50 g getrocknete Aprikosen · 50 g getrocknete Birnen
1 Zitrone · 50 g Vollrohrzucker
100 g saure Sahne · 1,5 kg säuerliche Äpfel (z. B. Cox Orange) · 100 g Pecannüsse (oder Walnüsse) · Öl für das Backblech
feines Vollkornmehl zum Arbeiten

ZUBEREITUNG

1. Blech einfetten. Teig nach dem Grundrezept oben zubereiten. Auf bemehlter Fläche ausrollen. Zugedeckt stehen lassen.

2. Aprikosen und Birnen klein schneiden. Saft der Zitrone auspressen. Mit 150 ml Wasser und 30 g Rohrzucker aufkochen lassen, Fruchtwürfel darin 5 Min. köcheln lassen. Früchte abtropfen lassen, den Sud auffangen.

3. Für den Guss übrigen Rohrzucker mit saurer Sahne und Fruchtsud unter Rühren zu einem Sirup einkochen lassen.

4. Ofen auf 175° vorheizen. Äpfel waschen, schälen, entkernen, in schmale Spalten schneiden. Trockenfrüchte auf dem Teig verteilen, mit Apfelspalten belegen. Guss darüber geben, mit Pecannüssen bestreuen. Im Ofen (Mitte, Umluft 160°) 30 Min. backen.

Johannisbeerkuchen

Johannisbeerkuchen

ZUTATEN FÜR
1 SPRINGFORM VON
26 cm Ø (12 STÜCK)

Für den Teig:
150 g Weizen-Vollkornmehl
100 g gemahlene Haselnüsse
50 g zarte Haferflocken
1 Ei · 2 EL Rapsöl · 2 EL Honig
100 g saure Sahne

Für den Belag:
500 g rote Johannisbeeren
100 g Haselnüsse · 2 EL zarte Haferflocken · 3 Eiweiße
1 Prise Salz · 1/4 TL Zimtpulver · 1 TL gemahlene Vanille (Reformhaus) · 2 EL Honig
Öl für die Form

für die Familie
40 Min. + 30 Min. Kühlen + 40 Min. Backen
pro Stück ca. 173 kcal
7 g Eiweiß · 14 g Fett · 21 g Kohlenhydrate

ZUBEREITUNG

1. Das Vollkornmehl mit den Haselnüssen und Haferflocken mischen. Das Ei mit dem Rapsöl, Honig und der sauren Sahne verrühren. Die Mehlmischung hinzufügen und alles rasch zu einem glatten Teig verkneten.

2. Die Form einfetten. Den Teig zwischen Klarsichtfolie ausrollen und in die Form geben, dabei einen etwa 3 cm hohen Rand formen. Den Teig in der Form 30 Min. kühl stellen.

3. Den Backofen auf 180° vorheizen. Die Johannisbeeren waschen und von den Rispen streifen.

4. Haselnüsse und Haferflocken in einer trockenen Pfanne ohne Fett goldbraun rösten.

5. Die Eiweiße mit Salz, Zimtpulver, Vanille und Honig über dem heißen Wasserbad steif schlagen. Haselnussmischung und Johannisbeeren unterziehen. Die Masse auf dem Teigboden verteilen. Den Kuchen im Ofen (Mitte, Umluft 160°) 40 Min. backen.

Rhabarbertorte

ZUTATEN FÜR
1 SPRINGFORM VON
26 cm Ø (12 STÜCK)

Für den Teig:
3 Eier · 3 EL Birnendicksaft · 1 Prise Salz
100 g Dinkelmehl (Type 1050) · 1/2 TL Weinstein-Backpulver

Für den Belag:
100 g Mandelblättchen
1 kg Rhabarber
1/2 Vanilleschote
150 ml Apfelsaft ohne Zucker (Reformhaus)
2 EL Fruchtzucker
3 TL Agar-Agar
100 g Sahne
100 g Magerquark
2 TL Akazienhonig
Backpapier für die Form

für Gäste
50 Min. + 25 Min. Backen
pro Stück ca. 170 kcal
6 g Eiweiß · 9 g Fett · 17 g Kohlenhydrate

ZUBEREITUNG

1. Ofen auf 175° vorheizen. Form mit Backpapier auslegen. Eier trennen. Eigelbe mit Birnendicksaft über dem heißen Wasserbad schaumig schlagen. Eiweiße mit Salz steif schlagen. Eischnee zur Eigelbcreme geben. Mehl und Backpulver darüber sieben und locker untermischen. Teig in die Form füllen. Im Ofen (Mitte, Umluft 160°) 25 Min. backen. Abkühlen lassen. Mandelblättchen rösten, abkühlen lassen.

3. Rhabarber putzen, waschen und klein schneiden. Vanilleschote längs aufschlitzen und das Mark herauskratzen. Mit Apfelsaft und Fruchtzucker in einen Topf geben, Agar-Agar unterrühren, aufkochen lassen. Rhabarber dazugeben und 2 Min. köcheln lassen.

4. Den Biskuitboden aus der Form lösen, mit einem Tortenring umschließen. Rhabarbermasse einfüllen und abkühlen lassen.

5. Sahne steif schlagen. Quark und Honig verrühren und die Sahne unterziehen. Den Tortenring entfernen. Die Quark-Sahne auf dem Rhabarber verteilen. Die Torte mit Mandelblättchen bestreuen und kühl stellen.

Austauschtipp Anstatt Rhabarber können Sie Sauerkirschen (frische oder tiefgekühlte) oder in Scheiben geschnittene Äpfel nehmen.

Beeren-Tarte

ZUTATEN FÜR
1 TARTEFORM VON
30 cm Ø (10 STÜCK)

Für den Teig:
100 g Buchweizenmehl
75 g Weizen-Vollkornmehl · 75 g gemahlene Mandeln
2 EL Sesamsamen
1 Ei · 2 EL Rapsöl
3 EL Ahornsirup
50 g saure Sahne

Für den Belag:
1 Limette · 100 ml frisch gepresster Orangensaft
2 EL Vollrohrzucker
2 TL Agar-Agar
500 g Naturjoghurt
400 g gemischte Beeren
100 g Sahne
1 EL gehackte Pistazien
Öl für die Form
Hülsenfrüchte zum Blindbacken

sommerlich leicht
40 Min. + 20 Min. Backen
pro Stück ca. 260 kcal
7 g Eiweiß · 14 g Fett · 25 g Kohlenhydrate

ZUBEREITUNG

1. Ofen auf 175° vorheizen. Form einfetten. Beide Mehlsorten mit Mandeln und Sesamsamen mischen. Ei mit Öl, Ahornsirup und saurer Sahne verrühren. Mehlmischung hinzufügen, zu einem glatten Teig verarbeiten.

2. Teig zwischen Klarsichtfolie ausrollen und in die Form geben. Backpapier darauf legen, mit Hülsenfrüchten bedecken. Teigboden 20 Min. backen. Herausnehmen, Papier und Hülsenfrüchte entfernen. Abkühlen lassen.

3. Limette heiß waschen, abtrocknen, Schale abreiben, den Saft auspressen. Orangensaft mit Limettensaft und -schale, Rohrzucker und Agar-Agar unter Rühren aufkochen und 3–4 Min. unter Rühren köcheln lassen. Joghurt unterrühren. Die Masse im Kühlschrank in 25 Min. gelieren lassen.

4. Beeren verlesen. Sahne steif schlagen. Die Joghurtmasse nach und nach unterrühren. Creme auf dem Boden verteilen und mit den Beeren belegen. Mit Pistazien bestreuen.

Mehr draus machen Für **Obsttörtchen** Mürbeteig in 8 Stücke teilen. 8 Tortelettförmchen einfetten, mit dem Teig auskleiden, 8–10 Min. backen, aus den Förmchen stürzen. Creme und Beeren auf den abgekühlten Torteletts verteilen und frisch servieren.

Grundrezept Muffins

schnell
20 Min. + 25 Min. Backen
pro Stück ca. 135 kcal
4 g Eiweiß · 6 g Fett · 17 g Kohlenhydrate

ZUTATEN FÜR 12 STÜCK

125 g Weizen-Vollkornmehl
125 g Dinkelmehl
2 TL Weinstein-Backpulver
1 TL abgeriebene Orangenschale (unbehandelt)
100 ml Rapsöl · 1 Ei
3 EL Ahornsirup
250 g Buttermilch
Öl für das Muffinsblech

ZUBEREITUNG

1. Den Backofen auf 180° vorheizen. Die Vertiefungen des Muffinsblechs einfetten.

2. Die beiden Mehlsorten in eine Schüssel sieben, Backpulver und Orangenschale untermischen.

3. Das Öl mit Ei und Ahornsirup verrühren, die Buttermilch unterrühren. Die Mehlmischung unterheben. Den Teig in die Vertiefungen des Muffinsblechs füllen. Die Muffins im Backofen (Mitte, Umluft 160°) 20–25 Min. backen.

4. Die Muffins herausnehmen und 5 Min. ruhen lassen, dann aus der Form lösen und auf einem Kuchengitter abkühlen lassen.

Tuning-Tipp 50 g Dinkelmehl durch 50 g fein gemahlene, geröstete Mandeln ersetzen. Zusätzlich 50 g getrocknete Aprikosen winzig klein würfeln und unter den Teig rühren.

Deko-Tipp 1 Eiweiß mit 1 EL Rohrzucker über dem heißen Wasserbad steif schlagen. In einen Spritzbeutel mit glatter Tülle füllen. Die Muffins mit dem Guss verzieren.

Passende Formen

Muffinsformen mit 6 oder 12 Vertiefungen gibt es im Kaufhaus oder Fachgeschäft. Neu sind die Flexi-Formen aus Silikon. Wenn Sie weder das eine noch das andere haben, Backpapierförmchen nehmen und jeweils zwei Förmchen ineinander setzen.

So gelingen sie perfekt!

Trockene und flüssige Zutaten getrennt mischen, dann alles verrühren. Teig nicht stehen lassen, er wird sonst schwer und trocken. Die Vertiefungen gut einfetten. Teig einfüllen und sofort backen.

Pecannuss-Muffins

aus dem Vorrat
25 Min. + 25 Min. Backen
pro Stück ca. 215 kcal
5 g Eiweiß · 15 g Fett · 16 g Kohlenhydrate

ZUTATEN FÜR 12 STÜCK

- 200 g Weizen-Vollkornmehl
- 50 g gemahlene Mandeln
- 1 EL geschroteter Leinsamen
- 2 TL Weinstein-Backpulver
- 1 TL abgeriebene Orangenschale (unbehandelt)
- 1/4 TL Ingwerpulver
- 100 ml Rapsöl
- 4 EL Ahornsirup
- 1 Ei · 250 g Dickmilch
- 100 g gehackte Pecannüsse
- Öl für das Muffinsblech

ZUBEREITUNG

1. Den Backofen auf 180° vorheizen. Die Vertiefungen des Muffinsblechs einfetten.

2. Das Weizen-Vollkornmehl mit Mandeln, Leinsamenschrot, Backpulver, Orangenschale und Ingwerpulver mischen.

3. Das Öl mit 3 EL Ahornsirup und Ei verrühren. Die Dickmilch unterrühren. Die Mehlmischung und Pecannüsse locker unterheben.

4. Den Teig in die Vertiefungen des Muffinsblechs füllen. Die Muffins im Backofen (Mitte, Umluft 160°) 20–25 Min. backen.

5. Die Muffins herausnehmen und 5 Min. ruhen lassen, dann aus der Form lösen. Die Muffins mit dem übrigen Ahornsirup bestreichen und auf einem Kuchengitter abkühlen lassen.

Pflaumen-Muffins

zum Mitnehmen
25 Min. + 25 Min. Backen
pro Stück ca. 170 kcal
4 g Eiweiß · 8 g Fett · 17 g Kohlenhydrate

ZUTATEN FÜR 12 STÜCK

- 150 g Weizen-Vollkornmehl
- 50 g gemahlene Haselnüsse
- 1/4 TL Zimtpulver
- 1 Prise Nelkenpulver
- 2 TL Weinstein-Backpulver
- 100 ml Rapsöl
- 2 EL Akazienhonig
- 1 Ei · 250 g Buttermilch
- 50 g Haferkleie
- 500 g Pflaumen
- Öl für das Muffinblech

ZUBEREITUNG

1. Den Backofen auf 180° vorheizen. Die Vertiefungen des Muffinsblechs einfetten.

2. Das Vollkornmehl mit Haselnüssen, Zimt-, Nelken- und Backpulver mischen. Das Öl mit Honig und Ei verrühren. Buttermilch und Haferkleie unterrühren und 10 Min. quellen lassen.

3. Inzwischen die Pflaumen waschen, entsteinen und klein würfeln. Die Mehlmischung unter die Buttermilchmasse rühren und die Pflaumenwürfel unterziehen.

4. Den Teig in die Vertiefungen des Muffinsblechs füllen. Im Backofen (Mitte, Umluft 160°) 20–25 Min. backen.

5. Die Muffins herausnehmen und 5 Min. ruhen lassen, dann aus der Form lösen. Auf einem Kuchengitter abkühlen lassen.

Heidelbeer-Muffins

fürs Büro
25 Min. + 25 Min. Backen
pro Stück ca. 159 kcal
4 g Eiweiß · 7 g Fett · 20 g Kohlenhydrate

ZUTATEN FÜR 12 STÜCK

- 250 g Heidelbeeren
- 200 g Dinkelmehl (Type 1050)
- 75 g kernige Haferflocken
- 2 TL Weinstein-Backpulver
- 100 ml Rapsöl · 1 Ei
- 1 TL gemahlene Vanille (Reformhaus)
- 3 EL Ahornsirup
- 250 g Naturjoghurt
- Öl für das Muffinsblech

ZUBEREITUNG

1. Den Backofen auf 180° vorheizen. Die Vertiefungen des Muffinsblechs einfetten. Die Heidelbeeren verlesen, wenn nötig, abbrausen und trockentupfen.

2. Das Dinkelmehl mit Haferflocken und Backpulver mischen. Das Öl mit Ei, Vanille und Ahornsirup verrühren. Den Joghurt unterrühren. Die Mehlmischung unterheben. Die Heidelbeeren unter den Teig ziehen.

3. Den Teig sofort in die Vertiefungen des Muffinsblechs füllen. Die Muffins im Backofen (Mitte, Umluft 160°) 20–25 Min. backen.

4. Die Muffins herausnehmen und 5 Min. ruhen lassen, dann aus der Form lösen. Auf einem Kuchengitter abkühlen lassen und frisch servieren.

Tuning-Tipp Fein abgeriebene Schale von 1/2 unbehandelten Zitrone unter die Mehlmischung rühren.

Austausch-Tipp Statt frischer Heidelbeeren tiefgekühlte nehmen und in einem Sieb auftauen lassen.

Heidelbeer-Muffins

Fruchtschnecken

ZUTATEN FÜR 20 STÜCK

200 g Dinkelmehl (Type 1050) · 1 Prise Salz
50 g eiskalte Butter
125 g Magerquark
50 g getrocknete Äpfel
75 g ungeschwefelte getrocknete Aprikosen
2 EL Ahornsirup
1 EL Zitronensaft
30 g Pistazien · feines Vollkornmehl zum Arbeiten · Backpapier für das Backblech

schmeckt auch Kindern
30 Min. + 1 Std. Kühlen + 20 Min. Backen
pro Stück ca. 90 kcal
3 g Eiweiß · 3 g Fett · 12 g Kohlenhydrate

ZUBEREITUNG

1. Mehl und Salz auf die Arbeitsfläche sieben. Die Butter in Flöckchen untermischen. Quark und 2 EL eiskaltes Wasser dazugeben und alles rasch zu einem glatten Teig verarbeiten. In Klarsichtfolie wickeln und 30 Min. kühl stellen.

2. Die Trockenfrüchte klein würfeln. 1 EL Ahornsirup mit Zitronensaft in einem Topf erhitzen, Früchte dazugeben und bei schwacher Hitze ziehen lassen, bis die Flüssigkeit fast verdampft ist. Die Früchte im Mixer pürieren. Die Pistazien fein hacken.

3. Das Backblech mit Backpapier belegen. Den Teig auf bemehlter Arbeitsfläche etwa 1/2 cm dick ausrollen. Die Früchte darauf verteilen, mit Pistazien bestreuen. Den Teig von der Längsseite her aufrollen. Die Teigrolle in Klarsichtfolie wickeln und etwa 1 Std. ins Gefrierfach legen.

4. Den Backofen auf 175° vorheizen. Die Teigrolle in 20 gleich große Scheiben schneiden und die Scheiben auf das Backblech legen. Die Fruchtschnecken im heißen Backofen (Mitte, Umluft 160°) 20 Min. backen. Die Schnecken herausnehmen, noch warm mit übrigem Ahornsirup bestreichen.

Austausch-Tipp Die Pistazien durch 50 g fein gehackte und geröstete Haselnüsse ersetzen.

Vorrats-Tipp Übrige Schnecken einfrieren. Nach Bedarf im Ofen bei 50° in 5–7 Min. auftauen lassen.

Quarktaschen

ZUTATEN FÜR 12 STÜCK

Für den Teig:
250 g Dinkelmehl (Type 1050) · 50 g Buchweizenmehl · 1 Prise Salz
2 TL Weinstein-Backpulver · 200 g Magerquark
6 EL Rapsöl · 1 Ei
1 EL Birnendicksaft

Für die Füllung:
300 g Magerquark
3 EL saure Sahne
1 TL abgeriebene Orangenschale · 1 Ei
2 EL Birnendicksaft
1 EL Vollrohrzucker
2 Messlöffel Johannisbrotkernmehl (pflanzliches Bindemittel; Reformhaus)
1 Eigelb · 2 EL Milch
Backpapier für das Backblech · feines Vollkornmehl zum Arbeiten

schmeckt auch Kindern
45 Min. + 20 Min. Backen
pro Stück ca. 210 kcal
10 g Eiweiß · 9 g Fett · 23 g Kohlenhydrate

ZUBEREITUNG

1. Beide Mehlsorten mit Salz und Backpulver mischen. Quark mit Öl, Ei und Birnendicksaft verrühren. Die Hälfte der Mehlmischung unterrühren, den Rest unterkneten.

2. Den Backofen auf 200° vorheizen. Das Backblech mit Backpapier belegen. Für die Füllung Quark mit saurer Sahne, Orangenschale, Ei, Birnendicksaft und Rohrzucker verrühren. Johannisbrotkernmehl unterrühren. Eigelb mit Milch verrühren.

3. Den Teig auf bemehlter Arbeitsfläche dünn ausrollen und in 12 Quadrate von 12 x 12 cm schneiden. In die Mitte von jedem Quadrat 1 EL Füllung geben.

4. Die Teigecken mit Eigelb bepinseln, zur Mitte einklappen und die Spitzen zusammendrehen.

5. Die Quarktaschen mit einer Palette auf das Backblech legen. Mit übrigem Eigelb bestreichen. Im heißen Backofen (Mitte, Umluft 175) in 15–20 Min. goldbraun backen.

Nussecken

ZUTATEN FÜR 20 STÜCK

Für den Teig:
150 g Weizen-Vollkornmehl · 50 g geschrotete Leinsamen · 75 g gemahlene Haselnüsse
4 EL Rapsöl · 1 Ei
2 EL Ahornsirup
2 EL Orangen-Fruchtaufstrich (Reformhaus)

Für den Belag:
50 g Honig · 2 EL Rapsöl
100 g saure Sahne
50 g Sahne · 100 g gehackte Haselnüsse
100 g Haselnussblättchen · 50 g Sesamsamen · 50 g Bitterschokolade (85 % Kakaoanteil)
Öl für das Blech
feines Vollkornmehl zum Arbeiten

fürs Büro
45 Min. + 25 Min. Backen
pro Stück ca. 210 kcal
4 g Eiweiß · 16 g Fett · 13 g Kohlenhydrate

ZUBEREITUNG

1. Backofen auf 175° vorheizen. Das Blech einfetten. Mehl mit Leinsamen und Haselnüssen mischen. Öl mit Ei und Ahornsirup verrühren und mit dem Mehl zu einem glatten Teig verarbeiten. Auf bemehlter Arbeitsfläche oder auf dem Blech ausrollen und mit Orangen-Fruchtaufstrich bestreichen.

2. Honig mit 1 EL Öl, saurer Sahne und Sahne unter Rühren aufkochen lassen. Nüsse und Sesamsamen unterrühren. Die Nussmasse gleichmäßig auf den Teig streichen.

3. Im Ofen (Mitte, Umluft 160°) in 25 Min. goldbraun backen. Den Boden abkühlen lassen, in 10 x 10 cm große Quadrate und diese diagonal in Dreiecke schneiden.

4. Schokolade in Stücke brechen, mit übrigem Öl über dem heißen Wasserbad schmelzen lassen. Die Spitzen der Nussecken darin eintauchen.

Vorrats-Tipp Nussecken halten sich in einer Gebäckdose an einem kühlen Ort mindestens 10 Tage frisch.

Fruchtschnecken

Nussecken

Schnelle Lebkuchen

leicht
15 Min. + 15 Min. Backen
pro Stück ca. 70 kcal
2 g Eiweiß · 6 g Fett · 1 g Kohlenhydrate

ZUTATEN FÜR 30 STÜCK

2 Eier · 2 EL Birnendicksaft · 1/2 TL Zimtpulver
1/4 TL gemahlene Nelken · 1 Prise frisch geriebene Muskatnuss
250 g gemahlene Mandeln · 50 g gehackte Mandeln · Backpapier für das Backblech

ZUBEREITUNG

1. Eier mit Birnendicksaft über dem heißen Wasserbad schaumig schlagen. Gewürze und Mandeln unterziehen.

2. Blech mit Backpapier auslegen. Mit zwei Teelöffeln kleine Häufchen auf das Blech setzen. In den kalten Ofen schieben und bei 175° (Mitte, Umluft 160°) 15–20 Min. backen. Abkühlen lassen und vom Blech lösen.

Nuss-Dinkel-Herzen

weihnachtlich
20 Min. + 15 Min. Backen
pro Stück ca. 100 kcal
2 g Eiweiß · 5 g Fett · 10 g Kohlenhydrate

ZUTATEN FÜR 20 STÜCK

100 g gemahlene Walnüsse · 1 TL gemahlene Vanille (Reformhaus)
150 g Dinkel-Vollkornmehl · 3 EL Walnussöl (oder Rapsöl)
2 EL Akazienhonig
1 Eiweiß · 100 g Kirsch-Fruchtaufstrich (Reformhaus; oder kalt gerührte Beerenmarmelade S. 35)
1 EL Sesamsamen
Backpapier für das Backblech

ZUBEREITUNG

1. Walnüsse rösten. Nüsse, Vanille und Mehl mischen. Öl, Honig und Eiweiß verrühren. Mehl-Nussmischung zugeben, zu einem glatten Teig verarbeiten. Zugedeckt kühl stellen.

2. Ofen auf 180° vorheizen. Blech mit Backpapier belegen. Teig zwischen Klarsichtfolie ausrollen, ca. 40 Herzen ausstechen und auf das Blech legen. Im Ofen (Mitte, Umluft 160°) 12–15 Min. backen. Abkühlen lassen.

3. Die Hälfte der Herzen mit Fruchtaufstrich bestreichen, jeweils ein zweites Herz darauf setzen. Übrigen Aufstrich erwärmen, die gefüllten Herzen damit bestreichen, mit Sesam bestreuen.

Hagebuttenstangen

ganz einfach
20 Min. + 20 Min. Backen
pro Stück ca. 65 kcal
1 g Eiweiß · 6 g Fett · 2 g Kohlenhydrate

ZUTATEN FÜR 30 STÜCK

1 Ei · 1 EL Haselnussmus · 1 EL Honig · 50 g Hagebuttenmus · 200 g gemahlene Haselnüsse
50 g Edelbitterschokolade (85 % Kakaoanteil)
1 EL Öl · Backpapier für das Backblech

ZUBEREITUNG

1. Ofen auf 150° vorheizen. Ei, Nussmus, Honig über dem Wasserbad schaumig schlagen. Hagebuttenmus und Nüsse unterrühren. Etwa 5 cm lange Stangen auf ein Blech spritzen. Im Ofen (Mitte, Umluft 130°) 20 Min. backen. Im ausgeschalteten Ofen 10 Min. trocknen lassen. Schokolade in Stücke brechen, mit Öl schmelzen. Enden der Stangen eintauchen.

Kokosmakronen

blitzschnell
20 Min. + 15 Min. Backen
pro Stück ca. 40 kcal
1 g Eiweiß · 3 g Fett · 2 g Kohlenhydrate

ZUTATEN FÜR 20 STÜCK

2 Eiweiße · 1 Prise Salz
100 g Kokosraspel
40 g Vollrohrzucker
abgeriebene Schale von 1 unbehandelten Limette · Backpapier für das Backblech

ZUBEREITUNG

1. Ofen auf 150° vorheizen. Blech mit Backpapier belegen. Eiweiße mit Salz, Kokosraspeln, Rohrzucker und Limettenschale in einem Edelstahltopf mit schwerem Boden mischen. Kokosmasse so lange rühren, bis sich ein bräunlicher Belag auf dem Topfboden bildet. Vom Herd nehmen. Kleine Häufchen auf das Blech setzen und leicht zusammendrücken. Im Ofen (Mitte, Umluft 130°) 15 Min. backen. Abkühlen lassen und vom Blech lösen.

Pistazien-Baisers

ganz einfach
15 Min. + 20 Min. Backen
pro Stück ca. 30 kcal
1 g Eiweiß · 2 g Fett · 2 g Kohlenhydrate

ZUTATEN FÜR 20 STÜCK

50 g Pistazien
2 Eiweiße
1 Prise Salz
2 EL Vollrohrzucker
1 TL Limettensaft
1 EL Kokosraspel
Backpapier für das Backblech

ZUBEREITUNG

1. Ofen auf 100° vorheizen. Blech mit Backpapier belegen. Pistazien fein hacken. Eiweiße mit Salz und Rohrzucker über dem heißen Wasserbad steif schlagen, bis die Masse glänzt. Limettensaft, Pistazien und Kokosraspel unterziehen.

2. Mit zwei Teelöffeln kleine Häufchen auf das Blech setzen. Im Ofen (Mitte, Umluft 80°) 20 Min. backen. Die Plätzchen im ausgeschalteten Ofen 3 Std. trocknen lassen.

Ausstecherle

schmeckt auch Kindern
25 Min. + 12 Std. Kühlen + 10 Min. Backen
pro Stück ca. 40 kcal
1 g Eiweiß · 1 g Fett · 7 g Kohlenhydrate

ZUTATEN FÜR 35 STÜCK

150 g Zuckerrübensirup
30 g Butter · 1 TL Lebkuchengewürz (Reformhaus, Bioladen)
250 g Weizenvollkornmehl · 1 TL Weinstein-Backpulver · 1 Ei
Backpapier für das Backblech

ZUBEREITUNG

1. Sirup und Butter unter Rühren erhitzen. Lebkuchengewürz unterrühren. Abkühlen lassen. Mehl und Backpulver mischen. Sirup und Ei unterkneten. Über Nacht kühl stellen.

2. Ofen auf 175° vorheizen. Blech mit Backpapier auslegen. Teig dünn ausrollen. Beliebige Figuren ausstechen, auf das Blech legen. Im Ofen (Mitte, Umluft 160°) 8–10 Min. backen. Abkühlen lassen.

Nuss-Dinkel-Herzen und Hagebuttenstangen (vorne), Pistazien-Baisers (hinten)

Weihnachtsstollen

Weihnachtsstollen

braucht etwas Zeit
1 Std. + 50 Min. Ruhen + 1 Std. Backen
pro Stück ca. 250 kcal
8 g Eiweiß · 14 g Fett · 24 g Kohlenhydrate

ZUTATEN FÜR 20 SCHEIBEN

300 g Dinkelmehl (Type 1050)
300 g Weizen-Vollkornmehl
1 Prise Salz
1 Würfel Hefe (42 g)
200 ml lauwarme Milch
250 g gehackte Nüsse (z. B. Mandeln, Haselnüsse, Walnüsse)
50 g Butter
4 EL Rapsöl
100 g Akazienhonig
2 Eier · 2 Eigelbe
1 TL abgeriebene Orangenschale (unbehandelt)
je 1/4 TL Zimtpulver, Kardamom, Ingwer, Piment, Muskatnuss, Nelkenpulver
Backpapier für das Backblech

ZUBEREITUNG

1. Beide Mehlsorten und Salz mischen und in eine Schüssel sieben. In die Mitte eine Mulde drücken. Die Hefe zerbröckeln, in 100 ml lauwarmer Milch auflösen, in die Mulde gießen und leicht mit Mehl bestäuben. Den Vorteig zugedeckt an einem warmen Ort 15 Min. gehen lassen.

2. Inzwischen die Nüsse in einer trockenen Pfanne ohne Fett goldbraun rösten, beiseite stellen und abkühlen lassen.

3. Die Butter schmelzen lassen, mit Öl, Honig, Eiern, Eigelben, Orangenschale und Gewürzen verrühren. Mit der restlichen Milch zum Vorteig geben und alles zu einem glatten, elastischen Teig verkneten. Zugedeckt 20 Min. gehen lassen. Die Nüsse unter den Teig kneten.

4. Das Blech mit Backpapier belegen. Den Teig zu einer ca. 30 cm langen Rolle formen. Die Rolle mit dem Nudelholz von der Mitte her etwas flach drücken und an den Breitseiten leicht einschlagen. Längs zur Stollenform zusammenklappen.

5. Den Stollen auf das Backblech legen und zugedeckt 15 Min. gehen lassen.

6. Backofen auf 180° vorheizen. Den Stollen im Ofen (Mitte, Umluft 160°) in 1 Std. goldbraun backen. Auf einem Kuchengitter auskühlen lassen.

Tuning-Tipp Es sieht sehr dekorativ aus, wenn Sie den Stollen mit Puderzucker bestäuben. Glyxlicher ist es aber, ihn mit fein gemahlenem Fruchtzucker zu bestäuben oder ihn noch lauwarm mit 1 EL Akazienhonig zu bestreichen.

Austausch-Tipp Für einen Mandelstollen die gemischten Nüsse einfach durch Mandeln ersetzen.

Vorrats-Tipp Den Stollen in Klarsichtfolie oder Alufolie wickeln und kühl und trocken aufbewahren. So hält er sich 2–3 Wochen.

Früchtebrot

lohnt sich
1 Std. + 50 Min. Ruhen + 1 Std. Backen
pro Stück ca. 170 kcal
4 g Eiweiß · 3 g Fett · 32 g Kohlenhydrate

ZUTATEN FÜR 1 KASTENFORM VON 30 cm LÄNGE (20 SCHEIBEN)

200 g getrocknete Birnen
200 g getrocknete Äpfel
200 g getrocknete Aprikosen
200 g getrocknete Pflaumen
100 g gehackte Mandeln

Für den Hefeteig:
1/2 Würfel Hefe (20 g)
250 g feines Weizen-Vollkornmehl
1 TL Zimtpulver
2 TL gemahlener Anis
2 EL Akazienhonig
Öl für die Form

ZUBEREITUNG

1. Birnen, Äpfel, Aprikosen und Pflaumen in kleine Würfel schneiden. Mit Wasser bedeckt aufkochen lassen. Mandeln dazugeben und bei schwacher Hitze 10 Min. ziehen lassen. Die Früchte in einem Sieb abtropfen lassen, dabei den Kochsud auffangen.

2. Die Hefe zerbröckeln und in 100 ml lauwarmem Wasser auflösen. Mehl mit Zimtpulver und Anis mischen und mit der angerührten Hefe, dem Kochsud und Honig verrühren. Zugedeckt an einem warmen Ort 30 Min. gehen lassen.

3. Die Form einfetten. Den Teig kneten. Die Fruchtmasse unterkneten und den Teig in die Form füllen. Zugedeckt 20 Min. gehen lassen.

4. Backofen auf 175° vorheizen. Das Früchtebrot im Ofen (Mitte, Umluft 160°) 1 Std. backen. Das Früchtebrot kurz abkühlen lassen, aus der Form lösen und auf einem Kuchengitter auskühlen lassen.

Vorrats-Tipp Das Früchtebrot in Alufolie wickeln und kühl aufbewahren. Hält sich mindestens 4 Wochen.

GLYX-Tipp Früchtebrotscheiben vierteln und zur Adventszeit als Häppchen mit auf den Plätzchenteller legen.

Austausch-Tipp Die gemischten Trockenfrüchte durch 400 g getrocknete Birnen und 100 g Datteln ersetzen – und schon wird daraus ein Dattelbrot.

Fruchtbällchen

zum Verschenken
15 Min. + 30 Min. Quellen
pro Stück ca. 70 kcal
2 g Eiweiß · 4 g Fett · 7 g Kohlenhydrate

ZUTATEN FÜR 20 STÜCK

- 50 g getrocknete Apfelringe
- 50 g getrocknete Birnen
- 50 g ungeschwefelte getrocknete Aprikosen
- 1 unbehandelte Orange
- 2 EL Agavendicksaft
- 100 g geschälte, gemahlene Mandeln
- 50 g geschälte Sesamsamen

ZUBEREITUNG

1. Trockenfrüchte winzig klein würfeln. Orange heiß waschen und abtrocknen. Schale abreiben, den Saft auspressen. Orangensaft und -schale mit Agavendicksaft unter Rühren erhitzen. Die Früchte damit übergießen. Zugedeckt 30 Min. quellen lassen.

2. Mit dem Pürierstab kurz durchmixen. Die Mandeln untermischen. Aus der Masse 20 kleine Kugeln formen und in Sesam wälzen. Bällchen kühl und trocken aufbewahren.

Zwetschgentaler

ganz einfach
20 Min.
pro Taler ca. 110 kcal
2 g Eiweiß · 5 g Fett · 14 g Kohlenhydrate

ZUTATEN FÜR 20 TALER

- 250 g getrocknete Zwetschgen · 100 g getrocknete Birnen
- 100 g Akazienhonig
- 1/4 TL Zimtpulver
- 1 Prise gemahlene Nelken · 150 g grob gehackte Haselnüsse
- 2 EL gemahlene Haselnüsse

ZUBEREITUNG

1. Zwetschgen und Birnen 10 Min. in heißes Wasser legen. Abtropfen lassen und fein hacken. 3 EL Einweichwasser mit Honig und Gewürzen aufkochen lassen. Früchte darin ziehen lassen, bis die Flüssigkeit verdampft ist. Abkühlen lassen, mit gehackten Haselnüssen vermischen. Zu einer Rolle von ca. 4 cm Durchmesser formen und kühl stellen. Gemahlene Haselnüsse rösten. Zwetschgenrolle darin wälzen, in Folie gewickelt kühl und trocken aufbewahren. Bei Bedarf Taler abschneiden. Sie halten sich 4 Wochen.

Kokoskartoffeln

blitzschnell
15 Min.
pro Stück ca. 85 kcal
2 g Eiweiß · 7 g Fett · 3 g Kohlenhydrate

ZUTATEN FÜR 16 STÜCK

- 100 g Kokoscreme
- 100 g gemahlene Mandeln
- 2 EL Ahornsirup
- 2 EL Carobpulver (Reformhaus)

ZUBEREITUNG

1. Kokoscreme mit Mandeln und Ahornsirup verkneten. Aus dem Teig 16 kleine Kugeln formen und in Carobpulver wälzen.

Austausch-Tipp **Nusskartoffeln:** 1 EL Haselnussmus, 1 EL Orangensaft verrühren. Mit 100 g gemahlenen Haselnüssen, 1 Prise Zimt verkneten. 16 Kugeln formen. 1 EL Carob, 1/4 TL Zimt mischen, Kugeln darin wälzen.

Mandelkonfekt

raffiniert
15 Min. + 10 Min. Backen
pro Stück ca. 135 kcal
4 g Eiweiß · 11 g Fett · 5 g Kohlenhydrate

ZUTATEN FÜR 12 STÜCK

- 50 g Sahne
- 2 EL Akazienhonig
- 1 EL Walnussöl
- 50 g gemahlene Mandeln · 2 EL Sonnenblumenkerne
- 1 EL Sojaflocken
- 100 g Mandelstifte
- Backpapier für das Backblech

ZUBEREITUNG

1. Ofen auf 175° vorheizen. Blech mit Backpapier auslegen. Sahne, Honig und Öl aufkochen lassen. Gemahlene Mandeln, Sonnenblumenkerne und Sojaflocken und Mandelstifte unterheben. Bei abgeschalteter Herdplatte kurz ziehen lassen.

2. Mit zwei Teelöffeln 12 kleine Häufchen auf das Blech setzen. Im Ofen (Mitte, Umluft 160°) 10 Min. backen. Abkühlen lassen und vom Blech lösen.

Haferflocken-Konfekt

kernig-knusprig
15 Min.
pro Stück ca. 80 kcal
2 g Eiweiß · 4 g Fett · 8 g Kohlenhydrate

ZUTATEN FÜR 20 STÜCK

- 100 g kernige Haferflocken · 100 g gemahlene Mandeln
- 2 EL Mandelmus (Reformhaus)
- 75 g Akazienhonig
- 2 EL Birnendicksaft
- 2 EL kernige Haferflocken zum Wälzen

ZUBEREITUNG

1. Haferflocken und Mandeln mischen. Mandelmus, Honig und Birnendicksaft dazugeben und mit den Knethaken des Handrührgerätes verkneten.

2. Die übrigen Haferflocken auf eine flache Platte streuen. Aus der Masse 20 kleine Kugeln formen, sofort in den Haferflocken wälzen. Kühl und trocken aufbewahren.

Tuning-Tipp Aus der Masse kleine Kugeln formen, diese etwas flach drücken und mit 1 geschälten Mandel belegen.

Schokofrüchtchen

Kinderhit
20 Min.
pro Stück à 50 g ca. 25 kcal
0 g Eiweiß · 1 g Fett · 3 g Kohlenhydrate

ZUTATEN FÜR 20 STÜCK

- 350 g gemischte Früchte (z. B. Kirschen mit Stiel, Erdbeeren, Kumquats) · 50 g Edelbitterschokolade (85 % Kakaoanteil)
- 2 TL Rapsöl

ZUBEREITUNG

1. Früchte waschen und trockentupfen. Schokolade in Stücke brechen, mit Öl in 182einer Schüssel unter Rühren über dem heißen Wasserbad schmelzen lassen. Kirschen bis zum Stiel in Schokolade tauchen, auf einem Gitter trocknen lassen. Erdbeeren und Kumquats mit den Spitzen in die Schokolade tauchen und trocknen lassen.

Schokofrüchtchen

GLOSSAR

AGAR-AGAR ist die geschmacksneutrale pflanzliche Schwester von Gelatine. Wird aus Rotalgen gewonnen und ist nur in kochendem Wasser löslich. Achtung: Agar-Agar ist ein Power-Verdicker. Muss man viel sparsamer verwenden als Gelatine, das rechtfertigt auch den höheren Preis. Hilft übrigens der Verdauung auf die Sprünge. Als Pulver oder Flocken erhältlich (Reformhaus, Naturkostladen).

AHORNSIRUP passt in die GLYX-Küche. Mildwürziges Aroma, liefert neben Zucker auch wertvolle Fruchtsäuren und Mineralstoffe. Siehe auch S. 157.

AKAZIENHONIG hellgelber, mild-aromatischer, GLYX-niedriger Honig. Wird aus den Blüten der richtigen oder falschen (»Robinie«) Akazie gewonnen.

AGAVEN-DICKSAFT ein goldener, süßer Saft. Wird aus dem Herzen der Agave hergestellt. Feines Aroma, ideal für Desserts und Getränke.

ALFALFA sind die Samen der Luzerne, einer Kleeart, die in warm-feuchtem Milieu rasch zu keimen beginnen. Die frischen Sprossen strotzen vor Vitaminen und Mineralstoffen. In Salate, auf Brot oder Suppen streuen. Mild im Geschmack.

AMARANTH gehört wie Buchweizen und Quinoa zu den Pseudocerealien. Die Winzlinge schmecken mild-nussig, sind eiweißreich und optimal in der Kombination mit Weizen oder Dinkel. Enthalten viel Kalzium, Eisen und ungesättigte Fettsäuren. Vielseitig verwendbar für Suppen, Bratlinge, Aufläufe. Pep fürs Morgenmüsli: Gepoppte, in der Pfanne erhitzte Amaranthkörner.

APFELDICKSAFT Natürliche Süße für Desserts, Dressings und Getränke. Teelöffelweise zugeben. Leicht säuerliches Aroma. Mehr dazu S. 157.

APFELPEKTIN ist ein reiner Ballaststoff. Ersetzt den Gelierzucker bei der Herstellung von Marmeladen und Konfitüren. Das heißt: Fruchtstücke mit Zitronensaft, Pektin und mäßig viel Fruchtzucker, Frutilose oder Honig kurz durchkochen.

ARROWROOT (Pfeilwurzmehl) ist der Kartoffelstärke ähnlich, wird aber aus den Wurzeln verschiedener Pflanzen, vor allem Maranta und Maniok hergestellt. Pfeilwurzmehl ist ein einfaches Bindemittel mit guten küchentechnischen Eigenschaften. Gibt's im Reformhaus.

AUSZUGSMEHL Unser Haushaltsmehl aus Weizen, Type 405. Das Mehl mit dem niedrigsten Ausmahlungsgrad. Aus der GLYX-Küche verbannen.

BIRNENDICKSAFT wird wie Apfeldicksaft (siehe dort) hergestellt. Mild-fruchtiger Geschmack. Mehr dazu S. 157.

BOURBON-VANILLE gemahlen oder Natur-Vanille wird aus ganzen getrockneten Schoten hergestellt. Gibt es im Gläschen im Reformhaus oder Bioladen. Zwar nicht billig, aber sehr aromatisch und sparsam im Verbrauch.

BUCHWEIZEN Ein Knöterichgewächs, verwendet man in der Küche wie Getreide. Die dreikantigen Samen werden ganz oder gebrochen zu einer dicken Grütze gekocht. Buchweizenmehl bindet gut, z. B. französische Galettes, Blini (Art Pfannkuchen), Suppen und Brote, lässt sich aber nur zusammen mit kleberreichem Mehl wie Weizen verbacken. Der Star unter den »Getreidearten«: Im Buchweizen stecken hochwertiges Eiweiß, viel Lecithin, Mineralstoffe (Kalium, Magnesium, Eisen) und ungesättigte Fettsäuren.

BULGUR Im Orient beliebter Weizenschrot. Wird gekocht, getrocknet, geschält und grob zerkleinert. Und ist trotzdem vollwertig, weil der Keim erhalten bleibt. Wegen seiner vielen Ballaststoffe, Eiweiße, Vitamine und Mineralstoffe ist der Parboiled-Weizen unentbehrlich bei jeder Diät: GLYX-niedrig.

CAROBPULVER wird aus den getrockneten Früchten des Johannisbrotbaums gemahlen. Schmeckt süß und kakaoähnlich. Wird für Gebäck, Brotaufstriche, Desserts und Eiscreme verwendet.

CHILIFLOCKEN aus getrockneten Chilischoten nimmt man zum Würzen und Streuen. Gibt es auch als türkische scharfe Mischung (Pul Biber) mit Chili und Paprika.

COUSCOUS Vorgegarte, dann getrocknete kleine Körnchen aus Hartweizengrieß. Nur gute Bio- oder Feinkostläden haben den ursprünglichen Couscous im Angebot, der stundenlang gedämpft wird. Vorgedämpfter und schnell quellender Instant-Couscous ist ideal für Salate und Beilagen. Nur sparsam verwenden, sein GI ist relativ hoch.

CRÈME LÉGÈRE Dicke, leicht gesäuerte Sahne mit einem Fettanteil von 15%. Alternative zur Crème fraîche (30–40% Fett). Flockt beim Mitkochen nicht aus, verbessert den Geschmack von Saucen und Suppen. Sollte man in der Diät nur esslöffelweise genießen.

CURRYPASTEN Mischungen aus Gewürzen, Chilis und Kräutern. Kauft man vakuumverpackt oder in Gläsern. Gibt es rot (aus vorwiegend roten Chilis), grün (aus grünen Chilis mit Kräutern) und gelb (aus gelben Chilis). Vorsichtig, nur teelöffelweise dosieren (sehr scharf!). In Brühe oder Kokosmilch auflösen. Darin Fleisch, Fisch, Garnelen oder Gemüse dünsten. Hält ewig, geöffnet im Kühlschrank aufbewahren.

DINKEL Urform des Weizens und die ideale GLYX-Backzutat. Feiner, nussartiger Geschmack. Liefert hochwertiges Klebereiweiß, das Gebäck besonders leicht und locker macht, viele essenzielle Aminosäuren und reichlich Ballaststoffe. Werden grüne und weiche Körner geerntet und gedarrt entsteht Grünkern (siehe S. 185).

ERDNUSSÖL hat kaltgepresst einen angenehmen Erdnussgeschmack. Passt in Salate und zu Rohkost. Raffiniertes Erdnussöl ist hell und geschmacksneutral. Kann hoch erhitzt werden und eignet sich deshalb prima zum Braten, Frittieren und für Wok-Gerichte ausnahmsweise auch in der GLYX-Küche.

FISCHSAUCE nimmt man in Asien oft statt Salz. Wird aus fermentierten Meeresfrüchten und Fischen hergestellt, riecht »zum Davonlaufen«. Doch keine Sorge, in kleinen Mengen verfeinert sie den Geschmack von Salaten, Suppen, Thai-Currys, Fleisch- und Fischgerichten.

FRISCHKÄSE der Doppelrahmstufe mit 60–85 % Fett i. Tr. passt zwar in die GLYX-Diät, aber der streichfähige Käse ist fett und während der schlanken Wochen nicht geeignet. Also lieber nach der Diät genießen, allerdings in Maßen. Frischkäse der Rahmstufe und die Light-Version Joghurt-Frischkäse enthalten unerwünschte Zusätze.

FRUCHTZUCKER oder **FRUKTOSE** Die süße Alternative für Abnehmer. Lässt zwar den Blutzuckerspiegel nur schwach ansteigen, doch sollten Sie nicht ungehemmt zugreifen. Bei großen Mengen steigen die Blutfettwerte. Fruchtzucker süßt stärker als Haushaltszucker, daher vorsichtig dosieren. Mehr dazu Seite 157.

FRUTILOSE Flüssige Obstsüße aus dem Reformhaus. Wird aus reifem Kernobst gewonnen. Mild-würzig, nur teelöffelweise für Obstsalate, Desserts verwenden. Siehe auch S. 157.

GELATINE wird aus Tierknochen und Haut gewonnen. Ist der Klassiker unter den Geliermitteln. Gibt es in Blättern oder als Pulver. Ist nichts für Vegetarier.

GERSTE Älteste Getreideart und Kraftnahrung nicht nur für Gladiatoren. Superniedriger GLYX: 22. Reich an Mineralstoffen. Leicht verdaulich. Gerstenschleim wirkt lindernd bei Magen- und Darmerkrankungen. Leider werden beim Entspelzen der Spelz-Gerste die wertvolle Außenschale und Ballaststoffe, Vitamine, gesundes Fett und hochwertiges Eiweiß entfernt. Übrig bleibt nur Stärke: die rundlich geschliffenen Körner sind als Graupen erhältlich und nichts für die GLYX-Küche. Locken viel Insulin. Grütze (gebrochene Körner) für Breie und Flocken fürs Müsli. Gerste hat nur wenig Klebereiweiß, ist zum Backen ohne Beimischung für Fladenbrote geeignet oder lässt sich mit Weizen verbacken. Nacktgerste oder »Sprießkorngerste« ist als spelzenlose Züchtung im Handel.

GLASNUDELN Dünne lange glasige Nudeln aus der Stärke von Mungobohnen, Süßkartoffel, Pfeilwurz oder anderen. Werden in heißem Wasser eingeweicht oder kurz gekocht. GLYX-niedrige Zutat für Suppen und Salate.

GRÜNKERN entsteht, wenn Dinkel noch grün und unreif geerntet und über Holzrauch gedarrt (geröstet) wird. Sein würziges, kräftiges Aroma bringt Abwechslung in den GLYX-Alltag. Kommt vor allem in Suppen, Breien, Klößen und Aufläufen mit Gemüse gut zur Geltung. Enthält kaum Klebereiweiß und ist nicht keimfähig. Nur mit kleberhaltigen Getreidearten verbacken.

GUARKERNMEHL (E 412) passt nicht in die GLYX-Küche, kann in Spuren Blausäure enthalten und Allergien auslösen.

HAFER sorgt für Leistungskraft und niedrigen Cholesterinspiegel. Der GLYX ist niedrig. Liefert mehr Schlank-Fett, fettlösliche Vitamine (B1, E), Eisen und Kalium als andere Getreidesorten. Ballaststoffe aus Hafer sättigen lange und bringen den Darm auf Trab, Schleimstoffe wirken besänftigend bei Magen- und Darmverstimmungen. Entspelzter Hafer wird als »Haferkern« oder »Schälhafer«, Grütze und Flocken angeboten. Leider fehlen Haferflocken teilweise Vitalstoffe, die im ganzen Korn stecken. Besser: Haferkörner fürs Müsli frisch quetschen. Sofort verwenden, denn aufgebrochen oxidiert ihr Fett rasch. Keine besonders guten Backeigenschaften. Wer hohe Brote oder Gebäck backen will, sollte Hafer mit Weizen- oder Dinkelmehl mischen. Reine Hafer-Fladenbrote bleiben flach. Nackthafer oder »Sprießkornhafer« ist eine spelzenlose, noch keimfähige Züchtung aus dem Reformhaus.

HARTWEIZEN (parboiled) Power-Food für die moderne Küche: Sein Anteil an Ballaststoffen, B-Vitaminen und ungesättigten Fettsäuren ist hoch, der GLYX niedrig. Die Zubereitung ist kurz.

HEFEFLOCKEN ein aus dem Zellsaft von Hefe, z. B. Bierhefe gewonnener Extrakt, getrocknet und in Flocken gepresst. Ideale GLYX-Zutat zum Binden und Verfeinern. Gibt es in zwei Varianten: Mit kräftiger Würzkraft für Suppen, Salate, Saucen, milde Milch-Hefeflocken für Müsli, Milch- und Süßspeisen. Hefeflocken erst zuletzt an die fertigen Speisen geben, dürfen nicht mitkochen. B-Vitamine sorgen für geistige Fitness, Vitamin E schützt die Zellen.

HIRSE Eine wahre Schatztruhe für Eiweiß und Mineralstoffe, Phosphor, Fluor, Eisen und Kieselsäure für Haut, Haare und Nägel. Hoher GLYX. Deshalb nur sparsam verwenden, als Brei, Suppe, Pudding, Auflauf, süß oder pikant und als Flocken im Müsli. Hirse vor dem Kochen immer heiß waschen, um Bitterstoffe zu entfernen.

JOHANNISBROTKERNMEHL, z. B. Biobin, ist ein pflanzliches Bindemittel. Stammt aus der Frucht des Johannisbrotbaumes. Reich an Vitaminen und Mineralstoffen. Eignet sich vor allem zur Herstellung von Cremes. Bindet kalte und heiße Flüssigkeiten. Es ist unverdaulich, bringt den Darm in Schwung und ist das ideale Bindemittel für Diabetiker.

KAMUT Urform des heutigen Hartweizens (Durum-Weizen). Hochenergiegetreide aus dem Land der Pharaonen. Grund: Es liefert reichlich leicht verdauliches Eiweiß, außerdem ungesättigte Fettsäuren, Vitamin E, zellschützendes Selen, Magnesium und Zink. Milder, leicht nussiger Geschmack. Wegen seines hohen Kleber-Eiweißes ideale Grundlage für lockere Vollkornbrote und selbst gemachte Pasta ohne Eier (Rezepte S. 80). Unbedingt in den GLYX-Vorrat aufnehmen!

KOKOSMILCH ODER -SAHNE wird aus Kokosraspeln mit Wasser gepresst. Wer die Mühe nicht scheut, kann sie frisch herstellen: Kokosnuss knacken, Fleisch von der Schale ablösen und ohne braune Haut reiben. Kokosraspel mit kochendem Wasser überbrühen, ziehen lassen, in einem Tuch ausdrücken. Guter Ersatz: Kokosmilch in Dosen. Kann man in Asienläden und gut sortierten Supermärkten kaufen. Darauf achten, dass sie ungesüßt ist. Macht Suppen, Saucen, Reisgerichte und Desserts cremig und sanft-exotisch. In der GLYX-Küche aber bitte sparsam verwenden. Kokosfett besitzt reichlich gesättigte Fettsäuren, die sich gerne auf die Hüften niederschlagen.

LEINÖL Der Superstar unter den Ölen mit 58 % Alpha-Linolensäure. 1 TL täglich wirkt wie Schlankmedizin. Leinöl schmeckt leicht bitter. Wird nur kaltgepresst für Salate, Rohkost, Drinks und pikante Quarkspeisen verwendet. Einmal angebrochen, hält es sich nur kurz – 10–14 Tage im Kühlschrank.

MEERSALZ wird aus Meerwasser gewonnen, das in flachen Becken oder Salinen durch die Sonne verdunstet. Enthält nicht nur Natrium und Chlorid wie das natürliche Speisesalz, sondern auch Mineralstoffe wie Sulfat, Kalium, Kalzium, Magnesium und das Spurenelement Jod. Gibt es fein oder grob, auch in Bioqualität.

NATURREIS oder **VOLLKORNREIS,** auch ungeschälter Reis genannt, liefert die Wertstoffe des ganzen Korns. Er ist bekömmlich und GLYX-niedrig, enthält kaum Fett und strotzt vor Eiweiß und B-Vitaminen. Also genau das Richtige für die Schlankküche. Naturreis besticht den Gaumen mit seinem kernig-würzigen Geschmack. Er muss allerdings doppelt so lange garen wie geschliffener weißer Reis: ca. 40 Min. Wenn die Zeit knapp ist, darf es auch mal Parboiled-Naturreis sein. Aromatische Alternative: Indischer Basmati. Gibt es als Vollkorn-Variante im Reformhaus. Am niedrigsten ist der GLYX von Wildreis (siehe dort).

NUSSMUS/MANDELMUS wird aus sehr fein zermahlenen Hasel-, Erd- oder Walnüssen sowie Cashewkernen und Mandeln hergestellt und ohne weitere Zusätze abgefüllt. Angebrochene Gläser im Kühlschrank aufbewahren und möglichst bald verbrauchen. Gibt es in großer Auswahl im Reformhaus und Naturkostladen. Reich an ungesättigten Fettsäuren, B-Vitaminen und Mineralstoffen. Verfeinert Desserts oder Gemüsegerichte. Siehe auch Tahin.

NUSSÖLE gibt es aus Wal-, Hasel- und Macadamianüssen sowie Mandeln. Feine Raritäten mit den gesunden Fettsäuren der einzelnen Nusssorten. Sie entfalten kalt am besten ihr feines bis kräftiges Nussaroma – in Salaten, Saucen, Desserts und Gebäck, können aber auch zum Dünsten hergenommen werden.

OLIVENÖL Fruchtig-herb, in drei unterschiedlichen Qualitäten. Das höchstwertige, so genannte »Native Olivenöl extra« aus der ersten Pressung wird als Jungfernöl, »extra vièrge« oder »vergine extra« bezeichnet und gehört in die GLYX-Küche. Für mediterrane Gerichte, für Salate, zum Beträufeln ideal. Nicht zu stark und nur kurz erhitzen, um die wertvollen Bestandteile zu erhalten. Raffiniertes und geschmacksneutrales Olivenöl ist hitzestabil und zum Braten und Frittieren geeignet. Nur ausnahmsweise, wenn das Öl sehr heiß sein muss, in der GLYX-Küche verwenden. »Olivenöl« heißt eine Mischung aus Jungfernöl und raffiniertem Olivenöl.

PASTA Vollkornnudeln oder »al dente« gekochte Hartweizen-Nudeln passen in die Schlankküche. Sie haben einen ebenso niedrigen GLYX wie Glasnudeln (siehe dort).

QUINOA ist ein Verwandter vom Mangold. Wird ähnlich wie Getreide verwendet. Die Samen sind so winzig und doch so reich an Eiweiß, Mineralstoffen (Kalium, Kalzium, Eisen) und wertvollen Fettsäuren. Wegen kurzer Garzeiten (15 Min.) ideal für die schnelle Schlankküche. Knusperzugabe für Salate und Müsli und als Zutat in Salaten und Suppen. Sein Manko: wenig Ballaststoffe und Kleber.

RAPSÖL aus den Samen der Rapspflanze ist mit reichlich Ölsäure supergesund. Man unterscheidet kaltgepresstes, natives Rapsöl mit intensiv-nussigem Aroma – passt hervorragend in die Schlankküche – und raffiniertes, geschmacksneutrales Rapsöl. Wegen ihres geringen Wasseranteils sind beide Öle sowohl zum Braten, Kochen, Dünsten und Backen als auch für kalte Speisen geeignet.

ROGGEN Kernige Schlank-Basis für das Sauerteig-Roggenbrot. Niedriger GLYX, reichlich Kalium, Fluor und Eisen. Roggenbrot schmeckt herzhafter und ist länger haltbar als Weizenbrot, weil sein Kleber-Eiweiß zum Backen nicht nur mit Hefe aufgeschlossen werden kann; Sauerteig oder Backferment sind notwendig. Die länger dauernde Teigführung macht die Mineralstoffe und Nährstoffe leichter verfügbar. Roggenbrote sind daher bekömmlicher.

SCHMAND Sauerrahm mit einem Fettgehalt von 24 %. Schmeckt fein und cremig, flockt beim Kochen nicht aus. In der warmen Küche ersatzweise Crème légère, in der kalten Küche saure Sahne nehmen. In der GLYX-Küche sparsam verwenden.

SEIDENTOFU zart und geleeartig. Dazu wird Sojamilch kalt zum Gerinnen gebracht, abgefüllt, erhitzt und gestockt. In der GLYX-Küche: ideal für Suppen, Salate, Desserts und Eiscremes.

SOJABOHNEN haben von allen Hülsenfrüchten den höchsten Eiweißgehalt. Ihr hochwertiges Protein kann beinahe Fleisch ersetzen. Soja wird vielfältig verwertet: »Echte« Sojasprossen sind die Keimlinge der gelben Sojabohnen. Müssen blanchiert werden. Mungobohnensprossen werden aus grünen Sojabohnen gekeimt. Wertvolle Frischkost. Gelbe Sojabohnen vermahlt man wie Getreide zu Sojamehl. Immer anderen Mehlsorten zufügen, da es keine bindende Stärke enthält. Wertet Kuchen, Kleingebäck, Suppen, Saucen und Aufläufe auf. Andere Produkte: Sojamilch, Tofu, Seidentofu Sojasauce (siehe dort).

SOJASAUCE (Shoyu und Tamari) wird aus mit Weizen (Shoyu) vergorenen Sojabohnen und Salz gewonnen. Reifedauer: 18 Monate. Gibt's im Reformhaus und Naturkostladen. Esslöffelweise für Fleisch-, Fisch- und Gemüsegerichte verwenden. Imitate der ursprünglichen Sojasaucen entstehen im Schnellverfahren. Enthalten oft Zusätze wie Maissirup oder Zucker, Farbstoffe und Glutamat. Die haben in der Schlankküche nichts verloren.

SOJAMILCH unter dem Namen »Sojadrink« im Handel, wird aus mit Wasser gemahlenen Sojabohnen gepresst und gekocht. Wird wie Kuhmilch als Grundlage für Drinks, Desserts und Soja-Joghurt verwendet. Auch als Schmorflüssigkeit bestens geeignet.

SPEISESTÄRKE steht meistens auf der Packung des Fertigprodukts. Damit arbeitet auch der Industriebäcker. Ist so gesund wie ein Papiertaschentuch, billig, wird aus Mais und Kartoffeln gewonnen und hat einen hohen GLYX. Passt genauso wenig in die GLYX-Küche wie Sago – weiße Stärkekörner aus Tapioka-, Maniokknolle oder Kartoffelstärke.

SÜSSMITTEL Weißer Haushaltszucker treibt mit seinem hohen GLYX den Blutzuckerspiegel hoch. Nur selten und in kleinen Portionen verwenden. Statt dessen öfter zu Alternativen greifen: Honig, Ahornsirup, Agaven-Dicksaft, Apfel- oder Birnendicksaft, Fruchtzucker, Frutilose, Vollrohrzucker. Mehr dazu auf diesen Glossarseiten und auf S. 157.

TAHIN oder **TAHINI** Sesampaste aus gerösteten weißen und gepressten Sesamsamen. Gibt es im Reformhaus und türkischen Läden. Als Brotaufstrich verwenden oder esslöffelweise unter Gemüsegerichte mischen.

TIEFKÜHLGEMÜSE und **-OBST** hat oft noch mehr Vitalstoffe als frische Ware, die lange herumlag. Gute Alternative in der GLYX-Küche, wenn es schnell gehen muss.

TOFU (Sojabohnenquark) wird ähnlich wie Käse aus dem Eiweiß der Sojabohne hergestellt, gepresst und in Blöcke geschnitten. Es gibt ihn als festen »Schnitt-Tofu«, auch gewürzt oder geräuchert – ideal zum Braten, Grillen, Schmoren oder eher cremig als Seidentofu (siehe dort). Tofu schmeckt mild, fast neutral und verträgt kräftige Würze. Möglichst oft in den GLYX-Küchenplan einbauen. Tofu ohne Zusatzstoffe im Reformhaus oder Bioladen kaufen.

TROCKENFRÜCHTE Ein natürliches und mineralstoffreiches Süßungsmittel. Einweichen und/oder fein zerkleinert an Müsli, Desserts und Gebäck geben. Kaufen Sie nur ungeschwefeltes Dörrobst: die schwefelige Säure zerstört Vitamin B1 im Obst und auch im Organismus. Ananas, Bananen, Dattel, Feige und Rosinen haben einen hohen Zuckergehalt. Während der Diät lieber drauf verzichten. Apfel, Aprikosen, Birne, Pfirsich, Pflaumen sind GLYX-niedrig.

VOLLROHRZUCKER nicht mit »braunem Zucker«, einer Mischung aus 96 % Haushaltszucker und 4 % Melasse, verwechseln. Rohrzucker ist ein feinkörniges, hell- bis dunkelbraunes Granulat aus eingedicktem, nicht raffiniertem Zuckerrohrsaft. Süßt stärker als Honig. Nur in kleinen Mengen, beim Backen, in Desserts genießen. Wie alle Zucker hat er einen hohen GLYX. Mehr dazu S. 157.

WEINSTEIN-BACKPULVER ist eine natürliche Alternative zum herkömmlichen Backpulver – phosphatfrei und aus Weinsteinsäure gewonnen. Unterstützt die Treibkraft von Eiern und Fett bei Rührteigen (Reformhaus, Naturkostecke im Supermarkt).

WEIZEN Wichtigstes Getreide für Brot, Back- und Teigwaren. Beste Backeigenschaften durch hohen Gehalt an Klebereiweiß, das beim Erhitzen ein stabiles Gerüst bildet. Auszugsmehl (siehe dort) enthält vorwiegend Stärke. Nichts für die Schlankküche. In den Außenschichten und im Keim stecken sämtliche Wertstoffe. Aus dem ganzen Korn gemahlenes Weizenmehl ist dunkel und passt in die GLYX-Diät. Andere Ausmahlungsgrade, z. B. Type 1050 für feines Gebäck, Vollkorngrieß für Süßspeisen und Suppen sparsam verwenden. Für die schnelle Küche: Hartweizen (parboiled). Siehe S. 185.

WEIZENKEIME Super-Vitalstoff-Quelle für fast alle Mineralstoffe, Vitamine, vor allem E und B1, ungesättigte Fettsäuren und Ballaststoffe. Über Salate, Gemüse und Müsli streuen, in Drinks, Joghurt, Kaltschalen rühren, aber nicht mitkochen.

WILDREIS Nadelförmige schwarz-graue Körner einer Wildgrasart. Feiner nussartiger Geschmack. Wird zum großen Teil noch von Hand geerntet, was den relativ hohen Preis erklärt. Läuft dem Naturreis in puncto Eiweiß, B-Vitaminen und GLYX-Wert den Rang ab. Gut in Mischungen mit Naturreis.

ZITRONENBLÄTTER stammen von der Kaffir-Zitrone. Intensiv zitroniges Aroma. Werden ganz mitgekocht oder haarfein geschnitten in Suppen, Salate, Saucen gemischt. Ersatz: Limettenschale.

REZEPTREGISTER VON A BIS Z

Damit Sie Rezepte mit bestimmten Zutaten noch schneller finden, stehen in diesem Register zusätzlich auch **beliebte Zutaten** wie Avocado, Beeren, Möhren, Garnelen über den entsprechenden Rezepten, ebenfalls alphabetisch geordnet und **fett gedruckt.**

A

B

C

D

E

F

G

H

I

J

K

R

S

T

Ü

V

W

Z

GLYX-DIÄT

schlank und fit mit Genuss

ISBN (10) 3-7742-5785-X
ISBN (13) 978-3-7742-5785-6
208 Seiten | € 16,90 [D]

ISBN (10) 3-7742-6354-X
ISBN (13) 978-3-7742-6354-3
144 Seiten | € 12,90 [D]

ISBN (10) 3-7742-7231-X
ISBN (13) 978-3-7742-7231-6
64 Seiten | € 7,50 [D]

ISBN (10) 3-7742-8786-4
ISBN (13) 978-3-7742-8786-0
64 Seiten | € 7,50 [D]

ISBN (10) 3-7742-8828-3
ISBN (13) 978-3-7742-8828-7
128 Seiten | € 6,90 [D]

GLYX-niedrig essen ist das einfachste Konzept gegen die Sorge mit den Pfunden. Überzeugend, unkompliziert und wirkungsvoll.

GU

Willkommen im Leben.

IMPRESSUM

Die Autorinnen

Marion Grillparzer, Jahrgang 1961, ist Diplom-Oecotrophologin und ausgebildete Journalistin. Sie lebt und arbeitet in München als freie Autorin. Seit vielen Jahren schreibt sie Artikel und Bücher zu ihren Schwerpunktthemen Ernährung und Gesundheit. Anfang 2000 entwickelte Sie das GLYX-Prinzip. Ein umfassendes Programm gegen die Angst vor Kalorien, für die Freude am Essen. Ihr Motto: »Genuss macht schlank. Und wenn der Körper das bekommt, was er braucht, lässt er von dem los, was er nicht braucht: lästiges Fett.« Besonders viel Spaß hatte sie mit der Arbeit am großen GLYX-Kochbuch: »Das ist ein Füllhorn für Genießer. Eine Wundertüte für alle, die meinen, Kochen koste zu viel Zeit.« Und der Beweis, dass »Diät« alles andere als Frust, Askese, Hungern ist, nämlich eine Lebensweise, die glücklich macht: Gaumen, Körper und Seele.

Martina Kittler Die Diplom-Oecotrophologin, Sportwissenschaftlerin und Mutter zweier Kinder arbeitet seit vielen Jahren als freie Food-Autorin. Eines ihrer bevorzugten Themen: Fitness durch gesunde Ernährung, verknüpft mit Genuss, Freude und Familiensinn. Für GU hat sie an mehreren Gesundheitsratgebern zum Thema GLYX mitgearbeitet. Ihr Part in diesem Buch: etwa zwei Drittel der Rezepte liebevoll zusammengestellt und erfolgreich erprobt; dazu viele Tipps aus ihrer Küchenpraxis. Sie kocht leidenschaftlich gerne, mit Vorliebe pfiffige und unkomplizierte Gerichte. Ein Rezept, das ihre Kinder besonders lieben, sind die selbst gemachten Vollkorn-Nudeln von S. 80.

Christa Schmedes lebt in München, arbeitet als freie Mitarbeiterin für namhafte Zeitschriften- und Buchverlage und als Stylistin in den Studios bekannter Foodfotografen. Seit 1993 schreibt sie als freie Autorin Koch- und Backbücher. Ihre Stärke ist es, mit wenigen Zutaten einfache, aber kreative Rezepte zu erstellen. Mit Begeisterung hat sie für dieses BuchGLYX-Rezepte entwickelt, die leicht nachzukochen und nachzubacken sind.

Die Fotos

Fotos mit Geschmack
Ulrike Schmidt und Sabine Mader
Die Fotografinnen leben mit ihren Familien im »Fünf-Seen-Land« zwischen Starnberger See und Ammersee. Inspiration finden sie auf ihren Reisen, immer auf der Suche nach ausgefallenen Requisiten. Dass GLYX glücklich, bzw. auf jeden Fall viel Spaß machen kann, sieht man ihren Bildern an. Für die tatkräftige Unterstützung bei der Produktion bedanken sich die Beiden herzlich bei Margit Proebst (Foodstyling), Nicola Welzmiller (Fotoassistenz) und Laura Schmid (Handmodel).

Zum Bestellen

GLYX-Mühle, Mixer & Co. Sie suchen Dinge, die das Leben leichter machen? Ein Mixer gehört dazu, Trampolin, Pulsuhr, Körperfettwaage, Flockenpresse oder eine Getreide-Mühle. Fidolino liefert alles nach Hause. Z. B. die GLYX-Mühle von der Firma Komo, für die Autorin entwickelt. Gehäuse (Buche) mit klassischer Holzverzapfung, Mahlwerk aus Korund, gebunden mit Keramik, mahlt 100 g Weizen pro Minute (250 Watt). Mit Platz für die Schüssel: 140 mm Unterstellhöhe. Trichterinhalt ca. 1000 g. 3 Jahre Garantie. Für 199,– € (incl. MWSt.) plus 5,– € Versandkosten.
Bestellen/Informieren
www.fidolino.com · E-Mail: info@ fidolino.com, Telefon: 08121 / 47 88 16 · Fax: 08121 / 47 88 17
Ein GLYX-Forum für Erfahrungsaustausch finden Sie unter: **www.die-glyx-diaet.de**

Programmleitung: Doris Birk

Leitende Redakteurin: Birgit Rademacker

Redaktion: Tanja Dusy

Lektorat:
Maryna Zimdars, Redaktionsbüro München

Korrektorat: Mischa Gallé

Layout, Typographie und Umschlaggestaltung: independent Medien-Design, München; Umschlag: Sandra Gramisci; Innenlayout: Claudia Ehrl

Herstellung: Petra Roth

Satz: Knipping Werbung GmbH, Berg/Starnberg

Reproduktion: Fotolito Longo, Bozen

Druck: Appl, Wemding

Bindung: Conzella, Pfarrkirchen

ISBN (10) 3-7742-8826-7
ISBN (13) 978-3-7742-8826-3

Auflage	4.	3.	2.	1.
Jahr	2008	2007	2006	2005

Wichtige Hinweise
Die Anregungen in diesem Buch stellen die Meinung beziehungsweise die Erfahrungen der Autoren dar und wurden von ihnen nach bestem Wissen und Gewissen erstellt. Sie bieten jedoch keinen Ersatz für kompetenten medizinischen Rat. Jede Leserin, jeder Leser sollte für das eigene Tun auch weiterhin selbst verantwortlich sein. Weder die Autoren, noch der Verlag können für eventuelle Schäden, die aus den im Buch gegebenen praktischen Hinweisen resultieren, eine Haftung übernehmen.

Titelfoto und Innentitel: Sesam-Hähnchenbrustfilets (S. 117) mit Frühlingsgemüse (S. 86) und Hähnchen-Wok mit Brokkoli (S. 123).

Das Original mit Garantie

IHRE MEINUNG IST UNS WICHTIG. Deshalb möchten wir Ihre Kritik, gerne aber auch Ihr Lob erfahren, um als führender Ratgeberverlag für Sie noch besser zu werden. Darum: Schreiben Sie uns! Wir freuen uns auf Ihre Post und wünschen Ihnen viel Spaß mit Ihrem GU-Ratgeber.

UNSERE GARANTIE: Sollte ein GU-Ratgeber einmal einen Fehler enthalten, schicken Sie uns bitte das Buch mit einem kleinen Hinweis und der Quittung innerhalb von sechs Monaten nach dem Kauf zurück. Wir tauschen Ihnen den GU-Ratgeber gegen einen anderen zum gleichen oder einem ähnlichen Thema um.

Ihr GRÄFE UND UNZER VERLAG
Redaktion Kochen & Verwöhnen
Postfach 86 03 25
81630 München
Fax: 089/41981-113
e-mail: leserservice@graefe-und-unzer.de

GRÄFE UND UNZER

Ein Unternehmen der
GANSKE VERLAGSGRUPPE